西藏大学藏学所藏学文丛
国家社科基金项目阶段性成果

U0826234

西藏传统绘画中的政治人物与政治制度变迁

扎西/著

西藏人民出版社

图书在版编目(CIP)数据

西藏传统绘画中的政治人物与政治制度变迁/扎西著.
——拉萨:西藏人民出版社,2016.12
ISBN 978-7-223-05168-2

Ⅰ.①西… Ⅱ.①扎… Ⅲ.①历史人物—生平事迹—西藏
②政治制度史—史料—西藏 Ⅳ.①K820.875②D677.5

中国版本图书馆 CIP 数据核字(2016)第 155550 号

西藏传统绘画中的政治人物与政治制度变迁

著　　者	扎　西
责任编辑	计美旺扎　仁青才让
封面设计	格桑罗布
出版发行	西藏人民出版社(拉萨市林廓北路 20 号)
印　　刷	拉萨市明鑫印刷有限公司
开　　本	787×960　1/16
印　　张	21.5
字　　数	240 千
版　　次	2016 年 12 月第 1 版
印　　次	2016 年 12 月第 1 次印刷
印　　数	01-2,000
书　　号	ISBN 978-7-223-05168-2
定　　价	48.00 元

版权所有　翻印必究

(如有印装质量问题,请与出版社发行部联系调换)

发行部联系电话(传真):0891-6826115

总　序

藏学是一门综合性学科，自公元 7 世纪藏文创制，并以藏文追溯世代口传的历史、记录藏族社会生活、翻译佛教典籍以来，藏学研究便开始步入历史的视野，并为今天的藏学研究积累了浩如烟海的历史资料。

经过上千年的社会变迁，藏学逐步成为举世瞩目的国际性学科，研究领域涵盖了藏族的政治、经济、宗教、思维方式、语言和文字、文学和艺术、医学、天文学、修辞、喜剧、雕刻、美术、手艺、地域风俗等方方面面。如今，藏学研究的领域还在不断扩大。

作为藏学研究的故乡，我国的藏学研究历史悠久。以敦煌文献、藏文古籍文献为重要内容，我国留存的可供藏学研究的藏、汉、满、蒙等多语种文献可谓汗牛充栋。近代以来，涌现出更敦群培、东噶·洛桑赤列、恰白·次旦平措、于道泉、牙含章、王尧等一批藏学家，形成了许多重要的学术研究成果。

西藏和平解放以来，在党中央的正确领导下，西藏与四省藏区的社会经济发生了翻天覆地的变化，人民生活日新月异，在政治、经济、文化等方面取得了巨大成绩，为藏学研究者提供了更为广阔的舞台。

特别是改革开放以来，国内对藏学的研究热情日益高涨，专门研究藏学的队伍如雨后春笋般层出不穷，不少地区创立了藏学研究机构，有些高等学府将藏学定为学习科目且组织了较多相关的学术论坛，呈现出大量的学术研究成果，受到世界瞩目。

基于上述背景，结合西藏是藏学发源地的地理文化优势，西藏大学中国藏学研究所应运而生。1999年，西藏大学与四川大学联合申请组建中国藏学研究所。2000年，中国藏学研究所入选第二批教育部人文社会科学重点研究基地。

西藏大学中国藏学研究所建所以来，以马克思主义为指导，逐步形成了一支学术精良、精于专研的藏学研究团队，培养了一批又一批硕士研究生和博士研究生。他们秉持实事求是的科研态度，将藏学理论与实践相结合，确定了“藏区现状与社会发展”、“藏族历史与汉藏关系”、“西藏宗教与文化艺术”等三个主要研究方向，涌现出一批具有较高学术价值和社会影响的研究成果。

经过一代又一代藏学家的酝酿以及长时间的精心筹备，在不断调研和实践的基础上，西藏大学中国藏学研究所资助出版的藏学研究文丛将陆续与读者相见，且以此为序。

这些藏学研究文丛内容包罗万象，包括了藏族的历史、宗教、文学、民俗、格萨尔王传……本套丛书有不同于其他书籍的特点：一、有一定含金量，有较高的学术研究价值和参考价值；二、笔者和编者的态度不偏不倚、中立而公正，不带个人偏好和倾向，以事实的文献资料为基础；三、论断真实，论据翔实且具有说服力，逻辑严谨，条理清晰，能为藏学学术研究提供一定的范本。

在新的历史时期里，西藏大学中国藏学研究所将以习近平总书记在哲学社会科学工作座谈会上的讲话为引领，进一步查找不足，创新思路，突出问题导向，加强学术研究，为提高我国藏学界在国际藏学研究领域的影响力作出更大贡献。

总而言之，西藏大学中国藏学研究所资助出版的藏学研究文丛旨在现有成绩上有一定提高，对现有空白处进行一定填补，提升藏学研究的整体水平。当然，受限于一定的主客观因素，这些书籍尚有不足，还望各位专家同仁、热心读者予以矫正。

西藏大学中国藏学研究所 次旦扎西

2016 年 11 月于圣城拉萨

序　言

在西藏文明发展史中，以藏民族为主体的各民族创造出丰富多彩的政治体制、政治治理文化、宗教文化等传统文化。西藏政治文化不仅有丰富的史料记载，而且在寺院、宫殿等传统绘画中也以图文并茂的绘画方式，把当时西藏社会政治发展、重大历史事件、政治人物传记以及反映社会生活的画面描绘出来，给人以直观的历史脉络。本书以西藏寺院、宫殿等传统绘画中提取有影响的历史人物、历史事件，从唯物主义史观阐释西藏地方政治制度变迁史。该书写作手法上以西藏地方政治发展史料为依据，借用西藏传统壁画、唐卡画等中的题材内容，以插图的形式，阐释了西藏地方政治制度变迁史。

纵观该书的内容，在元朝中央政府建立以前，西藏社会发展的不同时代按照一般社会发展规律，可以清晰地了解从蒙昧时代到野蛮时代再到文明社会发展的历程。在这一过程中古代西藏各地方势力积极与外部周边不同民族加强交往交流，特别是同内地在政治、经济、文化等方面的交流已十分密切。到唐朝时期，吐蕃王朝政治体制的架构很大程度上受到唐朝组织政权方式的影响，同时结合当地的传统文化，形成了独具地方特色的吐蕃政治制度。唐朝时期唐蕃双方在政治、经济和文化方面全方位的交流为西藏最终统一于中国版图奠定了基础。自元朝统一西藏开始，元中央政府对西藏地方实行有效管辖，从此历代中央王朝直接通过对西藏地方政权组织架构的掌控实现其政治统治，要求西藏各政教团体和政教首领严格遵循中央规定的各类准则和历史定制，并根据西藏及其周边实际情况不断调整统治策略，确保中央政府对西藏政治体制设置、政治制度运行等方面的有效管辖，这种关系也可以在西藏各佛教寺院、宫殿等传统绘画中有体现。

本书以西藏历史发展史中提炼政治形态的变迁为主要内容，并根据历史顺序，把藏传佛教各教派丰富多彩的壁画、唐卡画等艺术中的政治人物、历史事件绘画为背景，阐释古代西藏以及元朝以来基于中央政府特定主权管辖下中央对西藏治理举措，西藏地方政治发展中政权组织形式，政治结构发展变化、不同时期的中央政府与西藏地方政治关系的特点、内容以及西藏地方历史人物在当时政治活动中的影响等方面进行了有益的探索研究，较清晰地阐释了西藏地方政治制度变迁。

次旦扎西　西藏大学藏学研究所

2016 年 8 月 20 日于圣地拉萨

目　录

第一章　藏族祖先来源说与考古证明（公元五世纪前）

关于大地的形成与人类起源世界各地不同的民族都有丰富的神话传说，如汉民族的盘古开辟天地说、古埃及和西方部分民族的上帝造人说、欧洲日耳曼人的植物变来说、澳洲、美洲的动物变来说、汉族和北美洲迈都族印第安人等的泥土造人说等等，其中有些说法颇为相似。从西藏而言，藏民族对于大地的形成以及本民族的祖先来源同样有多种传说，在这些传说中有些带有神秘的宗教神话内容，有些传说还包含朴素的唯物主义思想。

第一节　青藏高原形成说

我国青藏高原地域辽阔，山峦起伏，西部多高山高原，东部和南部多高山峡谷，由西向东南逐级下降的阶梯状斜面。青藏高原的形成及其形成年代众说纷纭，有神话传说、考古学说、地质大陆漂移说等，没有形成统一的共识，但是对青藏高原的形成主要以大陆漂移说理论为确切。

一、藏族先民关于青藏高原形成说

西藏民间对于世界形成有多种不同的传说，如世界之卵说认为

（载自西藏唐卡 T[①]画图 1），天体日月星辰运行坛城图。该图在西藏寺院壁画、唐卡画等普遍使用，反映的是日、月、水、木、火、金等十个星曜在太空中运动的运行规律。整个坛城以东西、南北为坐轴，画出形状各异的十二块代表十二小洲及十二地支的天体宇宙运行图。画中以红黄蓝白黑五色，分别代表火、风、水、土、空五大元素，它们的交错运行不仅形成了宇宙，更诞生了个体生命。该图反映了西藏早期生命起源于物质世界循环运动的思想，也是藏传佛教的宇宙观。藏民族等高原民族除天体日月星辰运行形成宇宙观外，还有斯巴宰牛创世说、世界之卵说、海洋退却变桑田说等宇宙观。

---

① 本书中标示为 T 的图片截自《西藏唐卡》，文物出版社 2007 年 11 月第六版中的画图。

“创世之初整个宇宙虚空一片，所有生灵在空中逐渐形成，为父的光芒和为母的光线在生灵中出现，并在昏暗和黑暗中造就气息般的微风，气息中出现白色冰霜，冰霜中出现露珠。冰和露之合出现池塘，池塘之上形成一层薄膜并滚成一个卵。卵中浮出黑、白两只鹰，两只鹰交合产生了三个卵。分别为白、黑、什色（多种色）。白色卵破裂后形成天神，成为人类居住的大陆。黑色卵破裂后出现人类，什色卵破裂后出现生灵”[①]的说法。

斯巴宰牛创世说认为“‘斯巴’世界宇宙之神宰杀小牛时，砍下牛头放之高处变山梁、割下牛尾栽珊阴之处变森林、剥下牛皮铺平处变平地”[②]的说法。

五行运动说（见唐卡T图1）认为物质世界来源于风、火、水、土、空间五种元素在虚空中的运动所为。九迭拥仲山说认为“地球是由九座“卍”字形即拥仲的群山组成。其中最高、最秀丽壮观的俄莫隆仁，成为世界和宇宙的中心，所有江河源于此，所有的人间和神灵世界都从此处走向四方。”[③]

海洋退却变桑田说认为青藏高原远古是大海，后来逐步隆起形成现在的高原。史书《贤者喜宴》里讲：“最初，藏区上、中、下三部所有地方是一片被水淹没的大海，后来‘工布曲拉’裂开，水沉入其中，显露出陆地并生长形成藏区的现状”[④]。陆地出现后，藏区形成不同的区域，“藏文史籍记载：‘阿里三围为麋鹿野兽区，中部四茹为虎豹猛兽区，下部六岗为飞禽鸟类区’。同时在史书中提到：‘藏区三界九洲中，上部三界珠宝白光洲，有雪山岩石状如池沼，麋鹿与羚羊等动物把守。中部三界四茹肩胛洲，有岩石、草原形如沟渠，猿猴、罗刹住其间。下部三界孔雀光洲，地势平坦，宛似田

---

① 《藏族通史》，西藏人民出版社2001年版，第2页。

② 马学良、恰白·次旦平措、佟锦华《藏族文学史》，四川民族出版社，1994年，第15-16页。

③ 同上，第3页。

④ 巴俄·祖拉陈瓦《贤者喜宴》，民族出版社1980年版，第149至150页。

畴，大象鸟兽来栖息，除这些生物外，没有人居住’的记载”[①]。

在西藏大地形成说中最为普遍的是海洋变桑田说，这说明在远古时期不同的原始部落都有自己独特的世界起源观情况下，随着西

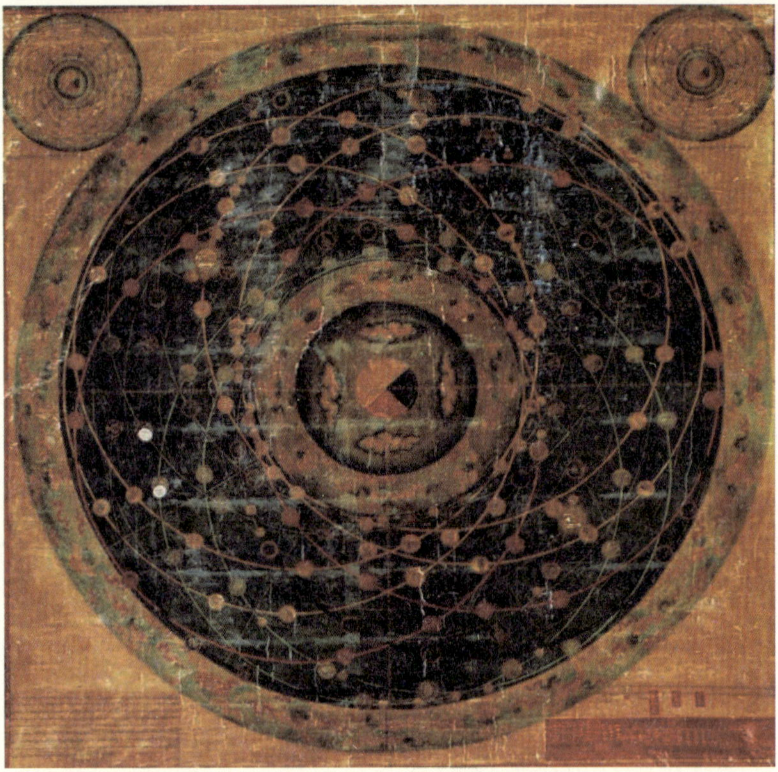

（载自西藏唐卡 T 画 2）天体日月星辰运行坛城图。上面画有很多星球，每一星曜画一动物图形来表示，各按一定轨道运行。画中的十二地支属相天体星宫的划分与内地天文学上把天体划分为十二宫基本一致。古代藏族人在长期的生产实践中，不断观察寒来暑往的季节变化，草木鸟兽活动规律以及自然变化情况，结合唐朝时期传入西藏的内地天文知识，制定自己的历法，形成了至今仍对群众生产、生活影响深刻的藏历历算法，该图反映了藏民族早期观察宇宙星象和历算的水平。

[①] 恰白·次旦平措等著，陈庆英等译《西藏通史·松石宝串》，西藏藏文古籍出版社 1995 年 12 月版，第 5 至 6 页。

藏高原宗教文化趋于统一，加之人们认识自然的能力逐步提高，在高原生活中不断发现海洋生物化石等，创世观也趋于统一于海洋变桑田说，后来随着创制文字，西藏的王统史籍等文献记载主要以海洋变桑田说为主。可见，丰富的传说中蕴含了当地人们代代相传的人类有关宇宙世界、自身生存环境等方面神秘神学观和朴素唯物主义历史观。

二、地质学关于青藏高原隆起理论

藏民族关于青藏高原远古时期从大海转变为陆地之说，同近现代地质学家们研究的结论十分相似。近代以来科学家们在青藏高原不同区域发现了大量的海洋生物化石，“根据魏格纳等地质学家们的大陆漂移说法，青藏高原原本是一片波涛汹涌的古特提斯海（古地中海），在古生代（2.25 亿年至 5.7 亿年前）今天的非洲、南美洲、印度半岛、澳大利亚和南极洲，在中生代以前曾经是连接在一起的统一大陆，位于南半球，称为冈瓦纳古陆，他同位于北半球的芬亚古陆（欧亚大陆）遥遥相对，中间隔着一个从地中海往东经中东、高加索、伊朗到喜马拉雅地区的广阔的古地中海（特提斯海）。到了中生代（7000 万年至 2.25 亿年前），由于地壳的不断运动，统一的冈瓦纳古陆开始破裂，分成若干个较小的陆地，随后这些陆块彼此逐渐分离，迎着各自的方向漂移。到中生代第三级（距今大约四五千万年前），冈瓦纳古陆破裂后的印度大陆板块向北漂移，并同北部的芬亚古陆（欧亚大陆）直接发生碰撞，形成喜马拉雅造山运动，青藏高原就是在这种两大大陆碰撞中不断隆起，从而形成同欧亚大陆连成一片的大陆，至今，印度大陆向北漂移的运动仍在继续中”[①]。

[①]罗广武、何宗英等著《西藏地方史通述》，西藏人民出版社 2007 年 10 月第一版，第 6–8 页。

第二节　藏族先民祖先来源说与考古证明

关于人类起源，世界各地存在很多种不同的传说，如西方人的上帝创世说、古代汉族的女娲造人说等不胜枚举。西藏原住民按现代民族识别来讲主要有藏族、门巴族、珞巴族等民族。每个民族对自己祖先各有不同的来源说。

一、藏族先民的几种祖先来源说

在社会上，人们根据不同的研究角度或者处于不同的目的，对于西藏人类先祖来源有不同的说法，如卵生说、拥仲的群山形成说、猕猴和罗刹女结合说、西羌说、发羌说、南来说、鲜卑说、三苗来源说、缅甸人说、蒙古人说、马来半岛人说、伊朗血统说、土著与氐羌结合说等等，其中影响较大的有四种说法即：受苯教影响的藏族自身的“卵生”说、受佛教影响的藏族自身“猕猴与罗刹女（岩魔女）后裔”说、印度学者和部分藏族学者倡导的“南来”说、汉族学者和部分藏族学者倡导的“北来”说等。

第一，受苯教影响的卵生说和拥仲形成说。此说最早出现在苯教文献中（见唐卡 T 图 3），苯教认为：从土、水、火、风、空五大精华中，形成一枚巨大的卵，卵外边的蛋壳生成白神岩；卵内层的蛋清变成白海；卵中间的精华，分别产生了六道有情。大卵又分裂成十八枚卵，其中一枚中等大小的卵，成为白卵，从中出现了人的胚胎。成书于十四世纪（约 1371 年之前）的藏文史籍《朗氏家族史》其作者是西藏帕竹地方政权第一代执政王绛求坚赞。《朗氏家族史》中记载：“五大精华（地、水、火、风、空）形成一枚大卵，……白卵中出现令人羡慕的人的胚胎，它虽无五识（眼、耳、鼻、舌、

（载自西藏唐卡T画3）据《时论经》记载，地球是由风、火、水、土、空间五种物质和七金山、须弥山等构成的。佛教认为，世界之最下为风轮，其上为水轮，再上为金轮，外层是风火，内层为水土，水中画有各种生物，以代表生命。

身），却有思维之心，后生五识……他娶秋佳杰姆为妻，从此传出人间世系”①。

① 大司徒绛求坚赞《朗氏家族史》，赞拉·阿旺、佘万治译，西藏人民出版社2002年第二版，第3至4页。

拥仲的群山形成说，即九迭“卍”字形拥仲群山组成说已在上篇中阐释，在此不再赘述，这些传说体现了远古时期人们在无法克服的自然力量时，把他看成是超自然的现象，把自然力量神圣化，并同自己的先祖相结合，形成神秘苯教色彩的自身起源观。

第二，藏族自身“猕猴后裔”说。“猕猴后裔”说在藏文史籍中的记载和民间中最为广泛。部分史书还叙述了猴子变人的大概经过（见壁画 H 图 1 和 H 图 2）。该神话故事中讲到，远古宇宙世界是一片虚空，风、火、水、土、空间五种元素在虚空中交错运行。宇宙在五种元素的交合下形成，宇宙中心为须弥山，须弥山周围的大海中有东胜神州，居住的人脸像月牙，该地拥有丰富的稻米和水果，都是巨人。西牛贺洲的人脸如圆盘，以黄牛和奶酪为食，体格强壮。北俱卢洲的人脸呈正方形，拥有无数骏马，同样衣食无忧。同东、西、北洲迥异的南部赡洲空旷虚无，渺无生灵。由于宇宙与时间之神斯巴为了改变南部赡洲的境况，宰杀了一只小牛，被杀小牛的不同躯体和器官形成不同的高山流水和美丽富饶的地方，南部赡洲的保护神帕杰保带领众神在该洲过着无忧无虑的生活。生来不用吃喝、能够无限长寿的众神在该地发现美食奶油，由于他们迷上美味的奶油并不断揩食而把修行禅定的事情逐步淡忘，渐渐失去一身具有的光明神力，身体变重，堕落成为一种比神低级的生物——原人。到了原人时期，仇恨和冲突不断发生，斯巴神动怒之下，引发七天七夜的洪水加以惩罚，结果原人只剩下一个长尾巴的原男人和一个面相丑陋的女原人活下来，他们就是藏民神话里人类的祖先—猕猴和罗刹女。

《西藏王统记》中讲到“复次，观自在菩萨，为一灵异神猴授具足戒，令其往雪域藏地修行。神猴遵命，至扎若波岩洞中修道。彼修习大慈大悲圣菩提心，且於空性甚深法门方生胜解，尔时忽有

（载自壁画 H[①]画图 1、图 2）图反映的是藏族传说中的女魔（罗刹女）媚态蛊惑诱引和祈求猕猴结为伉俪。图 2 表现的是神猴与岩魔女结为夫妇产生六猴婴的情景。

① 本书中标示为 H 的图片截自《罗布林卡斯喜堆古殿壁画》，中国藏学出版社 2012 年版中的图片。

宿缘所定之岩山罗刹，来至其前，作种种媚态蛊惑诱引。继而女魔又变为盛装妇人，谓猕猴言：‘我等二人可结伉俪’。猴言：‘我乃圣观自在菩萨之持戒弟子，若作汝夫，破我戒律。’女魔答言：‘汝若不作我夫，我当自尽。’于是倒卧猴前。已而女魔复起，向猴讲到自己‘业力成魔种，爱欲驱使她恳求同猕猴成眷属。如不成今后必随魔作伴侣，产无数妖魔，这样一日即可伤万灵，一夜即可食千生，雪域境土必将变成罗刹域，所有生灵被魔吞，故请怜我发悲悯’。说如是悲痛之词，眼眶流泪。尔时猕猴菩萨便作是念：‘若作彼夫，坏我律仪。设拒不取，将造极大罪业。’遂於刹那顷，来到布达拉山圣观自在菩萨前请赐察照。圣者赐言‘汝可作岩魔之夫。’于是圣者并为神猴与岩魔，赐予加持，使其成为夫妇。……自神猴与岩魔结为夫妇后，即有六道有情死后前来投胎，产生六猴婴。六婴秉性彼此各不相同，由有情地狱趣来投生者，面目黧黑，能耐劳苦。由饿鬼趣来投生者，容貌丑陋，贪啖饮食。由畜生趣来投生者，愚蠢冥顽，形色恶劣。由人趣来投生者，聪俊慧敏，内心慈善。由阿修罗趣投生者，粗犷凶暴，而多妒忌。由天趣投生者，温良和蔼，心向善品。此六幼猴，由父猴菩萨送於甲错森林多果树处中，放置三年。迨满三岁，父猴菩萨，前往观之。乃由业力繁衍成为五百小猴。然果实已尽，又无其他食物。父母虽未取食，犹问其父，将何为食。又问其母，将何为食。高举双手，状至凄惨，盖乏於食也。于是父猴菩萨心自思维，‘我虽未入烦恼道中，乃遵从圣者慈命，然竟生若许猴裔!’刹那之顷，即至布达拉山，面叩圣者，作启白云：圣者告曰‘汝之后裔由我抚养。’尔时圣者起立，从须弥山缝间，取出青稞、小麦、豆、荞、大麦，播於地上。其地即充满不种自生之香谷。于是父猴菩萨引领猴儿，来于其地，并授与不种自生之香谷，命其食之。因此其地遂名为贡坡山，幼猴等食此谷实，皆得满足。毛亦渐短，尾亦渐短，更能语言遂变成为人类”[①]。

以上神话传说反映的内容十分接近唯物史观关于人类起源的基本观点，说明藏族祖先来源上有过从猕猴（猿人）到现代人，从最早原始的狩猎、采集野果到后来根据季节会利用五谷的一个漫长进化的过程，同时历史发展中对这些起源的认识上深深打上苯教神话以及后来佛教内容的烙印，其科学性不免大打折扣，但仍然带有朴素的唯物主义的进化论思想，其观点在人类自身起源认识上贴近史实的轮廓显露出来，为中华民族起源学说史上浓墨写下一笔，帮助人们认识早已远去的时代丰富了极有价值的思想。

第三，南来说（即印度徙入说）。印度徙入说是随着佛教传入西藏后形成的一种祖源来源说。二千五百多年前古印度迦毗罗卫国净饭王太子乔达摩·悉达多创立佛教（见唐卡 T 图 4）后，佛教迅速传播到南亚、中亚以及汉朝等藏区周边地区，到唐朝时期佛教已在吐蕃立足，随着佛教在西藏的传播，南来说也应运而生。南来说首先由印度学者提出，印度著名学者智铠讲“诤劫初期，白净王五子与十二支敌军交战，白净王不敌，茹巴底王率百僚，穿着女装逃到雪山之中，繁衍成现今的蕃族”[②]。萨迦派的喇嘛索南坚赞的柱藏书《遗训首卷录》谈到：“自天竺释迦日照族之法王阿育王出世，其后裔世代相承至孪生子嘉森及马甲巴二人时，争夺王位不和。马甲王有三子，其最幼者颇具德相，未得王位，乃遵神指示改作女装，流放至于藏地云”。布敦大师的《善逝教法源流史》则讲聂赤赞普“乃拘萨罗国胜光王之五世裔，或谓系坚形王之第五世裔，或谓系勃萨罗国出光王之子。总之是一大圣哲具足德行者云”[③]。此类的说法在

[①] 索南坚赞著，刘立千译《西藏王统记》，民族出版社 2000 年 2 月第一版第 30–32 页。

[②] 恰白·次旦平措等著，陈庆英译《西藏通史—松石宝串》，西藏藏文古籍出版社 2004 年第 2 版上册第 13 页。

[③]萨迦派喇嘛索南坚赞著，刘立千译《西藏王统记》，民族出版社 2000 年第一版，第 33 页。

藏文史籍《红史》、《青史》、《汉藏史集》、《西藏王臣记》等书中均有记载。这些说法成为佛教后弘期以来以记述佛教史为主流内容的“教法史”等藏文史籍中较为流行的一种说法。

近现代一般学者认为“南来”说主要是随着佛教传入西藏而开始流行，特别是藏传佛教后弘期以后，把许多高僧大德的族源、甚至吐蕃第一代赞普的来源同印度的一些藩王或者释迦牟尼家族后裔联系起来。我们用唯物辩证的思维分析不难看出，“南来”说的出现主要有三个方面的因素：一是佛教来源于印度，“南来”说的一些杜撰者把西藏佛教的一些高僧大德的先祖甚至吐蕃第一代赞普宗族同南印度的佛教创始人后裔或一些圣贤后裔结合起来，说明佛教作为外来宗教在传播中受到的阻力大或不具备群众基础时，需要借用在当时当地有影响的历史人物或事件同佛教的发祥地或人联系起来，从而壮大自身的声誉，打消人们的顾虑；二是当某种意识形态已占主导地位后，传播者由于自身的信仰和为了抓住有着深厚宗教情感人们的心态，不免带有深厚情感而主观臆断衍生出来的行为和说教；三是古印度个别学者无端异说被西藏佛教学者当成确凿证据来加以宣传的结果。如古代印度著名学者智铠的说法，在蔡巴·贡噶多吉著的《红史》、喜饶郭恰大师所著的《殊胜天神礼赞》、萨迦派喇嘛索南坚赞的著作《西藏王统记》、第五世达赖喇嘛所著的《西藏王臣记》以及《赞普宝训》、《布顿教法史》等著作中均有记载和引用，从而对信仰佛教的群众形成较大的影响。对“南来”说，一些西藏著名学者从古至今予以了驳斥，如古代的著名佛学家巴卧·祖拉陈哇著的《智者喜宴》，近代藏族著名学者更敦群培的《更敦群培文集精要》以及现代藏族史学家恰白·次旦平措的《西藏通史—松石宝串》等著作中都给以了有力批驳。通过以上分析我们可以清晰地看到古代人类由于自然灾害或战争等原因，为了生存而在不同的区域

（载自西藏唐卡 T 图 4 释迦牟尼佛画像）佛教创始人释迦牟尼（约为公元前 1027 年～公元前 949 年）也叫乔达摩·悉达多。他是古印度北部迦毗罗卫国（今尼泊尔境内）的王子，属刹帝利种姓，父为国王净饭王，母为王后摩诃摩耶。悉达多太子，有感于人世生、老、病、死等诸多苦恼，舍弃王族生活，出家修行。32 岁左右，他在菩提树下悟道，遂开启佛教。该图反映的是摩耶夫人手攀无忧树枝，释迦牟尼从腋下降生，旁有宫女扶持以及佛祖出家、修行等历程图。

有迁徙是事实，但藏族先民归结为“南来”是没有充分的历史依据。

第四，北来说（源自发羌说）。北来说和“发羌”说在我国影响也很大，该观点一般把藏族的祖先同羌族的祖先联系起来。下面引述几个观点：部分考古学者的观点认为，在新旧石器时代今山西和陕西是蒙古人种的发源地之一，那里发现了猿人、尼人和新人等一系列人类化石。远古时代的蒙古人种系由此流入青藏高原。根据考古发现，北来说认为古人迁徙青藏高原主要有三条线路：第一条路径认为是北支线，迎唐蕃古道至玉树，翻越唐古拉山后，进入那曲和昌都。考证认为迁徙的时间从旧石器早期到新时期晚期两万年至七千年的时间里。该时期出土的文物有5000多种，有石器、石刀、骨器、陶器、谷物等，特点与中原仰韶文化相似。较此稍晚从青海民和、乐都、西宁等发现的石器、石刀等古物同属甘肃马家窑文化等，认为青藏高原居住的先民们受到中原文化影响明显。第二条路径认为是从四川甘孜州进入西藏，旧石器时代之末到中石器时代的移民，这条线路称之为“汉藏走廊”，他们沿着青藏高原边缘南下，越陕西、甘肃东部和四川，部分分布于四川西部，部分直入云南，部分沿雅砻江北上，西折入藏。在此区域留下了具有南北两条线路文化特点的“卡若文化”遗址。第三条路径认为是云南元谋猿人的分支入藏，即“丽江人”在金沙江流域繁衍，后沿金沙江北上，然后西折进入察隅、波密、墨脱等地，逐步形式现在的珞巴族和门巴族[①]。

北来说的另一种观点认为藏族的祖先源自“发羌”，主要依据是史书《旧唐书·吐蕃传》、《新唐书·吐蕃传》和《后汉书·西羌传》等的记载。《旧唐书·吐蕃传》中的记载讲到：“后魏神瑞元年(南凉)傉檀为西秦乞佛炽盘所灭，樊尼招集余众，以投（北凉）沮渠蒙逊，

① 殴潮泉《青海民族研究》，社会科学版1989年第一期第30至33页。

蒙逊以为临松太守。及蒙逊灭，樊尼乃率众西奔，济黄河，逾积石，于羌中建国，开地千里。樊尼威惠夙著，为群羌所怀，皆抚以恩信，归之如市。遂改姓为窣勃野，以秃发为国号，语讹谓之吐蕃”。《新唐书·吐蕃传》有一段关于吐蕃来源的记载中讲述到："吐蕃本西羌属，盖百有五十种，散处河、湟、汦间。有发羌、唐旄等，然未始于中国通。居析支水西，祖曰鹘提勃悉野，健武多智，稍并诸羌，据其地。蕃、发声近，故其子孙曰吐蕃而姓勃窣野。”《后汉书·西羌传》的记载讲到“自爰剑后，子孙支分百五十种，其九种在赐支河首以西，及存蜀，汉缴北，前史不载……发羌、唐旄等绝远，未尝往来，牦牛、白马羌在蜀、汉，其种别名号，皆不可级知也。”[①]以此为依据，部分学者认为羌即是博或藏，或“今之藏族即古之羌人”。如任乃强先生的《羌族源流探索》中说到“吐蕃，原来也是牧民，推行羌族文化，《后汉书·西羌传》称之为‘发羌’”。又如方国瑜先生在《彝族史稿》中说“羌人最多的是在西部……其分支到赐支河曲以西数千里的部落，当即发羌、唐旄。后来发展成为吐蕃，并诸羌部，即今之藏族”[②]。现代的部分分子人类学也提出了相近的观点，如 Aldenderfer 博士认为很可能曾经有很多移民来到青藏高原，并且有间接证据表明，大约 6000 年前已经有游牧民族从北部和东北部进入高原。更早的遗传研究表明，藏族人的基因与汉族南方人相比，更接近北方人，而且混合了一部分中亚的基因。中国科学院院士、昆明动物研究所研究员张亚平所率领的研究团队，用分子遗传学的方法研究藏族群体时发现，藏族的祖先群体绝大部分是新石器时代以后来自于中国北方的人类群体。另外，他们还发现，至少早在 2.1 万年以前的旧石器时代晚期，现代人类祖先就开始在海拔超过 4000 米的“世界屋脊”—青藏高原上繁衍生息。对于以上观点，也有史学家

[①] 罗广武、何宗英《西藏地方史通述》上卷，西藏人民出版社 2007 年 10 月第 1 版第 65 页。

[②] 格勒《藏学、人类学论文集·汉文集上册》，中国藏学出版社第 43 至 44 页。

或学者提出了质疑与批驳。理由：一是西藏的考古发现证明远古的旧石器时代在西藏已有人类生存繁衍；二是宋代范晔撰写的《后汉书·西羌传》中提到的发羌以及欧阳修撰写的《新唐书·吐蕃传》中藏族祖先西羌属，曰鹘提勃悉野的观点之前，无论五代时期，还是吐蕃与唐朝交流频繁时期，或者在此之前都没有史料记载发羌的地方乃至于该地方同吐蕃之间的关系问题，因此，把藏族的族源归结为“西羌”或叫“发羌”一支，实难令人信服。对于分子人类学关于藏族族源方面，复旦大学的金力博士表示，虽然在人类学研究领域，分子人类学和考古人类学是完全不同的两种研究方法，前者是利用现代人的信息片段来研究其祖先的源流和迁徙路径，而后者是利用远古人类留下的信息片段来推断他们的迁徙和演变。就一般意义而言，它们在推断古人类的生活年代时因为研究方法的不同及采集样本数量限制误差会有或不一致，有时甚至还会相差很远，但是如果拥有的样本较多，采集较广，就会出现一些比较一致的结果。

二、青藏高原的考古证明

人们通常把史前远古文化划分为两个大的阶段：旧石器时代和新石器时代。对发现的以打制石器为主要工具而不能生产磨制石器的时代称为旧石器时代，距今大约有 180 万年至 1 万多年的时间。以出现长期定居的村落、早期生产中已使用磨光石器、烧制陶瓷、经营原始种植农业及饲养家畜为特征的称新石器时代，大约为公元前 1 万年至公元前 2000 年。1951 年以来，在西藏有多次新旧石器时期的考古发现。“1966 年，中国科学院珠穆朗玛峰科考队的古脊椎动物科学工作者，在聂拉木县的亚里地区进行地层剖面研究和采集古生物化石时，发现了散落在石灰岩中的不引人注目的石片，这些由石英岩等构成的石片至今仍然锋利。这是一些‘特殊的化石’，经鉴定它们属于大约距今 7000–10000 年的锥形石器和石核石器，是人类

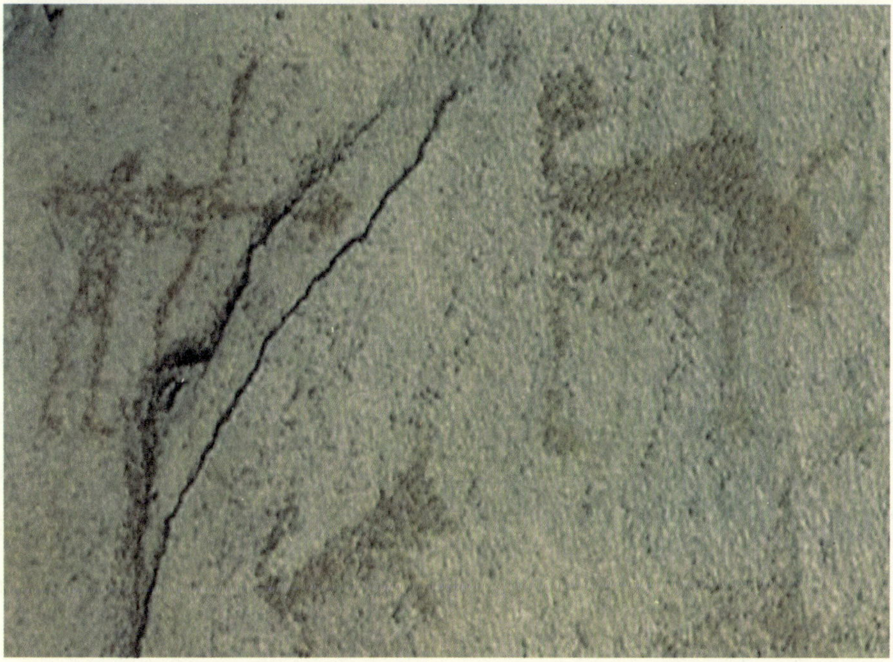

（图 1 为阿里地区鲁布湖先民狩猎岩画图、图 2 为藏北加林山岩画图）图 1 刻画了一人引弓欲射山羊图。图 2 刻画了引弓欲射野牦牛图，两图有猎犬跟随其后，说明新石器时代人们已有较发达的狩猎工具，猎犬等一些动物驯养获得了成功。

祖先使用过的工具”[①]。目前发现的在西藏旧石器时代的主要采集点分布有五个即：藏南定日县的苏热、藏北申扎县多格则、珠格勒、阿里地区日土县扎布和普兰的霍尔区，从已获得的标本来看，以苏热的旧石器最为久远，离今约有 5 万年的时间。其他标本多为距今 1 万年前。西藏高原所发现的旧石器，其海拔均在 4500 米左右，这与 10000–5000 年前该区域气候最暖期有很大关系。通过上述发现的古人类和古生物遗迹，使我们认识到，在青藏高原各山脉还没有上升到现在的高度以前，西藏人的祖先曾经在青藏高原各山区河谷地带和西北部广大地区生活。说明青藏高原曾经是气候温暖、动物遍野的繁荣世界，这一切都因喜马拉雅山的崛起而遭到了破坏。

进入新石器时代以后，西藏发现的新石器的遗址和地点多达 50 余处，其中包括细石器地点 28 处。西藏新石器时代遗址大体可分为三种情况：（1）不见陶器、磨制石器，只见细石器和大型打制石器或单纯细石器的新石器地点，年代多在新石器时代早期，早期细石器在西藏的分布很广泛，主要分布在西藏西部及北部高原（包括雅鲁藏布江中上游流域），它代表着一种以狩猎经济为主的高原新石器时代文化类型，昌都小恩达石棺葬，藏西、藏北地区的一些石丘墓、大石遗迹以及动物形纹饰等也归纳到这一时期的文化。这类文化在我国东北、蒙古高原到西北大漠、西藏牧业区一直到印控拉达克地区都有发现，说明远古游牧居民之间存在着密切的交流与联系。“我们在西藏的许多遗址上都发现地上摆着巨大的石块。是一对或是成堆的石块。它们有时摆成圆形，有时则为方形或排成直线。一堆石块中往往有一块或三块较高的矗立着的石柱。这些石柱仍然保留着未经雕琢的自然状态”[②]。（2）细石器和陶器、磨制石器等共存的新

---

① 尕藏才旦《史前社会与格萨尔时代》，甘肃民族出版社 2001 年第一版，第 2 页。

② 【意】G · 杜齐著，向红笳译《西藏考古》，西藏人民出版社 1987 年第一版，第 13 页。

石器遗址和地点，年代多在新石器时代中期。“明确属于新石器中期的遗址，可以用卡若遗址作为代表。卡若遗址在上世纪70年代后期经两次发掘。共发现房屋遗址28座、打制石器60余件、细石器600余件、磨制石器500余件、骨器数十件，以及大量陶片。农作物可以鉴定的有粟米以及多种动物骨骼。卡若遗址的年代据测定在4000年以上，卡若文化代表了西藏高原东部地区以农业为主、兼有畜养，狩猎占有重要地位的经济文化类型。”[①]经考古研究发现卡若文化在石器加工技术中保留了西藏本土普遍发现的错向加工工艺外，在石器和陶器等加工中吸收了马家窑、半山、马厂以及丽江人系列文化因素，说明在原始社会黄河中上游以及青藏高原边缘的云川远古人类已有相互平凡的交流。（3）不见细石器的新石器遗址和地点，年代多在新石器时代晚期，如拉萨曲贡文化遗址，1984年和1990年8月，我国相关考古部门对拉萨市的曲贡遗址进行了发掘，出土石器有近万件之多，分打制和磨制石器两类，其中打制石器占绝大多数，磨制石器很少。陶器制作水平较高，种类也较多，其中有一件浮雕陶塑猴头像，与藏族古代关于人类起源于猴的神话传说相对应。遗址中还出土不少动物骨骼，遗址内的墓地上还发现了殉马坑和祭祀石台等。发掘者认为曲贡遗址的开发不晚于距今4000年前，是较为典型的原始农耕文化范畴。“通过曲贡遗址的发掘，使我们完全有理由认为，新石器晚期藏族先民所创造的农耕文化，其发展水平大致是比较高的，大体与同时期的黄河与长江文明同步，并不显出有什么明显的落后”[②]。另外还在雅鲁藏布江与尼洋河汇流处的东北岸发现的新石器时代或铜石并用时代的遗址，细石器极少，有渔网坠，陶瓷工艺更高、种类更多等的特点。近年来在西藏的林芝、那曲、

---

① 董恩正《西藏考古综述（藏族史论文集）》，四川人民出版社，1988年版。

② 王仁湘《中国藏学（拉萨河谷的新石器时代居民---曲贡遗址发掘记）》，1992年第一期。

聂拉木、墨脱等县也发现多处新石器时代的遗址或墓葬群。由于这些发现，近年来对西藏地区远古文明的探讨空前活跃起来。细石器在世界范围存在两种截然不同的制造系统，即几何形细石器和石叶形细石器。前者主要分布在南亚、西亚、欧洲以及北非等地区。而后者主要分布在东亚、美洲西北以及中国。在西藏各类新旧石器出土的器物经考证都同属于石叶形细石器，不同于印度、巴基斯坦等南亚广泛分布的几何形细石器，这充分证明了在远古青藏高原人类活动形成的文化范围以青藏高原同黄土高原有密切的联系，为此有学者如贾兰坡、童恩正等人提出关于西藏高原及其邻近地区可能是世界人类发祥地的假说之后，许多学者对石器时代西藏的远古文明进行了分析，石硕教授提出："在新石器时代，西藏高原地区已经不只是某一个单一的原始部落在活动，相反，考古资料表明，当时西藏高原范围内至少已存在着三大支系各不相同、文化面貌各异的原始居民群体。他们是：以卡若文化为代表的居住于藏东河谷区，从事定居农耕经济并兼有狩猎畜牧经济的卡若居民群体；以曲贡文化为代表居住于雅鲁藏布江中下游地区，从事定居农业和渔业经济为主的曲贡居民群体；以细石器文化为代表，主要活动于藏北高原地区并从事游牧和狩猎经济的藏北游牧居民群体"[①]罗广武讲到"考古学的证据表明，早在1万年前到5000年前的旧石器时代晚期和新石器时代，西藏史前时期的文化就同中国华北的旧石器文化、新石器文化建立了千丝万缕的联系，并且融入自成体系的中国考古文化的大圈子内，成为中国远古文化的一个不可分割的组成部分"[②]。

总之，随着对青藏高原远古文明的探讨逐步深入，人们对古代藏族先民的氏族部落的起源和发展的认识也会逐步加深。那就是藏

---

① 石硕《西藏石器时代的考古发现对认识西藏远古文明的价值》，中国藏学1992年第一期。

② 罗广武、何宗英《西藏地方史通述》上卷，西藏人民出版社2007年10月第1版第37–46页。

族等原住民的先民远古时期已在青藏高原繁衍生息，随着不同氏族部落相互迁徙与融入，在漫长历史演进中不断地吸纳其他族体的成分，终究在2000多年以前西藏不同的氏族部落出现不同程度的兴衰，势力较强的部落征服和吞并一些弱小部落，在高原上成为了十几个较大的部落联盟共同体。

第二章　西藏部落联盟时期的社会政治形态

西藏的古代居民和世界上其他民族形成的一般过程相同，最初也是以血缘亲属关系组成各个血缘氏族，由血缘氏族组成血缘胞族，并且经过漫长的母系氏族社会演变，到父系社会末期演进为若干部落，或者由于部落之间的通婚、结盟、战争征服等原因，几个部落合并为一个新的部落，或者被征服的部落附属于战胜的部落，形成不同带有军事民主制的部落联盟等处在不断分化和组合的过程中，一些部落联盟衰败了，一些新的部落联盟又起而代之。到公元6世纪时，高原上的部落群体形成大小不同的数十个部落联盟体。

第一节　从氏族社会到小邦社会的演进

一、母系社会到父系社会的发展

马克思认为“根据唯物主义观点，历史中的决定性因素，归根到底是直接生活的生产和再生产。但是，生产本身又有两种。一方面是生活资料即食物、衣服、住房以及为此所必须的工具的生产；另一方面是人类自身的生产，即种的繁衍。一定历史时代和一定地区内的人们生活于其下的社会制度，受着两种生产的制约：一方面受劳动的发展阶段的制约，另一方面受家庭的发展阶段的制约。劳动越不发展……社会制度就越在较大程度上受血缘关系的支配”[①]。根据马克思主义的观点，在人类社会的初期阶段，由于生产工具十

[①]《马克思恩格斯选集》第四卷，人民出版社1995年版，第2页。

分简陋，生产手段非常低下，生产力发展极为有限，人们不能以个人的力量为生存而斗争。只能用集体的力量去同自然力和野兽作斗争，由此产生了集体劳动的必然性，产生了生产资料和劳动成果以公有制的形式共同占有的必然。早期母系氏族社会形态在一些藏文文献的神话传说以及藏族等的民间口头文学中很丰富，能够帮助我们了解原始社会人们居无定所，过着狩猎、采集以及生产资料实行原始公有制等社会形态的状况。

藏学界普遍认为，青藏高原早已有古人类活动的足迹，从唐古拉山脉以南至喜马拉雅山脉以北的西藏中、西部广阔区域内发现的旧石器遗迹以及在林芝发现的古人类化石等来看，旧石器时代他们主要活动地带大致在雅鲁藏布江中下游以及西藏中西部的一些河谷地带，当时应属于以血缘家族关系为纽带的母系社会。藏文古籍中记载有自己独特的创世神话和人类起源的传说，早已引起学术界的重视。“在藏族的古老宗教——苯教的文献中，认为世界最初是由五种本原物质中产生出的一个发亮的卵和一个黑色的卵组成的。从发亮的卵的中心生出人间的始祖什巴桑波奔赤，他与从海面的气泡碎裂时产生的女人曲坚木杰莫结合，生下了九个兄弟、九个姐妹。九兄弟分身出九个女伴作为他们的妻子，九姐妹也分身出九个男子作为她们的丈夫，由他们繁衍出苯教的众神和人类。从黑色的卵中生出闷巴塞敦那波，他从自己的影子里衍生出顿辛那莫，由于他们的结合生下了八个兄弟、八个姐妹。这八兄弟、八姐妹又有他们的丈夫和妻子，由他们繁衍出苯教的恶魔世界。人类是从什巴桑波奔赤的后裔天界和地界的神当中繁衍出来的。”[①]该传说在男女结合繁衍上，无论自身分出异性还是兄妹结合，都体现了早期人类在血缘家

[①] 噶尔美著，陈庆英等译《藏族研究译文集（苯教历史及教义概述）》第一集，中央民族学院藏文研究所，1983年。

（载自壁画 H 图 3）该图反映的是罗刹女与猕猴结为伉俪后产生六猿猴，六猿猴后来不断繁殖，并过着狩猎、在山林中自然采集野果、植物野生五谷，穴居的原始生活。后来逐渐从山谷走向平原，学会培植使用野生五谷的情景。

族通婚上的现实性。藏族为古代罗刹女与猕猴的后裔说（见壁画 H 图 3）。在《西藏王统记》中有这样的记载："自神猴与岩魔女结为夫妇后，产生六猴婴……此六幼猴，由父猴菩萨送於甲错森林多果树处中，放置三年。迨满三岁，父猴菩萨，前往观之。乃由业力繁衍成为五百小猴。然果实已尽，又无其他食物。父母虽未取食，犹问其父，将何为食。又问其母，将何为食。高举双手，状至凄惨，盖乏於食也。……尔时圣者起立，从须弥山缝间，取出青稞、小麦、豆、荞、大麦，播於地上。其地即充满不种自生之香谷，命其食之。因此其地遂名为灼当贡波山。幼猴等食此谷实，皆得满足。毛遂渐短，尾遂渐缩，更能语言，遂变成为人类。从此即以不种之香谷为食，以树叶为衣"[1]。

《藏族史要》则指出："在古代藏文史料中，藏族的来源常常被记载为：观世音菩萨点化的一只猕猴和居住在深山岩洞中的个一女妖结为夫妇，生下了六个子女，逐渐发展繁衍，最后成了藏族"。在《西藏通史松石宝串》中讲："之后由魔鬼与罗刹统治，他们居住在红黑地方，侵袭人类，饮食人畜血肉，变成赭面，此地遂名魔境那波古域，或名喀热九门神鬼地，人鬼结合繁衍子孙，发生纠纷杀生祭地方神。从此人之外又由魔统治，栖居草木岩石间，掌管西藏四河首尾，与人结伴对抗辛，鬼人联合统领兵。导师出世众归顺，吩咐掌管八部魔，人得授记祭天除灾荒。此前人鬼未分时，已经过了六个大劫 ，无数年间如此住， 以地洞岩穴为家。除了修造小石屋，不知伐木和结绳，野菜血肉当食物，没有智慧搞农业"[2]。

从以上记载和传说可以看出当时人们还处于杂交、血缘群婚的时代，其中女性在社会生产中占有更重要的地位，体现了母系社会

---

[1]索南坚赞著，刘立千译《西藏王统记》，民族出版社 2000 年 2 月第一版第 31 至 32 页。

[2] 恰白·次旦平措等著，陈庆英译《西藏通史松石宝串》，西藏藏文古籍出版社 2004 年第 2 版，上册 11 页。

的生产方式。在生产方式上以自然植物采集以及狩猎为主要形式，实行生产资料原始公有制。在意识形态上各氏族有各自的崇拜偶像，处于万物有灵、实行自然崇拜“杀生祭各自地方神”的状况，就如马克思所讲“姐妹曾经是妻子，而这是在当时是合乎道德的”，这种社会结构是由于古代人们改造物质世界和认识物质世界的能力极为有限，社会生产力十分低下所致。

早期藏民族等把本民族的祖源定位为从猕猴（或叫古猿人）转变来的思想，不能不说有一定的科学道理，但同时又穿插了许多神话故事，祖先起源上穿插许多神话，这是世界许多民族共有的特点。随着社会生产力的发展，作为原始社会以血缘关系为纽带的母系社会组织形式，逐步发展到父系社会，特别是畜牧业的发展以及不同氏族之间不断的冲突，最终导致男子经济地位和社会作用得到加强，父权制氏族社会代替母权制氏族社会，社会发展演进到父系小邦社会的历史进程。

二、藏族部落实体的出现及其演进

西藏人对于原始氏族社会的发展轨迹有较清晰的传说，各传说集中反映了各氏族部落的渊源来自于四氏族或六氏族。考古发掘的昌都卡若文化、拉萨曲贡文化证明西藏当时的社会已进入父系社会后期，这时带有血缘关系的部落不断分化组合，形成不同的部落联盟。“室内有火塘、炉灶、炉台。遗址中出土了各种打制石器、细石器、磨制石器、陶器、骨制工具等……另外还发现大量的粟米及动物骨骼。……曾经在这里生活和劳作的人们所使用的生产工具，居住环境与生活设施都已经达到了相当高的文明程度”[①]。在洲塔等编著的《甘肃藏族通史》中谈到了西藏不同史书中记载氏族部落的情

[①] 乌力吉巴雅尔《蒙藏文明交往论稿》，中国藏学出版社 2012 年 6 月第 1 版第 120 页。

况如下“《柱间史》讲到：董、东、赛、穆四大部族。《汉藏史集》讲到：查、祝、冬、噶四位兄长及韦、达两位弟弟，成为六部。《西藏王臣记》中记载为：四大部族，即第一是白耶桑·登天绳族；第二是黑耶扪·稳如铁铸磐石部族；第三是姜赤·聪慧神灯部族；第四是黑扪朱·狗尾草部族。《如意宝树史》中记载为：赛、穆、董、东四大氏族。《西藏王统记》记载说“《遗训》一书载：最初仅有一猴雏”。《总遗教》则载述：初始有六猴雏。总之，俟后繁衍众多，分为四部，并彼此发生争执，此即所谓蕃之四人种：赛、穆、董及东种血统。另一种说法是，增加扎、珠等，为之六人种”[①]。从以上记载来看，大多史书比较一致地认为远古藏族先民分四部族（四种姓）或六部族（六种姓）。四部或六部在后来的发展问题上，“史书《王民种姓明灯》和《汉藏史集》中有更加详细的阐述。《王民种姓明灯》归结为赛氏四部落：加囊杰、卓囊尼瓦、敖果赞、代东赛。东氏有四大八小部落：四大部落是觉撒杰、强杰脱噶尔杰、带觉聂布杰、聂杰脱干杰；八小部落是玛尔、玛尔玛、聂、聂白、敖、朝、惹、贝。穆氏八部落：阿、谢、希、奠、格尔、噶尔、廓、安兰。董氏十八种姓（部落）：觉、觉则、觉若、准木、琼布、达瓦、仲、拉隆、拉则、章、桂巴、库纳、聂、才邦、额纳、尼、颇高、塔桑”[②]。“父亲老猴菩提萨埵的后裔渐繁衍，分成四个氏族：赛、穆、顿、董，加上热氏和柱氏，共有所谓的‘六大氏族’”[③]。《汉藏史集》中记载：“（吐蕃）族系最初在玛卡秀。雅秀地方有什巴之王子，名叫丁格，生有三子，分为汉、吐蕃、霍尔。吐蕃人名叫赤多钦波，他生有六个儿子，即查、祝、董、噶四位兄长及韦、达两位弟弟，共计六人。当

[①] 洲塔等著《甘肃藏族通史》，青海人民出版社 2004 年 12 月第一版第 56 至 59 页。

[②] 洲塔、乔高才让《甘肃藏族通史》，青海人民出版社 2004 年 12 月第一版第 57 至 59 页。

[③] 恰白·次旦平措等著，陈庆英译《西藏通史松石宝串》，西藏藏文古籍出版社 2004 年第 2 版，上册第 12 页。

吐蕃人在玛卡秀地方种地时，吐蕃每三人生六子，董娶了巴玛郭勒，查娶了查莫热扎，祝娶了祝莫重重，噶娶了噶玛麦波，韦和达在汉藏交界之地，娶了当地的达岱贡玛。由此，长系之中，未失尊长地位的，是兄长董的后裔；本领高强而又守信用的是塞、穹二氏，是查的后裔；英勇的虎嘴和虎爪没有消失的是阿甲黑氏，是祝的后裔；放牧牲畜，没有丢掉纺锤和油脂的那是穆察氏，是噶的后裔。兄长董氏分出六个长系，在上部有巴曹氏和章叶氏，在中部有若则氏和热西氏，在下部有木雅氏和吉坦氏。由此六长系又分出六个尊贵系，即比日阿木多和林巴，由若则氏分出的普巴和达巴，由吉坦氏分出的两支。以上为董氏繁衍出的长尊十二支。由赛、穹、查氏分出的六个长系，在上部有象雄和穹波，在中部有玛尔人和布让，在下部有热克和涅勒。由此六长系又分出六尊贵系，在止地方有美夏和美参，在扎地方有古古和多尔涅，在涅地方有可波和可查。以上为查氏繁衍的尊长十二支。赤散祝氏分出的六个长系，在东方有吉和绒布，在南方有比和日托，在下部有仲和饿卓。由此六长系又分出六尊贵系，即贝、培、察冲木、许巴、东涅、涅格等。以上为祝氏繁衍的长尊十二支。由穆察噶氏分出的六个长系是，在上部的兑日、达日、甲布、查布巾、甲杰、并托。由此六长系又分出六个尊贵系，由噶氏分出的切巴和域巴，由达日分出的域达、卓达，由韦分出的大小两支。以上为噶氏繁衍的长尊十二支”[①]。以上记载中的氏族部落来源准确性是否尚且不论，但此说法中已体现出农业和畜牧业得到了分工，同时也谈到了手工业的发展，男性已在社会中处于支配地位，随着男性地位的提升，带有男性姓氏的不同氏族部落已形成。特别是“玛桑九兄弟、二十五小邦、十二小邦、四十小邦等”氏族部落之间的不断冲突，最终导致男子经济地位和社会作用得到强化。

[①] 达仓宗巴·班觉桑布著，陈庆英译《汉藏史集》，西藏人民出版社 1986 年第一版。

（载自西藏唐卡 T 图 5）该图反映的是早期藏族先民驯养牦牛的情景，图画反映藏族先民的历史演义开始进入男性主导的社会形态。

信仰也从自然崇拜向祖先崇拜或英雄崇拜发展，历史演进已进入男性主导的社会形态。由于“贪心产生盗窃、掠夺等事件而建立首领”，说明到氏族部落社会后期社会组织结构从“天下为公”过渡到“选贤与能”的时代，各部落通过军事民主选出首领，已打破了原始的长老会等集体议事会组织形式，社会形态已经是父系制社会后期的军事民主制阶段了。另外说明在佛教传入前，藏族等高原民族是有姓氏的，而且这种姓氏同各自的氏族部落有直接的联系。很多姓氏在吐蕃政权历史记载中常提到，如王室外威中的属庐氏、蔡绷氏，大臣中的穹波氏、噶尔氏、韦氏、巴曹氏、恩兰氏、懂氏等姓氏常出现在史记中，只是随着佛教文化的发展，原有的姓氏也就逐步淡出了人们的生活。

三、部落之间争霸与联盟的政治形态

在历史发展长河中，由于各氏族部落的发展程度不同，势力较强的部落征服吞并一些较弱的小部落，在征服其他氏族部落为属民以及各部落之间经济文化交往不断增强中，社会上逐渐产生了带有某种有组织的职能部门如军事组织、农业生产、牧业生产、贸易等组织机构出现了，这时生产活动中参与者既有被征服的氏族成员、也有其他外来氏族成员，原先那种依靠氏族内部血缘宗亲管理部落事务的体系被打破，促成带有部落与部落联盟性质的各个大小“邦国”应运而生。

关于部落的战争与发展，在《第吴宗教源流》和《智者喜宴》中的说法是“蕃最初由黑色罗刹统治，故此地之名称为桑域简美（好境无饰），此时出现了弓箭等投射武器；第二由热德郭雅（牦牛头部落）魔王统治，故此地之名称为魔域九峡谷，此时出现了斧头、斧钺等武器；第三由森波迦仁茶麦（长颈无血罗刹）统治，故此地之名为黑色九罗刹，此时出现了叉矛、抛石器等武器；第四由玛坚拉（红色柔和天神）统治，故此地之名为神域贡塘，此时出现了三尖天杖等武器；第五由龙族统治，故此地之名为塔昌江昌，此时出现了长矛等武器；第六由桀骜鬼统治，故此地之名为朗当零当，此时出现了勺头棍棒等武器；第七由玛桑九部（九姓）统治，故此地之名为博康六福之地，此时出现了箭袋、刀剑、盾牌等武器；第八由龙族统治，故此地之名为博康岭古（九洲）；第九由非人统治（《智者喜宴》记作由国王统治），故此地之名为黑色昂域；第十由萨日六兄弟（《智者喜宴》记作贡波九兄弟）统治，故此地之名为十八千户（按文意亦可译为东氏十八部）；第十一为十二小邦统治，（第十二）此后各小邦分裂为四十个小邦，故此地之名为桑域杰”[①]。《红史》中写道：“……此后由观世音菩萨的化身神猴菩萨和度母的化身岩罗刹女生出西藏的人类。以后依次由玛桑九兄弟、二十五小邦、十二小邦、四十小邦统治。此后，乃有天神降世来为人主”[②]。藏学家陈庆英认为这十种“非人”，其实应该看作是上古时代在西藏的一些著名的部落集团。他讲到“除去信奉佛教之史家在辗转抄录时将非佛教的氏族部落名称改为罗刹、鬼等名称以及将其与人类产生的先后顺序倒置外，这段记载是很有意义的。这时所说的黑色罗刹、牦牛头、神、龙、玛桑九部等，当是以某种神灵或动物为图腾或称号的部落，而所说的‘统治’，当然不应理解为后来的王朝的形式，而是指某一部落势力强大起来，超越于其他部落之上或成为某个大部落联合体的代表的情形。而各个时期出现的某种武器的顺序，并不完全是实际的先后，它只是反映部落斗争规模的扩大和武器的改进”[③]。《土观宗派源流》中讲到“这个世间从最初构成时起，已经经历了很长的时间。在赡部洲人们是以天然生长的香稻为食。到了某个时期，人中有些怠惰者，便从事积储，这样就自然兴趣农事。以此因缘，那些贪心很重的人就进行盗窃和掠夺，因而引起彼此不合，于是又不得不共同推出评判屈直的首领。最初的首领，名为众敬王”[④]的说法。

[①] 第吴贤者著《第吴宗教源流》，西藏人民出版社，1987年版第223至224页。

[②] 蔡巴·贡噶多吉著，陈庆英、周润年译《红史》，西藏人民出版社2002年第2版，第27页。

[③] 陈庆英著《藏族部落制度研究》，中国藏学出版社2002年12月第二版第13页。

[④] 蔡巴·贡噶多吉著，陈庆英、周润年译《红史》，西藏人民出版社2002年第2版，第27页。

（载自西藏唐卡 T 图 6）该图反映的是吐蕃统一青藏高原前后各邦国之间频繁发生兼并战争的情景，由于不断的战争使之高原不同部落的数量发生着变化，频繁的战争也在高原民族形成中起到了重要作用。

史书记载，吐蕃区域最早为六个氏族，到后来发展成为二十五小邦、十二小邦、四十小邦。此后有天神降为人主，在这一过程中虽没有更多的史料记载各小邦之间的战争，但从以上小邦国的数字变化与传说中可以想象到古代氏族部落之间的战争极为频繁，小邦国之间分分合合的历史演进很明显。

从现有的材料、传说以及历史轨迹看，西藏小邦林立形成的年代应该早于公元 6 世纪，因为从传说中分析，第一代赞普从波沃来到雅砻河谷当六牦牛部落首领的时间大约在公元前 2 世纪，当时波沃氏族部落组织已形成，而雅砻河谷地带已经有较为松散的六个氏族部落，聂赤赞普的到来，使六个部落形成了统一的联合体。到公元 6 世纪至 7 世纪初，小邦林立的时代基本结束，历史已转入十几个小邦国，其中象雄、苏毗、悉补野三个大的部落为争夺部落联盟盟主地位的斗争主要在这一段时期发生。“布德贡杰时期部落之间的往来，东达波沃，西抵阿里，沿雅鲁藏布江流域两岸，诸部落各自聚集联盟，大约在此前后，西藏地方形成了依地域划分的许多结盟的部落群体，逐渐联合兼并成数十个小邦国。……在当时，以部落联盟组成称之为小邦的群体，经过长期的联合与兼并，还有十余个分别在西藏全境，而以悉补野部落为最强，这一时期为公元 6 世纪的下半期以后”[①]。成书于公元 7 世纪到 9 世纪的藏文史料《敦煌本吐蕃历史文书》中记载了不同小邦区域、小邦之王与小邦家臣的姓名，按记载列表如下：

部落名称	部落首领	家臣名字	现在的区域
象雄阿尔巴	李聂秀	琼保·若桑杰、东弄木玛孜	日喀则西部和阿里地区
娘若切喀尔	藏王兑噶尔	苏、囊	日喀则年楚河流域
努布境内林古	努布王斯巴	苗乌、卓	
娘若香波	弄玛之仲木察	聂、哲	日喀则年楚河流域?
几若江恩	几杰芒保	谢乌、素	可能今拉萨河流域

[①]《西藏地方古代史》次旦扎西，西藏人民出版社 2004 年 4 月第一版第 37-38 页。

岩波查松	古止森波杰	“噶尔”与“内”	拉萨河以北彭波一带
雅茹玉西	雅杰喀尔巴	“包”与“都”	山南雅隆河流域
俄玉邦噶	俄杰新章察	“翱”与“韦”	山南沃喀一带
埃玉朱西	埃杰拉章	赛巴、娘耐	林芝易贡和波密一带
龙木若雅松	南巴之子森弟	“娘”与“白兰”	在拉萨东面的墨竹一带
悉布玉若木贡	张杰内南木	秀琛、热德	
工布哲那	工杰噶波	“喀尔、帕朱”	林芝县、米林县等
娘玉达松	娘宗朗杰	“乌如、扎克”	林芝地区工布江达一带
达布朱西	达杰竹森	“泡古、卜若”	林芝朗县、山南加查和曲松一带
琛玉古玉	琛杰内乌	“当”与“丁”	当在桑耶秦浦一带
苏毗之雅松	末计芒松茹帝	“郎”与“甘木”	唐古拉山南北一带
卓木南木松	斯日赤	“江日那”	日喀则亚东一带

历史发展到达日聂塞时悉补野部落已完成了兼并达波、工布、娘布的事业，对额布（苏毗）发动兼并战争。到囊日松赞后半生已被征服纳入治下的达波、工布、娘布、苏毗等地区，由于王朝对这些地方尚未建立稳固的统治势力，致使新征服纳入的区域时有反叛、相互侵袭的现象，远离悉补野的象雄和苏毗等部落虽承诺为赞普所属臣民，但实际上未作悉补野的实际臣民，一旦有机会他们立即反叛。同时，当外部发生大规模的反叛活动之时，悉补野一部分旧臣也蠢蠢欲动，一些心怀叵测的内侍与反叛者勾结，导致囊日松赞被下毒遇害，悉补野政权面临着极大的挑战。

从以上传说和史籍来看出，当时的政治形态表现为：由于部落之间的不断争战和吞并，血缘宗亲管理的长老会、议事会和公有制经济结构开始解体，以军事首领为主的权力逐步凌驾于公共权力之上；在军事行为上，频繁的战争造就了一批杰出的军事首领，部落间的盟主地位不断发生改变，战争工具如弓箭、斧头、斧钺、叉矛、三尖天杖、长矛、勺头棍棒、箭袋、刀剑、盾牌、投射器、抛石器等武器不断出现并得到改进，军事首领为中心的决策层统治部众的政治制度已见雏形；在社会意识上，各部落或部落联盟盟主的先祖或首领已带上浓厚“神”的色彩，以“非人”或叫以“天神”的面貌出现，自然宗教已向人为宗教过渡。

第二节 悉补野王统世系形成与赞普制度出现

一、原始军事民主制的瓦解和赞普世袭制度的出现

军事民主制是原始社会末期出现的一种向国家实体过渡的社会管理制度。它的出现是私有制产生和发展的结果,同时也与当时部落间频繁的战争有关。军事首领原先是由部落内部成员公举的部落成员中智勇双全、有一定号召力的男性公民来担任，首领平时管理祭祀，裁决争端，在战时统帅部族军队参加战争。首领有时有自主决断的权力，但是他也受到氏族议事会、长老会以及公民大会等的制约。进入父系氏族制后期,氏族、部落酋长和军事首领利用特殊岗位不断侵吞公共财产, 同时又利用职权为掠夺其他部落的财富而经常发动战争, 为掠夺势力范围和财产发动战争成了军事首领的经常职业，相应权力也不断得到巩固，掠夺的财富不断扩大，私有制逐渐发展起来。这时一些近亲氏族部落结成部落联盟,联盟的军事首领在战争中扩大自己控制的领域。首领为了加强个人的权力,乃至滋长起建立真正王权（父子传承首领位）的欲望。从西藏的史籍看，悉补野部落推举聂赤赞普为雅隆六牦牛部首领，说明聂赤赞普莅临雅隆六牦牛部前当地民主推举军事首领的制度已逐步衰弱，因为聂赤赞普取得权力后开始着手让自己的亲子穆赤继承赞普位时，在史书或传说中没有发现反对声音和大的反对力量。

对于聂赤赞普的来历按照苯教观点，认为是古代天神下凡为人

主的；佛教从后弘期开始则说：印度释迦王族后裔的王子流落到蕃地为王；部分汉文文献说：从内地流浪至西部的樊尼为藏王；藏族最早的教法史中认为聂赤赞普（见壁画 H 图 4 和唐卡 K 图 1）从藏地波沃地方莅临雅隆，当地六牧牛人（有可能为六小部落首领）或说十二名头人拥立为王，众说纷纭，莫衷一是。其实天神下凡和释迦后裔入蕃为王的说法，都带有浓厚而神秘的宗教色彩，这是因为西藏早期的原始宗教苯教往往把自然力人格化为神灵而加以膜拜，从而产生了以自然力转化为天神、山神、地鬼等为核心的最早崇拜，把第一代赞普确立为天神下凡为人主是可以理解的。进入阶级社会后，人们在受到自然力量压迫的同时，更受到了阶级力量的压迫。

（截自壁画 H 图 4）上图反映的是悉补野第一任赞普聂赤赞普从波沃地方到赞塘贡马山强朗雅赖贡时遇见蕃地牧牛人，蕃地头人们了解到“乌贝惹”有超凡的本领后被当地首领们商议拥立为王的情景。

人们在无法克服世间双重压迫，无法解脱世间苦难时，逐步依托精神上的解脱来代替现实苦难，佛教迎合了这种社会发展，而当时的宗教传播者也为了立足或扩大自己的宗教思想，往往借助统治阶级，把佛教的创始人和当地统治阶级的先辈联系起来，这样既有利于得到当权者对该宗教发展方面的支持，也有利于当下被统治的信任，这样第一代赞普来自于印度释迦王族后裔的说法就不足为奇了。从汉地流浪至西部的樊尼为赞普，据部分学者们考证认为无事实根据，或与史实不符。第四种说法即第一代赞普来自当地其他部落，在六牦牛部推举为首领的说法虽然在苯教和佛教经典史书中不属于主流观点，但在吐蕃时代遗落下来的一些重要文献如《敦煌吐蕃古藏文史稿》、《工布德摩摩崖石刻》、《雍布拉康志》等中有记载，在民间传说中也较为普遍，我们从唯物主义历史观来看，是比较可信的。《西藏通史·松石宝串》一书中引用了一段江朗巴·若贝多杰撰著的《雍布拉康志》记载聂赤赞普来源的话："昔日，波沃地方，有一位名为'恰姆增'的妇女生下饿鬼9兄弟，幼子取名'乌贝惹'，眉目俊秀，指间有蹼，能力甚大，故被全乡人驱逐，前往蕃地时，适逢蕃人寻王，相遇于强朗雅赖贡。众人问：'你为何人?自何地来?'答：'我自波沃来，欲往蕃地'。众人问：'然则，你有何能力?'答：'我法力甚大，故被众乡人逐出'。众人问：'你可否做蕃之王!'。答：'尔等以颈载我，我有法力神变'。众便遵其命，以肩与舁之，尊其为王，上尊号为聂赤赞普"[1]。恰白·次旦平措等研究者认为在《雍布拉康志》卷中较为清晰分析了第一代赞普从波域到雅隆河谷的路线，在该书中讲到"聂赤赞普到过二十七个地方，其中从玉域样康去拉仲江妥、达云喀尔、阿拉亚玛贡、达域香纳、拉隆达巴、雅庆索嘎、赞塘阁希等地。从辨别这些地名，基本可以明确拉仲江妥为林芝县域内达孜区吉纳俄村附近，即被奉为苯教神山的江妥神山，为苯教祖师辛饶米沃切的圣山。若贝多吉认为，阿拉雅玛贡和强朗雅赖贡

[1] 恰白·次旦平措等著，陈庆英译《西藏通史·松石宝串》，西藏藏文古籍出版社2004年3月第21至22页。

（截自壁画 K[1]图 1”）该图反映的是众人颈载聂赤赞普下山为雅砻部落联盟的赞普，当地民众为其建第一座宫殿的情景。

为同一个地方，位于达布金东，即林芝市朗县的金东乡，现名‘工布阿拉’。雅钦索嘎，即雅隆索嘎，最后莅临雅隆赞塘阁希之说，也能够找到史料证实”[2]。

二、悉补野王统世系的崛起

自从蕃人以肩与舁之，尊乌贝惹为王，上尊号为聂赤赞普，建立悉补野王统开始，西藏赞普的尊号、宫城、官吏、礼仪、诏敕、陵寝以及赞普位父子相传承袭制度逐渐建立，开始了悉补野王统世系。按照传说中的说法，悉补野部落的赞普共传了 31 代。西藏史籍

---

[1] 本书中标示为 K 的画图截自琼那·诺布旺典著《唐卡中的西藏史》，陕西师范大学出版社 2007 年 6 月版中的画图。

[2] 恰白·次旦平措等著，陈庆英译《西藏通史·松石宝串》，西藏藏文古籍出版社 2004 年 3 月第 22 至 23 页。

如《红史》、《西藏王统史》、《西藏教法史》等大部分记载，悉补野王统世系为天赤七王、上丁二王、地贤六王、德字八王、赞字五王、中丁二王以及南日松赞共 31 代。具体承袭赞普位的"'天赤七王'为聂赤赞普、穆赤赞普、丁赤赞普、索赤赞普、迈赤赞普、达赤赞普、思赤赞普；'上丁二王'为止贡赞普和布德贡杰；'地贤六王'为埃肖列、德肖列、梯肖列、库茹列、仲西列、俄肖列；'岱（德）字八王'为萨南木森岱、岱朱南木雄赞、色诺韩岱、色诺保岱、岱诺南木、岱诺保、岱珍赞；'赞字五王'为甲德日龙赞、赤赞南木、赤扎邦赞、赤脱杰赞、拉脱脱日年赞；拉脱脱日年赞后是'中丁二王'即仲年岱乌和达日年塞。达日年塞的儿子为南日松赞，南日松赞和蔡邦妃甄玛脱噶所生之子为西藏著名三大法王之首的松赞干布王"[①]。

悉补野部落的"天赤七王"时期，雅砻六牦牛部落从原先较为松散的部落联盟发展为统一的聚落群，体现在悉补野王统世系的带有防御性的碉楼寨沟设施不断健全，以象征国王权威的宫殿青瓦达孜宫为中心的城邑建设不断完善。到止贡赞普时代，赞普已确立为"父王之属民所谓父部九臣"、"母后之属民所谓母部三支"的氏族部落联盟关系中的盟主地位。对于联盟内各部众的关系来讲，赞普对这些亲族部落完全可以号令各部进行自卫或对外扩张战争，各部众要向赞普政权臣服的同时，赞普在频繁的兼并战争中有保护各臣服部众的义务和调解不同部族利益纠纷的义务，他们对于赞普政权的归顺和臣服的意向，显然比叛逆之心要大得多，因为在那个时代，脱离盟主保护的氏族部落或宗族都是很难生存的。到"上丁二王"的布德贡杰时，由于雅砻悉补野小邦国在农业生产中应用和推广二牛抬杠耕地、引水灌溉农田，并在河流上筑桥、烧制木炭等生产技

[①] 察巴·贡噶多吉，《红史》西藏人民出版社 1988 年 3 月第一期第 30-31 页。

术的发展，特别是冶炼金、铜、铁等金属技术得到很好的发展（见唐卡T图7），极大促进了生产力发展和雅砻地区人口的增加，雅砻悉补野小邦国的综合实力得到增强，推动了悉补野小邦国在政治上日益强盛起来。发展到公元6世纪前后，雅隆悉补野邦国迅速崛起并开始成为能够同西部有着广阔区域和悠久发展历史的象雄、北部强大的苏毗等邦国相抗衡的一个新兴政治势力和经济文化中心。当时悉补野邦国社会制度状况表现在：

第一，在政治上打破了以往在氏族部落内部通过民主可以推选不同人员为首领的制度，开始了悉补野赞普世系父子传承制度。天赤七王时期赞普王位继承上父子传承的做法，虽当时还没有形成传嫡长的规定，在很大程度上还是由贵族、外戚在各王子中推选，有一种带有原始军事民主制痕迹的新的首领世袭制，但已彻底改变了首领在不同的人员中民主推选的历史定制。聂赤赞普开始父子传承制（王位世袭制）取代军事民主制（禅让制），宗亲关系成为当时的基本政治关系。

第二，形成了以世袭赞普为权力中心的“父部九臣、母部三支、论臣四部”的议事会与部落联盟制，雅砻部落的氏族制已开始瓦解，带有阶级和宗族世袭制取代的政治制度已到来。这也为最终导致国家产生奠定了基础，因为国家的起源实际上有三条交互并行的脉络：一是随着部落的发展，使得氏族成员内部产生分化，某些强武和掌握巫术的氏族或者氏族首领逐渐占据了部落的权力中心。而社会生产力的发展，又使得这些人拥有更多的剩余财产，形成贫富分化，阶级社会初见端倪。二是随着社会制度的进化，氏族制逐渐瓦解，被宗族制取代，军事豪族与宗教贵族开始形成，富裕和握有权力的家族开始将权力世袭化，依权势的大小形成权力金字塔的雏形确立起来。三是频繁自卫和扩张战争的需要，拉动了动员和从事战争的

机制建设。聂赤赞普开始我们就比较清晰地看到作为雅砻等河

（载自西藏唐卡 T 图 7）该图反映了止贡赞普在位时期雅砻悉补野部落的政治、经济、文化都有很大发展，饲养牦牛、犏牛、黄牛，开渠引水灌溉农田，伐木烧炭，冶炼铜铁金属，锻造兵器、双牛犁铧，造船渡河、河流架桥，兴建秦瓦达孜城堡，从象雄传入恰苯教法。止贡赞普与臣下罗昂达孜比武被弑。小妾遗腹子茹拉杰攻杀罗昂达孜，为父复仇夺回王位，引请王子布德贡杰（甲赤）回来做赞普，找回止贡赞普遗骸为其建造陵墓等情景图。

谷农业区的各部族，为确保不受其他部族，尤其是游牧部族的侵袭，强化自身的防御体系，把原先简单的聚落寨沟防御设施开始向如秦

瓦达孜宫、雍布拉康等带有高墙碉楼的城邑建立起来。

第三，在经济上，农业生产中应用先进的耕做方式，采取引水灌溉农田，有力地促进农业发展。继农业与畜牧业分工后，有一定规模的手工业迅速发展起来，生产工具从骨器、石器、木器等发展到冶炼和铸造青铜器等时代的到来，为雅砻河谷悉补野部落最终崛起奠定了基础。

第四，在行政体制上，形成了以赞普为首、由父部、母部以及分封诸侯、宗教巫师等参与的行政管理体系逐步建立，聂赤赞普时期出现了辅助官员，“聂赤赞普时辅助赞普的是‘三尚一论’。‘尚’是舅氏，‘论’是家臣，看来当时还是亲族部落联盟，尚论同时又是部落联盟内各氏族和部落的首领，而不是专门设置的官职”[①]。自从聂赤赞普为悉补野的赞普之后开始，赞普的辅助人员“尚论”设置成为定制，赞普的尊号已确定起来，同时带有权力标准的宫城、礼仪、旗号等开始陆续出现，到天赤七王最后一位赞普时又出现有一定规模的陵寝，说明赞普政权可以组织人力物力进行大的工程建设。一个统治者能够对赞普位的继承问题、赞普尊号的设定，宫城建设、陵寝建设等十分重视，不但制定严格的使用范围和具体效用，而且还有严格的管理制度，说明带有管理体制性质开始运转，赞普制度体系已经较全面地确立起来。当时的政治形态表现为：“天下为家、各亲其亲、各自其子、货力为己”[②]的社会发展已十分明显；以王为权力中心的“尚论”等管理运行机制不断健全起来。

第五，在思想领域，宗教神学思想体系化明显，当地首领们把聂赤以原始值神恰亚拉达楚之子或天神六兄弟之子名义扶持赞普位，赞普的来源与地位神格化，成为部众敬畏服从的对象。

[①] 陈庆英《藏族部落制度研究》，中国藏学出版社 2002 年 12 月第二版第 55 页。

[②]《史记夏本记（启为禹子）》

三、王权和神权结合与斗争的政治形态

一般来说，古代的“蕃人”尚天地鬼神，据藏文史籍记载，在悉补野小邦国中苯教非常盛行。据苯教经典记载，苯教是象雄辛饶米沃（见唐卡 K 图 2）从什巴叶桑国引进到象雄魏摩隆仁而创立的宗教。据传西藏“从天座七王、上丁二王、地贤六王、岱（德）字八王到赞字五王中的第四王以上皆神为人王，历二十七代。君主凡有重大事情，必须经过专人卜卦，以占凶吉。寓言、谜语、苯教护持国政”[①]。由于人们普遍信仰苯教，苯教有了深厚的群众信仰基础，在发展的过程中也就得到当权者重视，赞普要利用苯教来巩固自己的政治地位，苯教势力也要靠世俗政治扩大自己的影响，这样宗教和当权者为了各自利益两者有机地结合起来。《土观宗派源流》中谈到苯教的发展分为笃苯、恰苯和觉苯三种发展阶段。根据宗教发展规律分析，苯教存在着从万物有灵的自然崇拜到人为的一神教的发展过程。笃苯作为原始苯教相信万物有灵，“以图腾崇拜，崇拜天、地、日、月、星辰、风雨、雷霆、雪、雹、山川、陵谷、湖河、土石、草木、禽兽，乃至一切万物等幽灵巫鬼，祈福禳灾为事”。说明当时苯教活动还停留在较为原始的自然崇拜状态，这时的苯教还未出现统一的崇拜偶像、教理教规和组织机构，是属于自然拜物教范畴。据记载到止贡赞普时期，从克什米尔、勃律、象雄等地请来的苯教徒在蕃地传教，这时的原始自然苯教与外来有一定理论体系的苯教逐步结合，形成了“关于见地方面的言论”，也就是到了恰苯时期，这时苯教把宇宙分为三层境界。最高层是天神居住的地方，住着天神六兄弟和他们的眷属。最大的天神是“什巴”，他是创世主。中层是人居住的地方，下层是神魔鬼怪凶煞居住的区域。“只有下方

[①] 释迦仁钦德著、汤池安译，《雅隆尊者教法史》西藏人民出版社 2002 年第一版，第 35 页。

（载自 K 图 2）西藏原始宗教苯教的祖师辛饶米沃像。据苯教经典记载，辛饶米沃从什巴叶桑天国化身为王子降生到象雄魏摩隆仁，创建苯教，一生完成了十二功业。苯教的发展分为笃苯、恰苯和觉苯三个发展阶段。笃苯为自然拜物教，世界各民族的先民都曾经信仰和经历过这种原始的自然拜物教。西藏苯教的祖师辛饶米沃创立的苯教应是有一定理论体系的恰苯，恰苯经过漫长的发展，到觉苯时期已形成了更加系统化，更加组织化的宗教，这时苯教创始人辛饶米沃已成为该教派的统一的神，统一的崇拜偶像。

作镇压鬼怪，上方作供祀天神，中间作兴旺人家的法事而已”[1]。由于存在三界，就要求产生一种能通“神鬼之路”的巫师，这种人被称为“苯波”。“苯波”的神秘性表现在卜噬，卜噬是一种掌控符号的专门技术，只有一些特定的家族内部传承，在外人看来，只有他们才具有与神鬼相通的能力，“寓言、谜语”只能在特定巫师家族或宗教专门从业人员才能解答。藏文有关历史资料中提到的苯波有天苯波（神苯波）、地苯波、苯钦（大苯波）等等，最大的苯波称为“贤若普”。他们既能通神，经常以神的代言人的面目出现，同时又有役奴精灵魔怪的本领。最初原始苯教的苯波（巫师）是兼职的，并无多少特权。随着社会分工和私有制的出现，苯教出现了从事宗教专门职业的人员和自成体系的宗教仪轨。这时的苯教崇拜也已从鬼魂崇拜、自然崇拜演进到了祖先崇拜、教主崇拜。鬼魂崇拜和祖先崇拜本质来讲，虽都存在对“魂”崇拜的内容，但前者崇拜的是世间一些所谓超自然的现象物的崇拜，包括先前祖先当成某种具有实体的物类的神秘力量来加以崇拜，而后者崇拜的对象转化为具有血统缘由且只对极有威望的祖先或曾为部落群体的利益建立过特殊功绩的，或曾是他们的全权头领、首领、酋长，死后才被追奉为祖先进行崇拜。

到恰苯后期，悉补野世系第一次接触已形成完整理论体系的佛教经典，据传为第27代赞普拉托托日年赞（见壁画H图5）时期，这时期雅砻地区开始出现佛经、佛塔等佛教器物，随着时间的推移，藏区有些地方佛教开始渗透，特别是吐蕃政权建立后，王室成员开始信仰佛教，佛教自上而下影响起来，苯教为了抗衡、抵制外道的发展，也十分重视苯教理论经典的建设，从而发展成为一种有更加系统化，更加组织化的宗教。苯教与佛教不断斗争中相互借鉴与融合，形成一种“苯中杂佛、佛中掺苯”的有着明显西藏地方特色的

[1] 土观·洛桑却吉尼玛著，刘立千译《土观宗派源流》，西藏人民出版社出版。

两种宗教。这时的苯教形成了统一的神，统一的崇拜偶像，有相对固定活动场所寺院以及有专门从业人员的社会实体。于是，作为西藏最古老的原始“自然宗教”，便向“人为宗教”转化了，这时的苯教我们称之为觉苯时期。

在古代悉补野时期王族、军事首领、宗教巫师三者也有交叉，特别是王族往往兼任军事领袖，有时也可以自己占卜。苯教发展到恰苯以后，苯波通过宗教活动逐渐积累财产，宗教地位受到信教民众的认可，同部落首领一样，变成了特殊的宗教贵族，“西藏古代赞普左右有苯教徒居高位，参与一部分政治，军事事务的决策，自然也协作赞普威慑、控制臣工属民，所谓以苯教治其国，大概也是在这种意义上说的。”[①]有些大的苯教巫师就是出自部落首领或大的宗族家庭，这些家族的宗教神职职位可以世代传承，他们在赞普制定内外政策时，有着很大的影响力，赞普制定的政策违背苯教宗派利益时，世俗政治与宗教势力往往发生矛盾和斗争，苯教势力往往假借神的意志支持其他势力，打击赞普世俗政权。如天赤七王中的止贡赞普被害，在苯教《俱舍音释》的记载中称“支贡赞普的祖父们尊敬苯教法师，提供优厚待遇，达到‘没有辛苯发话，王不肯降旨，大臣不议事；不唱辛苯歌舞，君臣不歌舞’的境况。到支贡赞普时早期还如同父辈对苯教优待，但后来他听从大臣勒赞协的劝谏，对苯教势力进行打压。这时另一小邦王子珞昂达孜在苯教势力的支持下，于战乱中将赞普弑害，篡夺了悉补野政权。”[②]这说明了宗教势力与赞普势力之间既有合作又有斗争，有时斗争十分激烈。此外悉补野赞普王统早期其都城不断迁徙，一些王子被罚派到边塞、很多赞普英年早逝等事件也说明世俗王权与宗教宗族的斗争是很激烈的。

---

① 王森《西藏佛教发展史略》，中国藏学出版社 2002 年第 1 版第 1 页。

② 恰白·次旦平措等著，《西藏通史·松石宝串》，西藏藏文古籍出版社 2004 年 3 月版，第 29 页。

（载自壁画H图5）传说悉补野第27代赞普拉托托日年赞时，从南亚或西域的佛教传教人员已到雅隆河谷的悉补野邦国开始传佛教，他们带来了佛经、佛塔等佛教器物，并积极同王室成员进行接触，但当时由于强大的苯教影响下，当地没有传播佛教的社会基础，佛教传教人员被迫离开。他们离开时只是把佛经、佛塔等佛教器物留给王室成员，预言过了某个时期，人们会懂这些经书。据说当时悉婆野还未出现懂佛教的人士，赞普把传教人士留下的佛教器物当成从天而降的神物在暗处供养而已，为此该赞普在佛教传播到西藏的历史上占有了一席之地。

总之，这时期世俗王权同宗教大家族即有联合，又有斗争，两者作为统治阶级有机地结合起来。

苯教发展到觉苯时，因佛教传入带来大量全新的佛教理论经典，其中有些佛教倡导的思想更加符合社会发展需要，如苯教倡导的在四季献祭神祇或小邦结盟或为人去病施舍赎命而大量屠杀牲畜以献祭等做法，已严重影响到吐蕃畜牧业的发展，而佛教反对这种行为。由于苯教巫师在社会上很有威望和地位。左右国政的巫师按惯例均由大的家族子弟世袭担任。悉补野王庭在发展中，往往遇到苯教巫师假借神的意志支持保守的豪族势力，打击王室，悉补野王室同苯教巫师之间的矛盾也就日益尖锐，这种关系也促成了新兴的佛教在藏的传播中得到王室的积极支持，到松赞干布时王室内部以泥婆逻国赤尊公主和大唐文成公主影响下开始信仰佛教，标志新型的佛教与王室政权相结合的演义也在曲折中慢慢开始了。

第三章　吐蕃王朝时期的政治形态

吐蕃王朝时期（公元 629 年至 869 年）是藏族历史上的一个重要的发展阶段，高原上的各部在吐蕃王朝的统一治理下，凝聚成为强大的势力、并走出了封闭的内陆高原。吐蕃王朝的建立，打破了高原的沉寂，藏族社会第一次出现了勃勃生机。原来各自为政，分散、孤立的部落格局被改变。吐蕃王朝通过国家结构的设置、阶级等级的划分、军政官吏体系的完善、法律、驿站等制度的建设，一个个小邦政权或部落联盟得到了整合。由于王朝注重对外开放，人口流动活跃，社会交往面扩大，推动了社会生产力的发展以及不同管辖区域内人们的交流，促进了不同族群对王朝的认同感和归属感并趋于文化的统一，藏民族在这时期形成并得到了壮大。吐蕃王朝在政治上是以赞普为权力中心，不断完善专制主义中央集权制度，形成了一整套等级森严、相互制约而又有明确分工的官僚体系，建立和健全包括宗法制度，选拔、任用、考核、升迁、罢免、奖惩等内容的职官管理体系。这些管理制度的建设对赞普为首的统治阶级政令统一，巩固农奴主阶级的统治起到了重要的作用，吐蕃政权组织形式对后来西藏地方不同时期政治结构安排影响深远。

第一节　松赞干布的统一事业与治国方略

一、松赞干布的统一伟业

松赞干布（见壁画 H 图 6 新赞普登基庆贺画和 H 图 10 玛波日宫堡中同主要大臣议事画）刚满十三岁时父王遇害，治下的达波、

（载自壁画H图6）该图反映的是松赞干布登基为赞普的情景。松赞干布为悉补野王统世系第三十二代赞普。松赞干布（公元617－650年）是赞普囊日松赞与蔡邦氏甄玛脱嘎之子，13岁继承父位担当起吐蕃第32代赞普的重任。其依靠新兴势力，经过3年征战，平定了内部叛乱，稳定了局势，再次恢复了吐蕃的统一。其后松赞干布采取迁都、对外联姻、从新创制政治、军事组织、创制藏文等一系列扩土安邦政策，为吐蕃王朝政权的发展与巩固做出了突出贡献。松赞干布是西藏历史上有重大影响的人物，是伟大的政治家、军事家，民族英雄，藏汉友好的缔造者，成为西藏三大法王之首。

工布、娘布等地区发生动乱，远离悉补野的象雄和苏毗等一些部落联盟也对悉补野盟主的地位提出挑战与叛离。在内忧外患情况下年轻的赞普松赞干布得到娘·芒波杰尚囊、噶尔·芒相松囊、琼波·邦赛苏孜、韦耶察等大臣的齐心扶持，于公元630年登上赞普的宝座。年轻的赞普登基王位后及时采用政治怀柔与军事强硬手段恢复原有的疆域并统一整个高原。《敦煌本吐蕃历史文书》上说："王子松赞幼年亲政，先对进毒为首者断然进行斩灭，令其决嗣。之后，叛离之民逐复归治下"。而后松赞干进一步巩固和扩大了达布、工布、娘布以及苏毗等诸侯的治理权。公元634年出兵象雄，《敦煌本吐蕃历史文书》说："此王之时，出兵象雄，免其国政，破象雄王李弥夏之政权，收编象雄一切部众为庶民。"从而彻底实现了统一伟业。在实现各小邦国统一的基础上，采取了清查治下各部落庶民，安抚民众，在拥护赞普政权的前提下，平等对待每一个部落，加以保护的政策，这种政策彻底打破了亲族血缘的社会关系，有利于治下不同部族民众的拥护。由于一些旧臣习惯干预赞普施政，年轻赞普为了摆脱旧大臣们干预朝政，借用"父祖之愿"为名，于公元633年迁都到逻些（拉萨），在逻些的玛波日山上兴建宫堡（见壁画H图10）居住，正式建立吐蕃王朝政权。

二、创制文字、提升文化内涵

文字是人类社会生活中相互表达思想感情的语言符号，也是记录人们在同自然界斗争的经验和社会实践活动所积累经验总结的宝库，它对后世所起的指路明灯作用是无法估量的，是社会文明的标志及其继往开来的知识基础。一个民族有没有符合本民族语言规律的文字，直接影响这个民族政治、经济和文化发展水平。关于吐蕃古老的文字问题，有部分学者认为在松赞干布统一青藏高原前，历史悠久的古象雄邦国已有文字，只是未能随苯教思想的普及而普及，也有学者认为吞米桑布扎所创制的藏文是在原古象雄文字的基础上创制的，部分学者认为在古藏文诞生前，西藏还未出现文字等说法，此问题我们姑且不论，在松赞干布建国初期首先遇到的是同周边各国使者往来中，周围各国的差使能够带来各国君主所写的书信予以祝福或交流，而当时在悉补野部落王朝基础上发展起来的吐蕃国无文字，只能用各国的文字写信或捎去口信予以答谢及交流，这对于一个有雄心壮志的赞普是件很难堪很难为情的事，也影响国政大事的完成，因此创制文字是当时吐蕃赞普的迫切想法，更是吐蕃王朝政治和社会发展的现实需要。据《智者喜宴》所说，松赞干布派遣吐蕃大臣之子十六名聪慧青年，给以黄金等礼品，命他们去印度学习文字，然而他们当中的某些人恐惧路途艰险，半途折回，有些人虽然到达印度却因酷热而亡，有些人苦于不懂梵文又折返吐蕃，没有完成赞普的心愿。于是，赞普再次派遣为人聪慧、心地纯正、思维机敏、出身高贵，具有多种品德的青年吞弥桑布扎，授给沙金和给印度贝坚且比纳拉切王的礼品。吞弥桑布扎和随从达洛德冲平安到达印度后走遍印度大部分地区，参拜婆罗门李敬为上师学习文字。他还在著名学者雅弥扎的弟子班智达慧狮子座前系统学习声明学。据说，吞弥桑布扎历经七年，专心修习，成为一位著名学者。吞弥桑布扎完成学业后带着经典和礼品平安回到吐蕃，奉命在拉萨北郊玛茹城堡创制藏文。松赞干布依吞弥桑布扎为师，在拉萨玛茹城堡，（见壁画 H 图 7）静修三年，掌握了新造藏文，并命令吐蕃臣民学习掌握。吞弥桑布扎因此受到赞普的敬重和奖励，被赞普封为“上师”，成为藏民族歌功颂德的著名学者。随之使用藏文记载的著作和翻译作品不断地应运而生，藏族历史从此进入到一个文明的崭新阶段。

（载自壁画 H 图 7）吞弥桑布扎完成学业回藏后奉命在拉萨北郊玛茹城堡（近现代叫颇绒岗），以梵文为楷模，结合藏族语言的特点创制了有 30 个根本字母，4 个元音字母的藏文。从此使藏民族有了本民族的文字。松赞干布在该处静修三年学习并掌握了新造制的藏文，同时命令吐蕃臣民学习掌握使用。

三、建立新的政权组织形式与官僚体系

松赞干布是在囊日伦赞被谋反者进毒害死后于十三岁时继位，他即位后在开明尚伦的辅佐下，不仅很快收复了反叛诸部，统一了藏区，而且建立了一系列新的治国制度，为后人治国之道留下了丰富的管理经验。具体表现在：

第一，在国家的治理和职官吏体系设置方面，设立三尚一伦制，总理全国事务。也就是在制定国家大事时在赞普至高无上的权威下同尚伦（国臣）共同商议决断，或叫小御前会议决断制，也谓“尚伦毕集”制；三尚一伦，他们是赞普属下的父祖母族的三舅与大伦（相），有权参议重大事务。早在聂赤赞普时期也建立了赞普下的“三尚一伦”制，但当时的“三尚一伦”还是亲族部落联盟，尚伦同时又是部落联盟内各氏族和部落的首领，而不是专门设置的官职。松赞干布统治国政之时，打破了各部落靠血缘关系建立的亲族部落各自为政的局面，统一后吐蕃王朝采取的重大措施都是在赞普的亲自安排指导下，由公伦、尚伦、噶伦重臣商讨办理的专门官职机构共同决策。尚伦是赞普的生母的父系亲属要人，赞普把属于母亲血统的本族头人称为“尚伦”。由于吐蕃赞普传统上往往以联姻的形式同其他不同部族首领结盟，因此“尚伦”（舅臣）的来源也是多部族、多区域的。尚伦比同等地位的大臣权力更大。赞普松赞干布时期，三“尚伦”主要管卫藏行政事务和赞普王室内务。松赞干布时期三尚是：堆之没庐氏（坚赞僧格）、曼之琛民（嘉斯协丁）、中部支那囊氏（那囊嘉甘）；一伦为韦氏（吉桑达纳），统称为“赞普和三尚一伦决策制”。“三尚一伦”下的中央职官设置三个体系，即：“（一）贡论系统：即大相论茝（大论），论茝扈莽（小论），悉编掣逋等三人。论茝初设一人，后则增至数人，以防止专权。论茝扈莽，即副相或小论。悉编掣逋，相当于都护。他们三人受命处理军国大事，

负责军事征讨。（二）囊论系统：即内大相囊论掣逋（亦日论莽热），副相囊论觅零逋，小相囊论充等三人，他们主要负责内部政务。（三）喻寒波系统：即整事大相喻寒波掣逋，副整事喻寒波觅零逋，和小整事喻寒波充三者，他们主要负责监察与司法。贡论、囊论和喻寒波三大系统中的大、中、小三位首领官，合称九大尚论，即尚论掣逋突瞿，诚如《智者喜宴》所说："贡论之大中小三者，囊论之三者，整事之三者，合为九种，此即九大论。而贡论行事犹如丈夫，以威力决断外务；囊论如同贤妇操持家政；整事之官，对贤者，虽有仇隙，也当奖赏。对恶人，即是亲子也当用刑"[①]。在"九大臣下面设有专门办理政府事务的若干个执行官即：1.地方官十六等级；2.玛本（军事长官）又分为茹本、东岱（千户长）、小千户长、百户长等；3.齐本（车骑长）；4.岸本（度支官，官吏国家粮食和金银等经济的官员）；5.桌本（牧业管理者）；6.得本（管理村落事务者）；7.赤木本（法官）。8.薪本（农业官）、9.孜本（会计或审计官）、10.彻本（税务官）、11.囊切巴（内侍）等各级官员"[②]。同时宗教事务上，设寺院轨范师、座前法师（密咒师）、侍身本老师与持寝师、羌塘堪舆师等专职神职人员。

第二，在行政区划制度建设方面，打破部落分割制，建立直辖区和分封制。在行政区域划分上，松赞干布统一吐蕃之前，各部落首领分割吐蕃之地，各霸一方。发展到赞普囊日松赞时期，经过各小邦不断兼并，只剩下势均力敌的象雄国以及附国和边缘的吐谷浑、白兰等诸羌了。到赞普松赞干布时期，在他的威严和讨伐下，不同小邦纷纷服从赞普的敕令，实现了青藏高原的统一，建立了吐蕃王朝。赞普松赞干布对各臣服地区在承认赞普至高无上权力并承担税

[①] 陈庆英、高淑芬《西藏通史》，中州古籍出版社 2003 年 5 月版，第 29 至 30 页。

[②] 恰白·次旦平措等著，陈庆英译《西藏通史·松石宝串》，西藏藏文古籍出版社 2004 年 3 月，第 66 至 67 页。

法的条件下，如同以前，继续赋予他们土地，牲畜和奴隶，使各部落首领继续继承前业。在行政区域划分上，设立“采邑境界（地方势力范围）”的行政区域，直接受赞普的保护。《西藏通史·松石宝串》记载了吐蕃划分18个行政区域的情况为：“卫茹雪钦为赞普主管区，乃切宫为赞普王民区，雅隆索卡为库、聂二氏地，羊卓为岗钦古仁五部地，青昂青城为桂、努二氏地，恰乌驿站为章杰帕阿地，柴与雄巴为那囊氏封地，上下查荣为蔡邦氏封地，上下藏为没庐、琼氏地，龙雪那波为柱氏、秋仓区，澎域千户为卓、玛二氏地，娘热仲巴为翟、弟二氏地，香与列为齐日、列氏之地，大小雍瓦为占嘎氏封地，夏格三部为韦氏封地，囊热恰贡为征、恰二氏地，当雪嘎姆为恰、热二氏地，多康多钦为八个武士东岱（千户）的驻地”[①]。从以上区域划分看，赞普直接管辖的区域为卫茹雪钦和乃切宫两地，也就是现在的拉萨、山南地区和部分林芝地区的区域，其他十六个行政区域委派父系亲属为赞普的代言人，作为行政长官同当地首领共同管理的模式建立起来。赞普委派的官员可能更多的作用是组织与管理有关军事事务，同时对已归顺的地方首领和豪族起着监督与间接管理的作用，而不是直接参与地方行政事务的管理。因为，吐蕃王朝统一后各地设立的“采邑境界（地方势力范围）”的行政区域过程中，对各归顺的地方首领在赞普保护并遵循吐蕃王朝法令和履行纳税义务的前提下，保留了相对独立的地方事务管理权限，这样即强化了赞普对地方的管控，也理顺了中央与地方的管理结构设置。

第三，在阶级等级制度方面，打破部落宗亲血缘关系，依据财产建立等级区别并实行诰身制。首先，阶级是在父系社会中后期出现的，在父系社会随着农业与畜牧业、农业与手工艺、特别是商业

[①] 恰白·次旦平措等著，陈庆英等译《西藏通史·松石宝串》西藏藏文古籍出版社 2004年3月，第58至60页。

的出现，阶级也就产生了。史书记载，约公元前 976 年周穆王元年周穆王西巡，到青海河源一带，与沿途古羌人部落来往，收取贡品说明当时青藏高原已出现贫富差别。约公元前 500 年周敬王时期，西藏地区出现许多部落集团，以姓氏为部落名号，出现“蕃喀”、“蕃康”等地域名称。约公元前 126 年汉武帝元朔三年聂墀赞普从波密地区移居到西藏山南雅隆河谷，被推举为雅隆部落联盟首领，成为悉补野世系的第一代赞普，说明统治阶级与被统治阶级两大阵营已确立。但这种阶级等级是在本部落内部的等级。在吐蕃国建立前，由于依据血源亲族关系确立的众多部落小邦，往往发生频繁的兼并战争，被征服的部落也就自然成为战胜部落的“奴户”，两者的民众是不平等的。到松赞干布时期，把所有管辖内的臣民，不论来自哪个部族，根据各自的财产分为两个阶级，即划分为“‘桂’和‘庸’两种五个等级。‘桂’（豪奴）指臣民中拥有奴隶和财产，能组织参加战争者。‘庸’（驯奴）指的是完成平凡事业的属民，其内部细分为小王、主、奴等等级，每一级各有职权范围，但必须向赞普缴纳赋税，供献礼品，承担差役，故为属民”[①]。这种等级划分历史性地打破了原有的靠不同部落血源亲族关系形成的不同等级区别。在阶级等级上“豪奴”直接受赞普的管理，在其辖区内可以分配土地给属民，组织地方武装参加赞普号令的作战任务，它和尚伦等吐蕃王朝设置的各级官吏构成统治阶级。驯奴之内也分为小王、奴隶、再奴等五个等级，其中小王属于统治阶级范畴，据《第吴教法源流》记载，各级小王包括赞普治下的九王（九小邦王）即努氏王斯巴、洛氏王朗巴、列氏王林巴、琛氏王松巴、聂尼恰巴、绛昂桂巴、却乃泽巴、协乌强巴和索切巴，七牧人（游牧区的管理者），六匠人（手

[①] 恰白·次旦平措等著，陈庆英译《西藏通史·松石宝串》西藏藏文古籍出版社 2004 年 3 月，第 62 至 64 页

工艺管理者），五商人（大的工商业主），以及四王者（象雄财库王、尼泊尔铜王、苏毗铁王、门地娱乐王）等理应属统治阶级。驯奴臣仆奴隶和奴隶之奴隶一般为平民阶层和没有任何权力的奴隶，他们是被统治阶级。其次，建立诰身制度，划分等级褒奖体制。“褒奖是按照等级颁发的，大相为大翡翠（珊瑚）文书；副相与内大相为小翡翠书；小相与内副相、大噶伦为大金书；小内相、副噶伦为小金书；小噶伦为银镀金书；寺院轨范师和座前法师（密咒师）、上下权臣为大银书，侍身本老师与持寝师、羌塘堪舆师、边防哨兵、城堡警卫为小银书；千户长、茹本等为铜书；英雄为铁书；普通臣民为木纹书”，……“赞普为奖励大臣和有功人员根据身份设立六种褒奖制度以表示大臣的等级或地位的大小与鼓励措施，能够代表获得与大小珊瑚文书和金书等珠宝及其价值相等的地位”[①]。从以上记载分析，六种褒奖按等级颁发,形成不同的等级诰身制，上等是珊瑚、黄金，中等是银、银镀金，下等是铜、铁，这六种各分为大小两种，共 12 种，代表 12 个级别诰身，另外，还有响铜与波纹白木文书的诰身。诰身制度实际成为阶级等级中对“桂”和“庸”两个阶级中主要对“桂”阶层的一种身份级别的补充确认，以便于对该阶层在社会交往中所受礼仪和拥有权威的一种标识，但在此划分中也把相当部分被统治阶级纳入到等级诰身中，如边防哨兵和城堡警卫为小银书诰身、千户长和茹本（村长）为铜书诰身、战斗英雄为铁书诰身、普通臣民为木纹书告身等的记载。吐蕃王朝建立初期在自己管辖内普遍推行的诰身制度具有现代意义上的身份证制度的性质，只是这种身份证上打上了深深的阶级等级的烙印。

第四，在经济建设方面，实行度量衡统一和税制统一，开辟新

[①] 恰白・次旦平措等著，陈庆英等译《西藏通史・松石宝串》，西藏藏文古籍出版社 2004 年 3 月第 76 至 77 页。

的贸易市场。松散的诸侯国实现统一后，在经济建设面临的首要问题是各地实施的不同的度量衡和税制问题，松赞干布建立统一的吐蕃国后,首先把统一度量衡提到重要的议事日程，对此项工作赞普松赞干布国王直接参与，并很快制定了统一衡量粮食、酥油、金、银的衡量秤标准。度量衡的法定标准确立为：升、两、普、掬、钱、分、厘、豆等。吐蕃王朝统一度量衡标准，对当时的农牧业产品交换和商业贸易等经济顺利发展产生了很大作用；其次开启与周边邻国之间的贸易商道与贸易市场，促进商贸发展。“《德乌教法源流》在介绍松赞干布的伟大功绩时，提到了拉杰凯杰。‘凯杰’指八个市场，上部三大市场是：突厥、回纥（指克什米尔）、尼泊尔；下部三市是：葛逻禄、绒绒、丹玛；中部二市，是指二东东大集市。’所谓大市场，指吐蕃与其他地区之间交换产品的大市场。中部二市场东东指南北二商市，是附近群众自愿相互交换生产品的市场。‘拉杰’被解释为八个山口，即没庐氏王赤松杰达囊分管的东方与汉地交接的绢与食品的山口；桂氏赤聂沃玛分管的南方米和糜子之山门；仲·琼萨沃玛分管西方庶糖和染料之山口；琼波·邦分管北方盐与犏牛之山口。四大山口连同四小山口，共八个山口。吐蕃全境经商，故名八商市。与东方大唐开展帛绢和各种谷物贸易；同南方门地、印度进行大米、糜子等粮食贸易；同西方波斯、尼泊尔、拉达克开展吐蕃织氆氇不可或缺的颜料草、紫梗贸易，即以胭脂红等为主的各种染料物品；同北方于阗和粟特进行食盐、畜产品贸易。驻守各边地的没庐、桂、琼波等氏族首领奉命守护各大商道”[①]。可见赞普松赞干布十分注重同其他邻国或民族之间的商业交流，这对促进吐蕃经济文化的发展起到了重要推动作用。

[①] 恰白·次旦平措等著，陈庆英译《西藏通史·松石宝串》，西藏藏文古籍出版社，2004年3月，第100页。

四、注重对外交流，推动社会事业的发展

富于政治远见的松赞干布统一青藏各小邦国，建立统一的吐蕃王朝之后，主动采取对外开放政策，积极同周边各国发展关系，先后派遣使者赴西南部邻国泥婆逻国和东方大唐请婚。同泥婆逻、大唐、突厥，波斯等互相进行贸易，推销农畜产品并聘请其他国家的医药学大师、工匠师及艺人传授药学、建筑、绘画、雕刻技艺等工艺，派出青年学子，赴大唐、印度等学习天文历算、农耕技术等先进知识，极大推动吐蕃经济文化事业的发展。加强对外的交流，吐蕃王朝赢得了较为稳定的政治环境。由于松赞干布对大唐和泥婆逻

（载自壁画 H 图）该图反映的是赞普松赞干布派遣使者带着盔甲等聘礼赴邻国泥婆逻国鸯输伐摩国王处请婚的情景画。

所盛行的佛教文化以及对唐朝的政治体制有极大的仰慕之情，故亲自开创同泥婆逻、大唐等的关系。建立于吐蕃时期的大昭寺门前的《唐蕃会盟碑》碑文记载了吐蕃与周边邻国的关系，碑文说："'是故，南若门巴、天竺，西若大食，北若突厥、拔悉蜜(乃蛮)等，虽均可争胜于疆场，然对圣神赞普之强盛威势及公正法令，莫不畏服俯首，彼此欢忭而听命差遣也。'这反映了吐蕃与天竺、大食、突厥三国之间的特殊关系，似乎三国国王俯首听命于赞普"[①]。碑文在专述唐蕃关系说："东方之地曰唐，地极大海，日之所出，此王与蛮貂（南方泥婆罗）诸国迥异，教善德深，典笈丰闳，足以与吐蕃相颉颃。初，唐以李氏得国，当其创立大唐之二十三年，……圣神赞普弃宗弄赞与唐太宗文武圣皇帝，和叶社稷如一，于贞观之岁，迎娶文成公主至赞普牙帐。"[②]的记载，松赞干布统一青藏高原后，主动同大唐、天竺、波斯等发展关系，特别是开启了唐蕃间的官方联系，为吐蕃王朝赢得较为稳定的周边政治环境，创造了条件。

加强对外交流，有力促进了吐蕃王朝多元文化和社会经济的繁荣发展。赞普派遣使者赴邻国泥婆逻国请婚后，在吐蕃赞普的真诚和威严下，泥婆逻国王鸯输伐摩把女儿赤尊公主嫁于赞普。公主带着父王所赐的释迦不动金刚、弥勒法轮和度母旃檀等像以及其他佛经、佛像、佛塔和无数奇珍异宝，带领随从侍女、能工巧匠启程（见壁画 H 图 8 赤尊公主入藏图）。赤尊公主抵吐蕃后，赞普松赞干布在拉萨红山宫与赤尊公主会面，正式封为王妃。此后经赞普同意后，在红山上大规模扩修宫室，并在周围造城墙三环，修建了威严壮观的红宫（布达拉宫）。赞普在迎请赤尊公主的同时，主动与唐王朝取得联系，缔结和发展了藏汉两族的亲密友好情谊。当时，中原地区

[①]恰白·次旦平措等著，陈庆英译《西藏通史·松石宝串》西藏藏文古籍出版社 2004 年 3 月第 104 页。

[②] 王尧《吐蕃金石录》，文物出版社 1982 年版，第 43 页。

的唐王朝在唐太宗李世民的统治下国力强盛，声威远振。松赞干布对于盛唐有着深远的仰慕。公元634年，他派出使者赴长安与唐朝通聘问好。唐太宗对吐蕃的首次通使也很重视，当即派使臣冯德遐持书信前往致意还礼。松赞干布几次派人向唐朝请婚未能如愿，便决定用武力逼婚，于公元638年爆发了唐蕃首次战争。然而战争终归不能解决问题。公元640年，松赞干布又派大相噶尔·东赞备厚礼到长安再次向唐太宗请婚。翌年，唐太宗允以宗室女文成公主许嫁松赞干布，从而揭开了藏、汉两族人民友好的新篇章。公元641年文成公主携来太宗皇帝赐予的释迦牟尼佛像和五行经典、不同谷

《步辇图》取材于贞观八年吐蕃首领松赞干布与文成公主联姻的事件，描绘了唐太宗李世民接见吐蕃使臣禄东赞的情景。松赞干布建立了统一的吐蕃王朝后积极谋求与唐朝建立密切关系，从公元634年始，他两次派能言善辩，聪明机智的大相禄东赞出使长安，向唐皇李世民求亲。公元641年，唐太宗终于同意了松赞干布和亲的请求，答应把宗室女文成公主嫁给松赞干布。有关禄东赞出使长安的传说，以及他运用聪明才智，勘破了唐皇设的一道道难题，终于为松赞干布娶回了美丽善良的文成公主的故事，在藏族民间故事中有许多传说。

物种子、工艺技术、疗治疾病的医学论著、器械以及各种珠宝入吐蕃（见壁画 H 图 9 文成公主和吐蕃请婚使者、唐朝送亲使臣、侍从入藏图），松赞干布亲率禁卫军劲旅从吐蕃远道出迎。沿途吐蕃人民载歌载舞都以热烈真挚的感情欢迎文成公主。凡公主经过的地方，都流传着许多充满民族友爱的故事。

（载自壁画 H 图 8）上图反映的是大象所载（驮）各种礼品，赤尊公主随请来的释迦牟尼佛像、经书和吐蕃请婚使者等随从人员入藏情景。

文成公主知书达理，博学多才，笃信佛教，她作为汉藏民族团结友好的先驱，将中原文化传播入藏，对于增进汉藏民族的亲密团结，促进汉地和吐蕃地区经济文化的交流和发展，在历史上产生了重要的影响。随着文成公主的入藏，内地中原地区诸如农具制造、

（载自壁画 H 图 9）该图反映的是文成公主和吐蕃请婚使者、唐朝送亲使臣、侍从、宫女将释迦牟尼佛像置于木轮车上，由吐蕃大力士杰·拉嘎和鲁嘎牵引进入逻些城的情景。

纺织、缫丝、建筑、造纸、酿酒、制陶、碾磨、冶金等生产技术和历算、医药等科学知识在吐蕃有了新的发展，使当地人民的衣、食、住等方面发生了变化。唐代诗人陈陶的“自从贵主和亲后，一半胡风似汉家”这几句诗，正是对蕃唐和亲后，公主入藏对吐蕃社会文化、经济发展作用的赞颂和真实写照。同样，吐蕃派遣青年到唐朝读书，吐蕃妇女流行的椎髻、赭面，以及吐蕃社会传统的马球游艺等，也传到了中原地区，为藏汉民族间的文化交流，增添了更加丰富多彩的内容。另一方面由于两位虔诚信佛教公主的到来，在逻些城（拉萨）建立了热萨祖拉康(即拉萨大昭寺)和然木切拉康（拉萨小昭寺）供放两个圣缘释迦不动金刚等佛像、佛经和佛塔，从此在西藏开启了新的宗教佛教传播的旅途，青藏高原不同民族的文化底蕴发生新的变化。

五、以部落为基层单位，建立严密的军事组织制度。

在军事组织架构方面，松赞干布时期设立四大如（翼）和“豪奴”东岱（千户）的军事管理组织。四大如即：卫如（中翼）、约如（左翼）、叶如（右翼）、如拉如，后来又发展孙波如、象雄如共六大如，设立61个豪奴千户（东岱）军事组织。豪奴千户（东岱）各千户设千户长（东本），在管辖区域内共61位。在陈庆英《藏族部落制度研究》一书中引用乌金巴发掘的伏藏文书《五部遗教》的记载：“卫如其地东至沃嗄秀巴本顿，南至玛拉山脉，西至休尼木，北至色朗玛古尔普，以拉萨小昭寺为中心，相当于今拉萨及林芝部分区域。上下部的千户为章本、秀衬为（秀村氏）的千户；局巴、松顶为属庐氏的千户；岛岱、德觉木两个千户为玛氏和噶哇氏的千户；几堆、几麦为韦氏的千户；叶夏卜小东岱为勃阑伽氏的千户。卫如上部之将军为那囊·甘玛穷，战马为白鬃快马，军旗为红缎上绣白色火焰，军队护卫官为农·东松准杰，告身品级为铜告身，军队行动如勇壮野牛群奔来，人数为三十七万；卫如下部之将军为韦·杰桑达囊，战马为白踵豹纹，军旗为狮子黑豹，军队护卫官为许布·空章宗赞，军队行动如黑雾笼罩湖面，人数为三十七万，上下两部合计为七十四万人。

叶如其地东至色朗玛古尔普，南至聂拉那牙保那，西至介玛拉古，北至迷地曲那，以囊·雄巴蔡为中心，相当于今日喀则雅鲁藏布江以北及黑河地区西南部的地方。有八个千户，朵容、象顶为琼波氏的千户；朗迷、帕噶尔为巴曹氏的千户；章村、年噶尔为朗巴氏的千户；叶若布、松顶为桂氏的千户；囊地方小东岱为仁勒甲氏的千户。叶如上部之将军，由甲哇·意希德周墨波、琼波·达桑娘朵担任，战马为白踵虎纹，军旗如黑色大海，军队护卫官为巴曹·措热，告身品级为铜告身，军队行动如珊瑚树张开，人数为三十五万；叶如下部之将军为桂·赤年贝玛，战马为青色玉翼，军旗为狮子豹纹，军队护卫官为朗巴·官卜，告身品级为铜告身，军队行动如烈火燎原，人数为三十五万，上下两部合计为将近七十万。

约如其地东至工域哲那，南至夏乌达高，西至喀若岗则，北至玛拉山脉，以雅隆昌珠为中心，相当于今西藏山南地区及林芝一部。有八个千户，加上一个小东岱为九个。雅隆和秦隆两个千户，为涅氏和蔡绷氏的千户；江将和垅巴两个千户，为娘氏和那囊氏的千户；列和洛札两个千户，为琛氏和尼瓦氏的千户；日窝小东岱，为章顿氏的千户。约如上部之将军，为娘·达桑玉丹，战马为快捷飞马，军旗为狮子相对，军队护卫官尚·玛香堆琼，告身品级为铜告身，军队行动如铅液出炉，人数为三十五万；约如下部的将军为琛·仁钦杰色，战马为玉色蜜蜂，军旗为五彩装饰，军队护卫官为洛·达曲赤色，告身品级为铜告身，军队行动如鹞鹰扑食，人数为三十五万，上下两部合计为七十万人。

如拉其地东至强木尼扎，南至泥婆罗朗那，西至拉金牙迷，北至介玛拉恩，以折之都尔巴那为中心，相当于今西藏日喀则、江孜地区雅鲁藏布江以南的地方。有八个千户，加上一个小东岱为九个。如拉上部芒噶、墀贡为没庐氏的千户；仲巴、拉孜为没庐氏的千户。如拉上部的战马为鹅黄及丹红色，军旗为白色狮子朝天咆哮，军队护卫官（或称候补将军或副将）为朗·达许如察，其告身品级为铜告身，其军队行动如水晶母石迸裂，人数有三十六万。如拉下部之四个千户娘若为哲氏之千户；赤塘为琼保氏之千户；格呈木为桂氏之千户；喀尔巴为许古氏之千户；春玛小东岱为没庐氏之千户。如拉下部的将军为哲·嘉多日赤类，战马为鹅黄及纯黑色，军旗为白缎覆盖原野，军队护卫官为琼波·布纳森，告身品级为玉石告身，其军队行动如冰雹骤降大地，其人数为三十六万，据说如拉上下两部分的人数为七十二万。

按此处的记载，各如各有八个千户所，加上一个小东岱，四如共有三十六个千户所。按《智者喜宴》的说法，各如还要加上一个赞普的禁卫队，相当于一个千户所，所以合计为四十个千户所。从这记载看，吐蕃四如实际上每如分上下两个部分，共八个部分，每部有将军一人，护军（副将）一人，这些官员也被称为“如本”，则总共有十六名如本。每个编制有自己的军旗和不同战马的颜色来区别开来，体现出区域行政划分同军事组织紧密结合起来的行政体制。各如之下设千户所，各千户所设千户长，千户长一般由当地豪族世家传承。如《恩兰·达札路恭纪功碑》所刻赞普赤松德赞赐给达札路恭的诏书誓文中即有：‘禁卫军彭域东岱（即禁卫军彭域千户所的千户长）之职，永不授与他人，伦达札路恭之远祖悉腊之子孙中凡具能力者，公正临民者，授以禁卫军彭域东本，永为世职’。各千户所之下又划分为若干个部落，部落设有部落长、先锋官、农田官、财务官、文书等官职，管理部落的生产、军事、征收税赋等事务。部落的生产资料——土地为王朝所有，王室将一部分土地赐给贵族官员，一部分作为官员在任职时的薪俸田，还有一部分由农田官分配给农民”[①]的记载。

随着吐蕃政权的巩固，遂采取积极向外扩张领土的策略，所领区域不断扩大，因此在本部四如以外又增加了象雄如和孙波如，吐蕃王朝针对后来征服的新区域情况，在统治方法上同本部四如有所

[①] 陈庆英《藏族部落制度研究》，中国藏学出版社 2002 年 12 月第二版第 61 至 64 页。

（载自壁画 H 图 10）该图反映的是一代英主赞普松赞干布（公元 617–650 年）为了摆脱旧贵族对自己施政方面的约束，于公元 633 年从旧都墨竹夏巴明久林宫迁都到逻些卧唐（拉萨），在新修的红山宫同两位王妃文成公主和赤尊公主、大臣噶尔·东赞（也叫禄东赞，手持拐杖者）与吞弥桑布扎（手握文书者）等臣属一起议事的情景。

不同。对西部的象雄如（阿里三围地区到东部连接孙波的广大西部和藏北地区），吐蕃设置了亲族管理形式。象雄即汉文史籍所记的大、小羊同国，《册府元龟》外臣部说："大羊同国，东接吐蕃，西接小羊同，北直于阗，东西千余里，胜兵八九万。"[①]《敦煌本吐蕃历史文书》记载由松赞干布以其妹赛玛噶嫁象雄王李迷夏，后发兵进攻象雄，象雄王李迷夏失国，其部众被吐蕃收为编氓的故事。《第吴宗教源流》说："吐蕃与突厥交界之地，有上部象雄的五个千户所，即：俄局拔、芒玛拔、列玛拔、杂莫拔和巴噶小东岱。吐蕃与苏毗交界之地，有下部象雄的五个千户所，即：古格、古交、计藏、雅藏和计底小东岱。此为象雄万户府上下两部的十个千户所"。可见吐蕃吞并象雄后，逐步将其千户所部落的一套军事行政编制推行于象雄（阿里三围地区）。关于孙波如（苏毗），在朗日伦赞时苏毗已有一部分区域被吐蕃征服。松赞干布即位时，苏毗曾和象雄、达布、工布、娘布等小邦一起反叛吐蕃。被再次征服后，松赞干布将苏毗的一部分按吐蕃制度编组为十一个千户所，即《第吴宗教源流》记载："总的来说，苏毗的千户所被称为从中心扩展出来的外圈千户所，其中的十一个千户所是松赞干布划入的，即则屯和约屯两个千户，上下桂仓两个千户，窘堆、窘买两个千户，哲堆、哲买两个千户，喀若、喀桑两个千户，那雪小东岱，共十一个千户所。"《敦煌本吐蕃历史文书》大事纪年有虎年（702 年）征孙波茹大料集和猪年（759 年）孙波如大部臣民授予告身诏命的记载，说明吐蕃后来将苏毗编组成千户所为为孙波如。对于苏毗（孙波如），松赞干布新建吐蕃国时还保留了苏毗的王室，"由于王室后裔没陵赞、悉诺逻有两次叛逃投唐的事件发生，到公元 755 年悉诺逻降唐后，吐蕃才对剩下的孙波如的大部分首领授予诰身，使孙波如的各项

[①]恰白·次旦平措等著，陈庆英译《西藏通史·松石宝串》西藏藏文古籍出版社 2004 年 3 月，第 47 至 48 页。

行政制度与吐蕃本部划一，苏毗之王室大约也在此时被废除”[①]

吐蕃时期，除以上六如外，在向西域等地扩张中造就了很多未受于册封的千户长，也有大五百长以及百户长等军事组织与军民结合式的边缘官僚体制。在军事组织建制方面部分藏学家根据汉文资料等研究认为，61 个千户必须是各拥有 1 万人的军队，总兵力数应为 61 万人。从一些史书记载来看，吐蕃军队大部分是由骑兵组成，在描写行军时，行军以骑兵为前卫，弓箭手、带短剑或匕首的军队和占卜者居中，披铠甲持矛的殿后，大的战役以骑兵为主。

为了表彰对国家稳定、固守边界、扩土强兵上建功立业的战斗勇士，根据英雄成绩大小设立六种勇饰标准（军功章标志），即虎皮褂、虎皮裙、大麻袍、小麻袍、虎皮袍和豹皮袍。

六、建立新的宗法制度与司法体系

松赞干布统一各邦国，建立了强大的吐蕃奴隶制政权。吐蕃建国初期，由于数千年来处于分裂割据状态的各部落依奉原始宗教苯教及各自祖先的不同神祇为敬仰对象，确立各自为政，战乱频仍，相互攻掠，因此整体社会的战乱隐患仍未彻底解决。年轻的赞普敏锐的洞察到建立一种统一的文化认同是解决问题的关键和急迫解决的的大事来看待。他根据唐王朝、印度、尼泊尔、于阗等国家和地区佛法健全，居民信仰统一的情况，派遣青年人前往印度学佛，创制文字，翻译佛教经典。又迎请汉地、尼泊尔佛教兴盛的两个国家的公主为王妃，修建大、小昭寺等寺庙，以法令形式要求臣民们皈依佛教，以佛教的“十善法”作为治国的根本理念和方略，新制定了“基础三十六制”为基础的宗法制度和司法体系。针对吐蕃王朝时期的“三十六制”，也有学者如曾国庆等认为“三十六制”是在赤

---

① 陈庆英《藏族部落制度研究》，中国藏学出版社 2002 年 12 月第二版第 64 页。

松德赞时期确立的，“赤松德赞在先辈原有的法律基础上增加制定了一些新的法律。据藏籍《智者喜宴》载，吐蕃三十六制大多数是在这一时期确立的”[①]的观点。新建立起带有浓厚时代特色的吐蕃王朝法律制度，对于当时吐蕃的政治社会发展乃至后来的社会历史发展起到重要作用，具体表现在：

第一，以伦常道德为基础，加强宗法制度建设。宗法制度建设方面，十分注重伦常道德法的建设。松赞干布之时，君臣详细研究了当时各种社会矛盾，根据这些矛盾制定“伦常道德法律十五条、在家道德规范十六条等作为行为准则，要求臣民严格遵循。‘伦常道德法律’提出三做、三不做、三褒奖、三谴责、三不迫害的十五个要求。具体内容为：三做即：消灭外寇能使国家太平；理好内政，能使百姓安乐；为利益来世，信奉实施十善法 。三不做即： 不为无信仰的普通人讲授佛法；密咒是获得佛果之因，不能当作财富出卖，即观看供品不具誓言，不讲密咒；不能荐举傲慢者为官员领主。三褒奖即：对于战场上胜敌有功的英雄，如果不赏赐虎皮战袍褒奖，以后就没有产生英雄的酪酵，所以必须给英雄予奖励；对于精于内政之臣和各有功者，如果不以璁玉、黄金等诰身奖励，以后不能分辨贤愚之人，所以必须以诰身奖励贤明者 ；如果不褒奖为了君臣之事而热诚工作的优秀人才，以后不可能出现精进热诚之人，所以必须给以丰厚的物质奖励。三谴责即：对于屈膝投降或者放任失职等无主见的懦夫，应该将狐狸尾巴套在其头上，进行谴责，反之，就不能分辨英雄和懦夫；对于做恶多端者如不进行适当的法律处罚，以后会作恶不止；对于违法乱纪者如不进行处置，任其放任自流，后果不堪设想，所以一定要严厉处置；三不迫害即：如果不养育自己的父母，虐待折磨他们，立刻会受到众人的指责，将来受报应之

[①] 曾国庆等《历代藏族名人传》，西藏人民出版社 1996 年 9 月第一版第 36 页。

苦。所以要孝敬父母，千万不能欺侮；如不能爱护自己的徒弟，进行折磨迫害，不仅使其孩子父母感到厌恶，而且外面的敌人也会讥讽，一定要爱惜保护他们，不应该进行痛苦迫害；如果不照顾亲属，进行憎恨迫害，就会失去自家的工作和稼穑。一定要互尊互爱，团结照顾亲属，不应该迫害折磨。'在家道德规范16条'具体内容为：敬信三宝；学知习文；尊敬报恩父母；尊重有德者；敬贵重老；义深亲友；利济乡邻；直言谨慎；追踪上流；饮食有节,货财安分；酬报有恩；秤斗无欺；慎戒妒忌；温语寡言；忍修大度；不听妇言。"[①]人身关系上设立六种称号（诰身），这是针对摄政之臣和臣民划分为善号和恶号六种加以鞭策的政策。以上社会伦理道德倡导与要求，虽有着严重的等级观念以及对妇女的歧视等内容，但总体来讲这些内容对于调和当时的社会矛盾，规范人们行为起到了积极作用。

第二，以巩固政权为目的，强化司法体系建设。一个国家政权建设中，为了适应经济、政治、军事发展的需要，把法律制度建设上升到崇高的政权建设地位来看待，通过法制建设把统治阶级意志强加于被统治阶级，这对于巩固政权起到重要作用。吐蕃王朝时期先后出现并且不断完善西藏早期成文法，完善了刑罚等级和程序。为保证君主掌握和巩固实权，建立起较完备的司法行政体系。

吐蕃时期的司法体系建设主要体现在松赞干布建立的基础三十六制中，该司法体系囊括了阶级划分、政治设计、法律条文、诉讼与赔偿标准等内容。政治制度设计主要体现在六法中，表现在：第一，孝养主人并偿清利息。规定众臣孝养国王，努力精进；庶民按期缴纳各自承担经营生产的土地、牲畜税，即必须奉献国王之规定；第二，抑制豪强，扶助臣仆。该法律规定，抑制有权有势、专横或

[①] 恰白·次旦平措等著，陈庆英等译《西藏通史·松石宝串》西藏藏文古籍出版社2004年3月，第72至75页。

有权势豪奴的欺压，保护和扶助再奴即劣贱弱小庶民，规定任何人不能随意欺凌再奴，此项规定在当时奴隶制社会有它的进步性。

第三，驯奴不充豪奴，王政不及女人。规定了阶级等级不能更改，妇女不能干预政治的农奴制伦理法；第四，守卫边界，不践民禾。规定了镇守四方边界将士的义务以及维护百姓耕种的田园等内容；第五，克敌保民，安邦立国。规定了各路军人及君臣消灭外面的一切敌人，关心国家臣民的生活，保护臣民的安乐要求；第六，奉行十善，舍弃非十善。确立了王臣庶民要信仰佛教，长期奉行十善，舍弃非十善的规定，这也说明赞普王朝正式把佛教作为国家意识形态扶持起来的决心。在赞普治下的属民行为方面，制定了七大基本法律条文，即一是不杀生法；二是断偷盗法；三是禁止邪淫法；四是禁止说谎法；五是禁止饮酒法；六是奴不反主法；七是不盗掘坟墓法。对于以上七大基本法的规定如有违法者要根据不同的阶级等级设定了不同标准的赔偿和惩戒规定。

在诉讼过程中，规定庭上对诉讼双方的呈词（两名控告者）进行真伪分析，必须合理大胆地判决，照顾到有权势者和贫弱各方。重大特殊之类的事要依王法判决时必须无条件执行的规定。同时制定了王朝内库家法，该法是一种赞普的内库法，即积累和保管仓库的财物等宫殿内部工作的归总法律。

第二节　实现统一后的吐蕃政治体制发展

一、吐蕃王朝的朝觐盟会制度

西藏从早期的邦国到吐蕃王朝时期，结盟与结盟中的誓言在各地方势力和各国之间的政治运行中占据特殊的地位。在吐蕃王朝建立前的邦国时期结盟主要形式是各不同小邦势力“对等诉求、和平共处”关系处理的一种形式。吐蕃王朝时期结盟的形式与内容转变为“朝觐盟会、自明诚信”的政治行为形态。吐蕃时期会盟地点不一定是固定的，有时在王朝都城，有时在赞普流动的讶帐处，有时根据某地方豪奴主的要求，可以到该区域去举行会盟，有时为停战或为同别国结盟可到双方国度立盟誓约。在盟誓过程中根据内容的重要与

（载自壁画H图11）该图反映的是吐蕃王朝时期同各邦国之间举行会盟的情景。西藏早期的邦国到吐蕃王朝时期，结盟与结盟中的誓言在各地方势力和各国之间的政治运行中占有重要地位，结盟活动能够在当时维护君臣之间关系，调节各种政治实体的利益以及稳定社会方面起到积极作用。

否确定双方或多方参加官员的等级，盟誓过程中使用的誓殉牲畜种类、数量以及建盟约纪念碑或纪念物的规格等都形成了一套较为完备的制度体系。如时间上和形式上，吐蕃中央王朝同管辖内各诸侯举行一年一次的小盟以屠杀羊狗等小型牲畜为主，陈设肴馔的种类和数量也很有限，而各诸侯都参与的三年一大盟中屠杀的牲畜种类不仅有狗、羊等小畜动物、而且有马、牛、驴等大头牲畜并数量也大的多，陈设的肴馔规格也更加丰富，盟誓内容也不一样。“吐蕃赞普与其臣下一年一小盟，刑羊狗猕猴，先折其足而杀之，继裂其肠而屠之，令巫者告于天地山川日月星辰之神云：‘若心迁变，怀奸反覆，神明鉴之，同于羊狗。三年一大盟，夜于坛埠之上与众陈设肴馔，杀犬马牛驴以为牲，咒日：尔等咸须同心戳力，共保我家，惟天神地祇，共知尔志。有负此盟，使尔身体屠裂，同于此牲”[1]的记载。又据新旧《唐书·吐蕃传》记载，杀牲盟誓之俗在吐蕃会盟活动中持续甚久。赤德祖赞时，与唐树栅为界，遣其大将乞力徐与唐将“杀白狗为盟”。这种内部的会盟以及同其他国与国之间的会盟，直到赞普赤热巴巾执政时为止。盟誓活动的仪轨均以苯教礼仪为准，到赤松德赞开始一些佛教高僧和佛教仪轨介入盟誓活动。

吐蕃时期这种频繁的会盟体现了王朝政权是建立在众多较松散小邦国基础上的统一过程中各地方诸侯与王室之间表忠与诚信表白的政治活动，是建立君臣之间“亲贵合一”政治联盟关系的一种形式。这种誓盟形式逐成为各地方诸侯一年一次朝觐赞普，赞普与各诸侯小王、首领等君臣之间“承诺、赏功”与“表忠、纳贡”的主要途径。

吐蕃王朝时期赞普与各诸侯频繁盟誓行为，在当时规范和维护君臣之间关系上受到格外的器重，结盟过程中的誓言在双方行为上

[1] 张云《唐代吐蕃史与西北民族史研究》，中国藏学出版社 2004 年 12 月版，第 225 至 226 页。

有一定的权利义务关系，已成为一种传统法意义上的契约行为。

西藏小邦时期，特别是吐蕃时期较为频繁的结盟行为对于调解当时的社会关系、稳定社会秩序起到积极作用。结盟作为吐蕃王室同其他地方势力之间的极具特色的政治活动,在吐蕃政治体制运行中不断完善，形成为独具特色的一种制度，这种制度体系在某种意义上成为吐蕃王朝政治体系的重要构成要素。因此吐蕃时期会盟与盟誓亦然成为颇具民族特色的政治文化现象，也体现了当时社会观念的价值取向，这种盟誓誓言至今在藏民族的生活习俗中没有完全抹灭。

二、贵族政治体制浮出水面

吐蕃王朝在实现统一和对外扩张过程中，对被征服的各豪强并没有采取剿灭政策，而是更多采取分化、结盟、联姻等怀柔政策，最大限度保留了各诸侯小邦豪强原有的地位，使统一后的各诸侯豪强逐步融入到吐蕃贵族门阀和官吏体系之中。吐蕃贵族世家和官吏的来源主要有三个途径：一是悉补野赞普父系世族和当地的传统贵族是主要来源，在吐蕃势力对外扩张建立新的势力范围时往往派这些贵族世家作为重臣管理一方，从而逐渐成为地方世袭贵族，如“吐蕃划分 18 个行政区域后以赞普代言人的形式委派库氏、聂氏等 25 位父系亲族到这些区域进行长期管理，逐步成为当地的望族。”[①]二是充分利用被征服吞并区域的各诸侯豪强（小邦王），采取赞普王室同这些地方势力建立传统联姻或结盟的形式，使被纳入吐蕃王朝的诸侯邦国贵族遂成为吐蕃王朝的贵族，如赞普赤松德赞就从五个吐蕃贵族世家娶妻，其中大部分是外族世家闺女，这些世家贵族逐成为能够参与吐蕃王朝政权政治活动并受王朝保护的世袭贵族。在这

① 恰白·次旦平措等著，陈庆英等译《西藏通史·松石宝串》西藏藏文古籍出版社 2004 年 3 月，第 58 至 59 页。

些贵族中有些成为权力中心“三尚一伦”中的重臣尚伦舅臣（见壁H图12），如下部达布的琛氏世家、上部没庐氏世家、中部的那囊氏世家以及边缘的弥约、门域等地方首领同赞普王室有着长期联姻的关系，从而建立起“亲贵合一”的尚系舅臣世家贵族政治。三是官吏体系设置中产生的权贵，如政府内外权力运作中有权的大中小贡伦、大中小囊伦、大中小噶伦九大臣以及其他不同级别的地方官、军事

（载自壁画H图12）该图所绘人物为赞普赤松德赞和五位从贵族世家所娶王妃琛·拉姆赞、喀尔钦·益希措嘉、没庐妃·赤嘉姆

赞、蔡邦妃·梅、颇容妃·嘉姆尊一起的情景。

长官、宗教却本（寺院轨范师、座前法师、羌塘堪舆师）等成为官吏体系中的中坚力量。因此吐蕃王朝建立初期就逐步形成了诸侯豪强与悉补野王系官吏相结合的官僚体系，加之特殊的宗教贵族对权力运行过程中的介入，成为西藏各诸侯豪族和贵族能够长期掌握政权，并逐渐演变成为西藏世袭贵族长期掌握政权的雏形。

三、建立驿传制度，确保政令、军令畅通

公元 7 世纪中期以后到公元 8 世纪，吐蕃势力不断向外扩张，获得了辽阔的疆域。吐蕃王朝为了对占领地区实施有效的管理，在原有纵横交错的传统交通网络以及新开辟的交通线上，建立了一套完善的驿传（驿站）系统，以确保王朝的政令、军令畅通。吐蕃的驿站主要分布在四通八达的交通路线上，当时交通主干线有通往南部印度、尼泊尔的天竺道；有通往西亚和中亚的帕提之西域道（从象雄越大小勃律至西亚或向东折到西域之路以及从羌塘入青海再进入古丝绸之路）；有涵盖藏北高原至甘青民族走廊的唐蕃古道；有吐蕃东至川西北及滇西北、缅北等处的四川及南诏道等。为了驿传往来方便，及时传达王朝行政命令和军事号令，建立了严密的驿站体系与制度，并发挥了重大作用。这种驿站制度的主要内容体现在：

第一，明确驿站组成人员及其职责。王尧、陈践编:《吐蕃简牍综录》中涉及驿站人员组成的简牍摘录如下："第 144 条：'虾蟆山四名斥候一个驿站，龙年夏季五月初六日派出斥候之木牍。'第 313 条：'囊与处之堡寨有四名吐蕃人在一个驿站……。'第 301 条：'……卓安之属民阔洛……在胡阿小堡，四吐蕃人驻……一驿站……驿吏在巴尔孜斯。'第 185 条：'大必力中游的部落，驿站长包巴鲁穹。'第 186 条：'驿官为喀若部落之朗鲁顿。寮属为管仓部落之萨东鲁道。

男伙夫为那雪部落之拆通玛。伙夫之仆役为恰拉部落之甲木萨肖。’第 246 条：‘（驿站长官）驿吏系悉诺雪部落之孜宇容玛。寮属为下仓部落……之尼道岛固北方丁部落之松西晓，君育悉诺雪部落之慕容卡尔。’第 257 条：‘北方管丁部落……期扎驿吏则玛杂。’”[①]对以上史料进行分析，至少可以了解到吐蕃的驿站一般由四个人组成，他们是驿吏（或叫驿官、驿站长、驿站长官），寮属一名，伙夫一名，伙夫之仆役一名，来自不同的区域或部落。有些学者认为吐蕃驿站的组成人员为驿站长、驿吏、寮属、伙夫四人，有的还有伙夫之仆役来组成。驿吏主要负责驿站日常事务；寮属职责相当于驿吏的助理或者秘书工作；伙夫其职责是主管伙食；伙夫之仆其职责是看养驿马和协助伙夫搞好伙食。驿站的职责明确规定为驿传政令、军令外，还承担侦查敌情，接待来往使臣等任务。《吐蕃简牍综录》第 404 条云：“‘早餐至晚餐前，过往之人由驿吏接应。’这就是说，驿吏除

（载自西藏唐卡 T 图 8）该图所绘为吐蕃驿传（信使，也叫飞

① 次旦扎西、杨永红《西藏古近代军事史研究》，西藏人民出版社 2012 年 12 月版，第 69 至 70 页。

鸟使）接力式传递书信，以确保王朝的政令、军令畅通的情景。了负责驿站日常的管理工作之外，还要接待来往使臣。第136条：'作萨众驿吏，应去各自汛地。近来，有些地方，有情况，望勿懈怠，每日不忘查看驻地，马嘶和敌人踪迹……。抓紧夜间巡逻，来敌……。'第142条：'悉诺谢之驿吏向大兄赞巴报告，于阗山一名坐哨于十一日夜逃跑，哨口空阒，无人防守。'"[①]从这些记载可以了解，驿站的驿吏不仅传递政令、军令，还要负责所在地的军事安全，甚至在敏感时期还承担了巡逻、收集情报等的任务。

第二，驿传在传达时间和程序上有严格的要求。在张广达《吐蕃飞鸟使与吐蕃驿传制度》一文中记载："'蛇年冬月十九日自文江岛宫盖印发出。传令使江拉列传递紧急信件前往瓜州军镇，一名使者派予护送骑士一名，并给捆载信袋及绳具一副'。'到达晚宿驿站时，驿丞及书吏在文书上加盖印章后即遣一名护送者发送之，此加盖印章（之文书）至瓜州军镇方得开拆。''论赞热、论贡桑、论香桑等人之书信物品三驮应于蛇年冬十二月十九日前送达。昼行五站、夜行四站，按规定一昼夜应行九站前往瓜州'。'所携加急信件宜妥加保管。驿站人员不得疏忽，逐站依次送行。不论昼夜，各驿站均应有专人加盖印章为证。按规定时限直接送达，不得枉道稽延。''若加急信件因枉道延误而未如期送达，将予各驿站失职之驿丞、书吏、信札护送人以严惩。此加急信件应由卡桑负责官员、绒波军镇官员、往来鸟使等三者加盖印章'"[②]，从以上史料体现当时驿传程序和时间上有严密的管理体系。

第三，驿传的信件实行级别递传制。吐蕃王朝驿传递者最有名的史称为"飞鸟使"，《旧唐书·吐蕃传》云："'唐德宗贞元十七年（公元801年）七月，吐蕃寇盐州，又陷麟州，杀刺史郭锋，毁城

---

① 王尧、陈践《吐蕃简牍》，文物出版社，1986年，第48页。

② 次旦扎西、杨永红《西藏古近代军事史研究》，西藏人民出版社2012年12月版，第69至70页。

隍，大掠居人，驱党项部落而去。---至麟州。城既无备，援兵又绝，是以拔之。知郭使君是勋臣之子，必将活之，不幸为乱兵所害。’适有飞鸟使至，飞鸟，犹中国驿骑也，云：‘术者上变，召军函还。’遂归之。对于此次事件的记述，《新唐书》称徐舍人：‘语方已，会飞鸟使至，召其军还，遂引去。飞鸟，犹传骑也。’ 唐朝诗人白居易于公元 809 年在他写的《新乐府·城盐州》中也提到的吐蕃飞鸟使，文中讲到：‘城盐州，城盐州，城在五原原上头。蕃东节度钵阐布，忽见新城当要路。金鸟飞传赞普闻，建牙传箭集群臣。君臣（赤）面有忧色，皆言勿谓唐无人----’”[①]的记载说明吐蕃飞鸟使一到，便马上召集群臣商议军事大事。吐蕃的驿传人员在传递信息情报的过程中，根据事件轻重缓急均有严格的递送标志。《册府元龟》记载：“‘其驿以铁箭为契，其箭长七寸，若急驿，膊前加著一银鹘，更急，其鹘至十二三。每驿百余里。随水草而居，不常厥所。’《新唐书》也有记载：‘其举兵，以七寸金箭为契。百里一驿，有急兵，驿人前加银鹘，甚急，鹘益多。高寇举烽。’”[②]这说明吐蕃王朝的飞鸟使在传递时以铁箭作为标志，情况紧急时，根据情况缓急加银鹘数量，数量越多，说明驿传的信息越急，最多可以加到十二三支。在吐蕃的驿使中，除了有飞鸟驿使存在，还有飞马驿使、飞狗驿使等。根据《西藏古近代军事史研究》一书分析其名称等均源自于所传文书末尾所盖印章的图案。该书里谈到“根据敦煌古藏文文献 P.T.1083 号和 P.T.108 号两份写卷所提供的史料信息，还可以看出飞鸟使之印的始发地是吐蕃中央，飞马使或者飞狗使之印始发地是吐蕃所辖的军镇。”这表明飞鸟使、飞马使、飞狗使不但从字面上代表了公文或者情报的紧急程度或者传输速度，而且表明了发文机关存在某种程度的级别和地域差异。

[①]次旦扎西、杨永红《西藏古近代军事史研究》，西藏人民出版社，2012 年 12 月版，第 70 页。

[②] 《册府元龟》卷九六一《外臣部土风三》。

根据以上史料说明，吐蕃王朝在发展中已形成严密的驿传组织体系和完善的驿传制度。

第三节　吐蕃王朝建立后的几次政治经济改革措施

松赞干布统一青藏高原，采取的各项内外政策，为西藏各民族的交往交流交融和社会的发展奠定了基础。松赞干布去世后到吐蕃王朝解体，后继赞普们在不同历史发展阶段根据形势需要在不同领域采取了一些影响深远的政治、经济、宗教等方面的改革措施，这些措施对吐蕃王朝的后续发展产生了深刻影响，现按历史顺序简述如下：

一、芒松芒赞时期的政治举措

松赞干布的儿子贡松贡赞早于藏王本人去世，因此公元650年松赞干布在色莫冈沃宫去世后，其孙芒松芒赞继承王位，年轻的新赞普在位的18年，国政主要在大相噶尔东赞辅佐下加以统治，该赞普采取的改革措施表现在：

政治改革方面，一是大相噶尔·东赞域松在芒布沙宗地方组织集会，开创了集会制。芒松芒赞晚年会盟制改成一年一次的盟誓制度，遂成为历史定制，此盟誓制度延续到了吐蕃解体。二是芒松芒赞执政时期对松赞干布时制定的豪奴（桂）和驯奴（庸）的阶级划分作了重新调整划分。噶尔·东赞域松将臣民分成特殊庶民（桂）和普通百姓（庸）两大类征发户丁，粮草劳役。特殊庶民“（桂）即指能够参加军事活动的人和拥有丰富财产，属于各千户的人户；普通庶民（庸）即指办理赞普和政府的一般事务以及行业管理者，也包括承担缴纳农牧业税和日常差役的普通百姓”[1]。这样把松赞干布时期划分到“庸”的一些边远被征服的小王、主、豪奴等有产阶级重新划分到统治阶级范畴。

经济建设方面，芒松芒赞时期，大相噶尔·东赞域松率领重臣“巡视吐蕃牧业，规定了新的牧业税，视察农田，和热桑杰(罗桑支)小邦建立贸易关系。当时把发展吐蕃农牧业生产和商品贸易经济作为重大历史事务，载入王统大事记”[2]。

在对外交流方面，芒松芒赞时期，不断发展唐蕃关系，互派友好使者。据《敦煌本吐蕃历史文书·王统世系》说：铁猪年（公元651年），在琼结青瓦达孜宫举行祖父松赞干布周年祭祀活动，唐高宗遣使来祭。《白史》记载，公元658年，为了加强唐朝吐蕃友好关系，大伦噶尔·东赞域松再次出使唐朝，向唐高宗献了大金盘一个，又为新赞普求尚公主。除同唐朝外，赞普王朝也注重同其他地区的交流，如“铁羊年（公元671年），芒松芒赞之妹赞姆聂蒙嫁聂秀(李聂秀)布奈若爱究为妻，他是前面提到的热桑杰小邦王，大概是象雄属地”[3]，此时吐蕃同勃律、突厥等的联系不断加强。

军事活动方面，在功勋卓著、声名显赫的噶尔父子的有力参与下，芒松芒赞时期对外军事扩展有了新的发展。《敦煌本吐蕃历史文书·王统世系》记载，公元651年大相噶尔东赞域松将“洛布”[4]和藏嘉，即居住尼藏交界日绒地区的部落人众纳入吐蕃治下。芒松芒赞时期先是噶尔·东赞域松（667年病逝于日布），后来是钦陵赞婆等任职于军中，这时出兵已达到汉藏交界地区，此时先后灭西羌十

---

[1] 恰白·次旦平措等著，陈庆英等译《西藏通史–松石宝串》西藏藏文古籍出版社2004年3月第二版第110页。

[2] 同上，第110页。

[3] 同上，第112页.

[4] 学界一般认为珞巴民族居住地区，西藏人一般对现被印度实际控制的珞瑜地区（藏南）的珞巴族称“洛布”。

二部以及吐谷浑的十大部落并纳入治下，吐蕃疆域有了新的拓展。

二、都松芒波杰时期的政治举措

藏文史料记载，赞普芒松芒赞的儿子都松芒波杰王是王后没庐·赤玛伦所生，于火鼠年（公元 676 年）父王毙逝一月后生于拉隆，当时由于王子年幼秘丧了三年，后群臣才为都松芒波杰上赞普尊号，由其母亲赤玛伦代理朝政。据记载，赞普赤都松芒波杰自幼表现出非凡的才能。都松芒波杰王时期有影响的政治事件表现在：

第一，平定内乱，清除累世公卿。在平定内乱方面《敦煌本吐蕃历史文书》说：父王（芒松芒赞）薨逝后第二年野辛之库，播布与交拉之仁祖等二人心怀叛意，象雄地区发生叛乱事变。公元 678 年，热桑杰绷结究（即布奈若爱宠）与库·赤聂翥松二人获罪谴（即受到惩罚）。为父王发丧。在清除累世公卿方面，曾帮助松赞干布打天下和治天下的功勋世家噶尔家族，已经上升为吐蕃王朝统治集团的中坚。其成员身居显位，掌有王朝实权，有很大的政治潜在势力。随着年轻赞普渐长，看出功勋集团势力对自家政权造成的政治危机，清除这种威胁成为亟待解决的问题，为此赞普采取了措施。据“《敦煌本吐蕃历史文书·王统世系》记载，土狗年（公元 698 年），夏，都松芒波杰巡临北方。冬，大伦钦陵赞婆出兵多麦大小宗喀。赞普治罪噶尔·钦陵赞婆。关于这方面没有详细记载，从这一段话可以知道，从此撤销噶尔·钦陵赞婆的大伦职务。翌年，都松芒波杰王在哲的鸟园，清查获罪噶尔家族的财产帐日，将它全部收归王室。

《新唐书》记载：‘钦陵方提兵居外，赞普托言猎，即勒兵执其亲党两千余人杀之，发使者召钦陵赞婆，钦陵不受命，赞普自讨之。未战，钦陵兵溃，乃自杀，左右殉而死者百余人。赞婆以所部及兄子莽布支等款塞降唐，遣羽林飞骑迎劳，擢赞婆特进辅国大将军，归德郡王，莽布支左羽大将军、安国公，皆赐铁券，礼慰良厚'"[①]。这说明赞普经历了与内部政治势力较量和斗争后，基本排除了爵命官僚和累世公卿对政权的侵扰，王权得以巩固。

第二，积极推行军事扩张。都松芒波杰王积极同于阗的突厥等联合在西域对抗唐朝军队，唐高宗多次派出右威卫大将军薛仁贵等进行反击，两军经多次交手最后议和返回各自疆界。据记载水猴年（公元 672 年），吐蕃赞普遣大臣仲宗使唐。"仲宗少游太学，颇知书。皇帝召见他，询问吐蕃和赞普的情况若何，仲宗回答说：'（我们的赞普）果敢善断不逮也，然勤以治国，下无敢欺。令主也。且吐蕃居寒露之野，物产寡薄。乌海之阴，盛夏积雪。随水草以牧。寒则城处，施庐器用不当中国万分一。但上下一力，议事自下，因人所利而行，是能久而疆也。'唐高宗又问道：'吐谷浑与吐蕃本甥舅国，素和贵叛其主，吐蕃任之，夺其土地。薛仁贵等往定慕容氏，又伏击之，而寇我凉州，何邪？'仲宗起身施礼说：'臣奉命来献，它非所闻。'皇帝韪其答"。[②]在"《敦煌本吐蕃历史文书》中说，从铁鼠年即公元七百年开始，赞普亲自引兵至松州、洮州。公元 703 年，赞普率兵攻克南诏，……是次年冬，都松芒波杰薨逝于南诏"[③]。在《新唐书・吐蕃传》载，"时，吐蕃之四边，其地东与松（州）、茂（州）接，南极婆罗门，西取四镇，北抵突厥，幅员万余里，汉、魏诸戎所无也"[④]。从以上的历史记载看，都松芒波杰王时期对外扩

---

① 恰白・次旦平措等著，陈庆英等译《西藏通史・松石宝串》西藏藏文古籍出版社 2004 年 3 月第 124 页。

② 《新唐书》卷二百一十六上。

③ 恰白・次旦平措等著，陈庆英等译《西藏通史・松石宝串》西藏藏文古籍出版社 2004 年 3 月第 127 页。

④ 同上，第 127 页。

（莫高窟第 159 窟吐蕃赞普礼佛图）该图所绘为吐蕃王朝早期“疑似吐蕃赞普都松芒波杰王”率领大臣、将领、王子和各族首领，在众人前呼后拥下到西域的寺院礼佛的情景。

张性军事活动十分活跃，这说明松赞干布开始建立的新社会生产关系符合当时新型奴隶制社会结构。

第三，在对外交流方面，都松芒波杰王不断发展唐蕃关系，互派友好使者。据《汉藏史记–智者喜勒》说：在这一时期吐蕃从汉地引进种茶技术及饮茶习俗，从唐朝请人传授制作陶瓷技术，藏民族等高原民族的茶文化从此得到进一步发展。

三、赤德祖赞时期的政治举措

赞普赤德祖赞（也叫麦阿葱），据《敦煌本吐蕃历史文书》记载：他是赞普都松芒波杰与琛氏赞姆多之子，木龙年（公元 704 年）春生于蔡颇章，本名嘉祖茹。是年冬，父王都松芒波杰率兵攻克南诏，毙于约地。由于王子尚幼，国政皆由父王都松芒波杰的母亲、麦阿葱的祖母没庐·赤玛伦代理。赤德祖赞王时期的政治活动主要表现在：第一，平定内乱，强化政权。赤德祖赞王执政初期如同先前父王一样，亟待解决来自内部臣服势力的叛乱以及辅政官员与尚臣（舅系）势力之间的斗争。据记载“父王去世后，王子尚未成年时，部

（载自壁画H图13）据记载，为了加强吐蕃与唐朝友好关系，公元658年，大伦噶尔·东赞域松再次出使唐朝，向唐高宗献了大金盘等多种贵重礼物，为赞普继承人贡松贡赞求尚公主，但由于贡松贡赞的突然去世，该联姻未成。到赤德祖赞主政时期，再次派大臣尚·多热拉钦等到长安向唐中宗为赞普赤德祖赞请婚，上图反映的是唐中宗接见吐蕃求婚使者的情景

分臣民趁机谋叛。木蛇年（公元705年），岱仁巴农囊扎与凯甘多囊等人反叛，在苯教之那拉山顶杀岱仁巴等诸叛臣。是年冬，赞普任命库·芒波杰拉松（即库·莽布支）为大伦。这件事被祖母赤玛伦知道，不久在林仁苑库·芒波杰拉松获罪。任命韦·赤素香聂(即乞力徐尚辗)为大伦。这年，出兵镇压了悉立等小邦叛臣。土鸡年（公元709年），擒悉立王。从此，王权巩同，社会安定。”[①]“公元721年吐蕃王征服钵露罗（巴尔蒂斯坦或叫大勃律），钵露罗国王逃到小钵露罗（小）勃律，一年之后吐蕃对小钵露罗发动大规模的进攻，小钵露罗王向唐朝求救。唐朝派出4000人的军队，夺回了部分被占领的地区，……到公元737年吐蕃王赤德祖赞攻占了小勃律。……后有两次失手与两次夺回的战争”[②]。从以上的记载可以体现新的幼小国王登基中伴随着母后（祖母）临朝与诸王监国势力之间的较量以及个别边远小邦的叛离事件时有发生，经过近五年的斗争与整合，王权才得以巩固。随着王朝得到巩固，赞普仍然奉行了对外侵略扩张政策，这种政策同当时所处的社会形态有直接的关系。

第二，在对外交流方面，进一步强化同唐王朝的关系。赞普于藏历铁狗年即公元710年迎请唐王朝宗室之女金城公主（唐卡T图9金成公主入藏画）远嫁吐蕃到逻些之鹿苑。金城公主从唐朝带来大量佛经、医学、历算等著作并组织人力物力进行译著工作，这极大丰富和推动了吐蕃文化的发展。同时金成公主看到吐蕃臣民死后没有供祭食品、超度亡灵的惯例，初次推行按佛教仪轨对故人举行七期亡灵超荐的佛事活动惯例，这种为故人向神献供、向众人布施的荐亡仪式，从此逐渐成为藏民族等高原民族的重要丧葬习俗。在文

[①] 恰白·次旦平措等著，陈庆英等译《西藏通史·松石宝串》西藏藏文古籍出版社2004年3月第128页。

[②] 穆罕默德·尤素夫·侯赛因阿巴迪著，陆水林译《巴尔蒂斯坦（小西藏）的历史与文化》，中国藏学出版社2011年5月版，第40至41页。

化交流上藏民族的马球技术此时已在唐朝有了极大的发展，马球竞技自松赞干布时期以民间形式传入唐朝，此时该竞技已发展成为唐朝王公贵族中已很普及并普遍喜爱的运动，这时唐蕃之间常以官方形式多次组织比赛。另一方面，赤德祖赞时期西域佛教受到排挤，西域不少汉僧在金成公主的促成下避难吐蕃，赞普下令收留并供养，允许他们自由活动，从西域来的佛教僧人在西藏开始传播大乘佛教

（载自西藏唐卡画 T 图 9）该图反映的是唐中宗侄女金成公主入藏以及赞普赤德祖赞与赞蒙金成公主在蕃活动的情景。记载金成公主为唐雍王宗礼之女，唐中宗收为养女，封金成公主许嫁吐蕃赞普。传说公主入藏时随身携带一面宝镜，在镜内先看到的未来夫君是一个英俊少年，但在路途忽然心凉，再视宝镜时，却显示出老态龙钟的老头。原来要嫁的羌查拉温王子此时已坠马身亡。公主到藏后为了唐蕃关系，只好同老国王赤德祖赞完婚，后来生下了吐蕃著名三大法王之一的赤松德赞。

思想，该教派的发展一直延续到赞普赤松德赞时期才告一段落。《敦煌本吐蕃历史文》记载：其间，唐遣李总管、赵大夫、王道宣、朱建西、李康、李尚书、王内侍等使蕃，一年一次。据《新旧唐书》载，吐蕃也多次派使臣使唐。表现了大唐吐蕃深厚亲密的友好关系。然而，在唐蕃边界地带，双方边防军还时常交战。

第三，在宗教发展问题上，重新扶持佛教的发展。赞普赤德祖赞时期吐蕃王朝臣民绝大部分还信奉苯教，但赞普胸怀发展佛教的思想采取派学者、建庙宇、组织译经等大胆的扶持政策，佛教再次得到重视。据宗教史籍说："赤德祖赞之时，为了发展佛教，派占迦穆列郭恰与聂·杂纳古玛罗二人去天竺求法，当他俩获悉班智达佛密和佛寂在冈底斯山修行的消息后，转道往冈底斯山迎请，不果。但他俩随两位班智达学习《正法羯摩分别经》、《金光明经》等众多显密教法，并带回献给赞普。赞普同时派巴·桑西等四人携带书信、礼品去唐朝请求佛典，唐朝皇帝赠给用金粉写在蓝黑色纸上的千部经典，包括五经等。赞普下令修建了拉萨喀尔札、扎玛珍桑、钦浦那木罗、札玛迦茹及玛萨贡格乃等五所佛庙，供放佛典，组织翻译"。金城公主的到来也促成埋藏已久的文成公主带来的释迦牟尼佛像容颜重见天日，成为大昭寺的主供佛。这些措施表现了赞普弘扬佛教的决心，也造成君臣之间在发展佛教的问题上产生了尖锐的矛盾，据记载，木马年即公元 754 年，赞普在巡临羊卓时，被大臣白·吉桑东赞与朗·弥素二人所谋害。

吐蕃王朝女性政治家赤玛伦事迹：在赞普都松芒波杰和赤德祖赞父子时期没庐·赤玛伦可谓是藏族妇女中一位空前绝后的女性领袖，她两次摄政，多次平息叛乱，对吐蕃王朝的稳固传承功不可没。她的丈夫芒松芒赞三十多岁去世时，儿子都松芒波杰当年才出生。而都松芒波杰二十九岁去世，孙子赤德祖赞也还不到六岁。但她毕

（载自壁画 H 图 14）该图反映的是赞普赤德祖赞宴请那囊妃家族和唐廷官臣两派舅家，叫周岁王子赤松德赞认亲舅定汝母的情景。关于赞普赤松德赞的生母在传说中有两种版本，《敦煌本吐蕃历史文书》记载，水马年夏（公元 742 年），赞普赤德祖赞的次妃那囊氏芒波杰在札玛生王子赤松德赞，母后芒波杰由于难产毙世，王子由金成公主领养。另一种传说金城公主到蕃没有多久便怀孕，分娩生了个儿子，谁知被没有孩子的那囊王妃来探病时采取狸猫换太子的手法抢去，从而有了周岁王子在父王指令和监督下，举起酒杯在两个舅家中认亲舅的情景。

竟是一位杰出的政治家，在铲除可能危及王权的人物时，决不手软。她积极倡导同唐朝的密切联系，促进两地之间的全面交流。也利用重臣噶尔·东赞父子三代军事才能与唐朝争夺领土，成功地取得了吐蕃梦寐以求的西域四镇疏勒、于阗、龟兹和焉耆，打开了处于内陆的吐蕃向西域乃至西亚发展的门户。当钦陵及其集团傲慢情绪凸显，危极王权时也不估情面，支持年轻赞普对累世公卿进行清除，吐蕃臣民们惧怕而又敬奉之。

四、赤松德赞时期的政治举措

赤松德赞是一位西藏历史上卓有成就的英明赞普，他依法治国、依教而行，褒奖贤哲英雄、恩泽微贱属民，成为西藏祖孙三大法王之一。《敦煌本吐蕃历史文书》记载，水马年夏（公元 742 年），赞普赤德祖赞的次妃那囊氏芒波杰在札玛生王子赤松德赞，母后芒波杰毙世，王子由金成公主领养（见壁画 H 图 14）。据藏学专家们对《敦煌本吐蕃历史文书》、《唐书》等的考证认为记载的出生时间基本一致。赤松德赞时期的政治举措表现在：

第一，佛教在赞普的强力推动下正式在当地立足。赤德祖赞薨逝后，由于赤松德赞年龄尚幼，吐蕃大臣（舅臣）尚仲巴杰等反佛势力第一次颁布了吐蕃王朝的禁佛法令，禁止吐蕃臣民信仰佛法，此时从西域、天竺等地到当地的佛教人士被迫离开吐蕃。赤松德赞年龄到二十岁时，在巴·赛囊等佛教大师的影响下，遂予以废除禁佛法令，诏令吐蕃属民信奉佛法三宝，迎请天竺的佛教大师寂护、莲花生大师和汉地的轨范师摩诃衍那等佛教高僧到吐蕃传教，迎入印度、汉地、于阗、迦湿弥罗、尼泊尔等国家和地区的佛教经典以及其他各种文化书籍，翻译事业达到高潮。在赞普的大力支持下，桑耶王家大寺院建成（见壁画 H 图 15 桑耶寺奠基仪式画和唐卡 T 图 10 庆贺桑耶寺建成画），赞普提倡世家子弟出家为僧，有了七觉士出家，吐蕃王室内的长妃赤嘉姆赞与斯·赞姆嘉等以及近三百名臣子出家，据此，吐蕃第一次出现了僧伽团体。在赞普和崇佛大臣尚·娘桑、大伦桂氏、巴·赛囊等从国家层面对出家人实行“三户养一僧”等优待政策，推行殊胜大供养制。同时赞普任命巴·赛囊为堪布，并赐其大金字告身，特许他参加吐蕃王朝的小御前会议，地位高于其他大臣，这也标志佛教自此开始介入吐蕃王朝政治生活，也足见赞普对佛教的重视。佛教此时在吐蕃确立了发展势头。由于从汉地和印度传入吐蕃的佛教教理不同，公元 782 年赤松德赞命唐朝僧人摩诃衍那与印度僧人噶玛拉锡拉在桑耶寺辩论顿悟与渐悟的是非，辩论结果摩诃衍那失败，赤松德赞下令在吐蕃禁止摩诃衍那的禅宗顿门派传播，从印度传入的渐门派在藏地得到发展。至此在吐蕃王室的有力支持下，佛教自上而下迅速在吐蕃臣民中得到认可和信仰，在这种新兴宗教发展中，形成了传统宗教与外来宗教既有斗争又有融合的过程。在这过程中吐蕃民众的思想、民族个性、传统习俗等各方面发生深刻变化的时刻也就到来了。第二，完善政法体制，尚论（同平章事）制度设置作进一步调整。设置九大尚论（同平章事）总理朝政，三尚一论四人议事和东本（千夫长）一职据记载在此时得到进一步完善，东本体制设置后，吐蕃设立了编制勇士的 61 个东岱（千户府）。赞普赤松德赞时期，以大臣桂·赤桑雅拉为负责进一步完善法律体系，在先辈原有的法律基础上增加制订了一些新的法律。据藏籍《智者喜宴》载，吐蕃三十六制大多数是在这一时期确立的。“制定的法律内容包括医疗标准、赔偿命价标准法、婚姻离异法、受诬辩冤法等，同时还修订涉及刑事、民事的法律内容，如明确规定了‘九双木简’、‘真智王木简’、‘三审判木简’、‘流动木简’、‘三喜法’、‘没庐氏小法’等，特别是‘赔偿命价法律’较松赞干布时期的同一法律更为具体详细。大、中、小贡伦命价 9 千至 1 万不等；低级内相与小噶伦命价 8 千至 9 千；属民逐一确定

（画图 15 载自壁 H）上图反映的是赞普赤松德赞带领莲花生大师、寂护大师等宗教首领加持桑耶寺奠基仪式情景。（载自西藏唐卡 T 画图 10）下图反映的是赞普赤松德赞带领僧俗官员庆贺桑耶寺建成的情景。

命价。‘三喜法’中明确规定：‘赞普本身如果不维护法律，那么就不得对属民执行法律’”[①]。这些法律条款一个明显的特点是随着佛教思想在吐蕃的发展，对原先重犯实行处死的做法改变为采取按不同等级赔偿命价，体现了佛教珍惜生命的教理。再者对赞普维护法律的尺度作为对属民治罪的先决条件，体现了以法律意志取代君主个人言行，这不能不说是最高统治阶层开明进步的举措。可见此时吐蕃王朝的官制法律到了赤松德赞时有了一定的充实完备。

第三，促进经济社会全面发展。赤松德赞时期大臣聂·达赞顿素首次规定每户属民最少饲养马一匹，犏牛一头，乳牛一头，黄牛一头，创夏季割青草晒干储备为过冬之用的规定，极大促进吐蕃农牧业发展。在医药学上赤松德赞在位时期，吐蕃有来自汉地、印度、大食、克什米尔、吐谷浑等地的御医和他们带来的医著，赤松德赞命译师噶哇贝孜将这些御医的医学著作翻译成藏文，汇编成《国王保健紫色经函》，并命宇妥·云丹贡布等向外来的九个御医学习。宇妥·云丹贡布还到汉地、印度学医，吸收汉地医学、印度医学、波斯医学等的长处，写成《四部医典》，成为藏医医学理论的奠基之作。宇妥·云丹贡布五十五岁时带领德哇贝等主要门徒在“工布曼隆”[②]地方创建吐蕃医药学校，招收三百多名学生，讲授医学理论著作与实践，设立曼巴本热巴（相当于主任医师）、饶强巴（相当于主治医师）、嘎居巴（相当于医师）、都惹瓦（相当于医生）四大学位，授予不同程度的学医人员，这在藏族历史上首次成为学位制度创制，宇妥·云丹贡布为藏医学的发展和当地臣民的健康做出突出贡献。

第四，在军事方面，在镇压吐蕃大臣末氏、朗氏的反叛，清查没收朗、巴二氏所有财产的同时，对外继续发动扩张战争，到公元

---

① 恰白·次旦平措等著，陈庆英等译《西藏通史·松石宝串》西藏藏文古籍出版社 2004 年 3 月第二版第 110 页。

② 据初步考证此学校遗址在林芝市米林县南玉乡杂贡呐沟。

762年，尚·嘉素与伦·达扎禄恭等带领十万兵力，攻入唐朝都城长安，立广武王承宏为皇帝，据守15天后撤出。赞普赤松德赞执政时期吐蕃对外扩张达到顶峰，仅就唐蕃之间大小战争近三十起，据"《贤者喜宴》对赤松德赞时期的吐蕃疆域做了这样的描写：'东低昂宿星升起之地，即有万座城门的唐廷京师，南接轸宿宿出现之地，立碑于恒河之滨，控制世界三分之二地方'《白史》记载：印度北部与尼泊尔等地皆置于吐蕃治下。这些记述涉及到西部波斯与北方于阗等国的许多历史遗迹予以证明"[①]。总而言之，赞普赤松德赞时期，吐蕃王朝政权巩固，文化发展，地域扩充，是青藏高原各民族大交往交流交融和吐蕃王朝军事扩张处于顶峰的时期。

五、吐蕃王朝停止发展时期的政治举措

自松赞干布开创的吐蕃王朝到赞普赤松德赞时期可以称之为吐蕃王国的开明盛世时期，这阶段经济社会获得积极全面发展，军事扩张不断获得成功，就如《新唐书·吐蕃传》载所讲"——幅员万余里，汉、魏诸戎所无也"。赤松德赞赞普去世后从牟尼赞普到赤祖德赞时期，唐朝面对来自吐蕃的巨大压力与侵扰，以联姻的形式与回纥和亲，南诏重归唐朝，此时各势力组成共同抗衡吐蕃的联盟，加之吐蕃内部宗教斗争激烈，长期的征战也受到臣民的反对，致使吐蕃扩张之势渐渐停止下来，吐蕃王朝开始处于停止发展时期，此时政治举措表现在：公元796年赤松德赞在桑喀去世，其子牟尼赞普继位。牟尼赞普命臣民按以往赤松德赞时期规定的惯例向佛寺和僧人布施。对过世的赞普，开始用佛教僧人超度亡灵，改变了以往

[①] 恰白·次旦平措等著，陈庆英等译《西藏通史–松石宝串》西藏藏文古籍出版社2004年3月第二版第139页。

有苯教师超荐的做法。牟尼赞普（见壁画 H 图 16 牟尼赞普平均财富

（载自壁画 H 图 16）该图反映的是牟尼赞普看到蕃地臣民富裕程度差距大，为此遂进行三次财富平均政策，但每次不及一年，富者仍富，贫者仍贫，该政策也导致赞普被既得利益者的代表母后所害。

图）看到吐蕃臣民贫富差距的巨大，力图推行平均财富的三次改革，都未能成功。由于他平均财富和大力支持佛教的做法，严重冲击旧的统治阶级利益，因此在位不到两年，牟尼赞普就被害。

公元 798 年，赤松德赞的幼子赛那累江云即赤德松赞在佛教僧侣势力的拥戴下继位赞普位。该赞普继位后大力弘扬佛教事业，约公元 810 年赤德松赞兴建噶迥多吉央寺，并集合吐蕃王妃、王子、以及各大臣、小邦王等集会盟誓，提出王室家族世代尊奉佛法，并

规定今后赞普继位者新娶王妃、委派大臣，都必须立誓信奉佛教的

（载自壁画H图17）该图反映的是赤祖德赞（热巴巾）赞普听法时，为表示他对僧人的尊敬，当喇嘛讲经时，他坐在中间，发编两辫，束以长绫，伸展两旁至喇嘛的座位上，令他们坐在上面，谓之“头顶二部僧伽”。另一种说法是他见到僧人时，脱下自己的头巾铺在地上，让僧人们用脚踏过去，然后再把头巾戴上，由此得名“热巴巾”，也有传说他不喜欢留短发，经常梳成长发辫，故得名“热巴巾”意为有辫子的人。

崇佛宗法制度。赤德松赞不仅任命僧人为堪布管理寺庙，还委任僧人参与国政，改变了维持一个多世纪的“赞普和尚伦决策”制。僧人参政起自赤松德赞时期，但当时除巴·赛囊尊奉为堪布可参加御前会议以外，还没有任命僧人为社稷大论，僧人们也不参加商议国政的御前会议，到了赤德松赞开始重用僧人，委任的钵阐布（僧官

名称，意为大僧人）娘·定埃增桑布和勃兰伽·贝吉云丹的名位排列在所有文武百官之前，并冠以平章政事（大噶伦）这一最高职位，这是赤德松赞重用僧人执掌吐蕃大权的开始。

公元 815 年赤德松赞去世，由于赤德松赞的五个儿子中，大儿子藏玛已出家为僧，而拉杰和伦珠自幼夭逝。这样在佛教大臣们的支持下，排行第四的朗达玛未能继承赞普位，而是最小的儿子赤祖德赞热巴巾(见壁画 H 图 17 赤祖德赞热巴巾礼佛图)继承了赞普位，佛教高僧钵阐布占迦·贝吉云丹担任首席大臣，佛教在吐蕃的影响力得到进一步提升。赤祖德赞执政时期积极改善同唐朝的关系，唐

（载自壁画 H 图 18）该图反映的是赞普赤热巴巾在墨竹夏巴明久林宫饮葡萄酒，醉眠于宝座上时，被韦·达纳坚和觉热·拉伦等折断颈骨，头颅扭转而死的情景。

蕃由于长期互相争战，双方军事势力大减，到赤热巴巾时期，双方已经没有发动大规模战争的实力，因此双方注重互派使团，缔结合约，至此唐蕃之间处于较和平的最好时期。另一方面，赤热巴巾时期增订尊佛法律条例，制定了最小单位至升、两、钱的度量衡使用制度，旨在稳定和维护正常的社会及商贸经济秩序。同时还进行了藏文文字的规范化运动。统一译语，厘订藏文词语，确定翻译佛经的三大原则，即：一要符合声明学的规则，二要符合佛教经典的经义，三要使吐蕃人易于理解。赤祖德赞是历代吐蕃赞普中最为笃信佛教的赞普，他为了弘扬佛教事业达到了登峰造极的地步。赤祖德赞除了大力支持译经、礼拜僧侣、用玉石修建佛寺之外，还把大小世俗政治事务委之于僧侣。特别要提出的是，赤祖德赞建立了“七户养僧”的喇嘛供给制度，规定吐蕃王朝每 7 户平民负责供养一个不从事生产的僧人的生活，并要为之服劳役，从而带来的直接效果是加重了平民的负担。他还规定：“凡以恶指指僧人者断指，以恶意视僧人者剜目”的特权法令。他极力鼓动人们遣送自己的子女入寺为僧等，造成社会资源的极大浪费。所有上述举动，无疑使僧人在社会上的地位迅速提高，佛教也从此兴盛起来，也引起苯教势力和平民的不满。

六、吐蕃王朝的解体

公元 841 年赤祖德赞被大臣韦·达纳坚等人暗杀（见壁画 H18 图），其兄赞普朗达玛（吾东赞）继位。公元 843 年在反佛大臣韦·达纳坚等人鼓动下，赞普朗达玛下令灭佛，吐蕃国第二次全面禁佛开始，致使佛教在西藏的传播中断近一个世纪。公元 846 年赞普朗达玛在大昭寺门前（见唐卡 T11 赞普迫害佛教图和赞普遇害图）观看

（载自唐卡 T 图 11）该图反映的是吐蕃末代赞普朗达玛下令灭佛，吐蕃王朝第二次全面禁佛开始，此时有些僧人携带经书等佛教器物被迫逃亡遥远的边地，有些被强迫上山打猎或从事劳动的情景。

唐蕃纪念碑时被僧人拉隆·贝吉多吉暗杀。朗达玛被弑后，幼小的两个儿子云丹和微松在各自母后家族势力的支持拥戴下争夺王位，双方长期混战，吐蕃大乱。唐朝逐渐收回河西、陇右各地。851 年沙州张议潮聚众驱逐吐蕃驻军，以瓜、沙、伊、肃等十一州图籍献唐归唐，唐朝封张议潮为归义军节度使，吐蕃势力开始从河西走廊退缩。公元 869 年吐蕃地方贵族和平民发动臣下反上之乱。到公元 877 年吐蕃各反叛势力攻占山南雅隆河谷，在琼结掘毁赞普王陵，赞普王室后裔四处逃亡，持续二百多年的吐蕃王朝灭亡。

（载自唐卡 T 图 12）该图反映的是一次朗达玛到大昭寺门前观看唐蕃会盟碑时被佛教僧人拉隆·贝吉多吉射箭暗杀后，拉隆·贝吉多吉过江逃亡，在山洞躲过追兵盘查的情景图。

第四章　分裂割据时期的政治形态

吐蕃王朝经过100多年的发展，特别是到中后期由于长期频繁地对外发动战争，消化了国力，佛教思想在藏的普及，信教群众反战情绪越来越高涨。加之王朝内部宗派之争，特别是佛苯之争越演越烈，社会内部各种矛盾日益尖锐。随着吐蕃最后一位赞普被佛教徒弑死，王室四分五裂，王朝走向崩溃，历史进入长达三百多年的分裂割据时期（公元869至1247年），随之而来的是佛教的再次兴起，形成了独具特色的藏传佛教派别同地方政权的联合与斗争。

第一节　吐蕃王朝宗法政治秩序的崩溃与赞普政权的消失

一、吐蕃王朝覆灭的社会政治背景

公元846年，赞普朗达玛被僧人拉隆·贝吉多吉暗杀，围绕赞普位的继承权，两个王子（见壁画H图19和唐卡K图3）爆发了"奥松与永丹争夺兄长之争"或"没卢氏与末氏之争"。史称"乌如、约如之争"或"没庐、末氏争战"。乌约之争是以吐蕃王朝末代赞普朗达玛的两位王子为两派，吐蕃王朝臣民围绕两位王子形成两个集团而进行争权夺利的斗争。其中以长妃没卢氏（也叫那囊萨、为吐蕃有名的外戚势力）大臣为代表的一派与次妃末氏（也叫蔡邦萨、为吐蕃王族）为代表的一派，两派进行了二十多年的战争，由于永丹一派（或末氏洛玻洛琼沾派）占据上风，使永丹一派稳居吐蕃中心地带乌如（拉萨）、要如（山南）。而微松一派（蔡邦氏派）逐渐失去了腹心地带乌如，被迫迁居约如。两王子争斗使动荡波及整个全藏，在吐蕃所属各个属部、王室分裂内讧伊始，其影响延伸到边将之中，导致边将拥兵称雄，各踞一方，相互混战。经过二十余年间的动乱，造成吐蕃王朝时期制定的法律与宗法遭到破坏，各地方势力无视法律，强取豪夺，乱收苛税，贵族豪门相互残杀，严重地破坏了社会生产，加上无情的自然灾害，土地荒废，经济停滞，使广大人民遭受了重大的灾难。

（载自壁画 H 图 19）该图为赞普朗达玛被暗杀后两个王妃那囊萨和蔡邦萨各自护卫两位王子永丹和微松，其中点油灯的为蔡邦萨和微松王子。据记载，蔡邦萨为朗达玛小妃子，家族势力也不及末氏长妃那囊萨势力大，由于害怕王子被害，昼坐光明处、夜晚点灯守护王子，为此王子取名微松（光护）。而对那囊萨长妃所护王子一种说法是从别处（乞丐之子）领养过来，另一说为长妃的亲戚之子冒充为长妃自己所生，当人们初次见到该王子时，王子已长有小门牙，该王子由于其母亲的坚持，取名为永丹(母护)。

吐蕃统治阶级内部的动荡混乱，对吐蕃社会及其历史产生了重大影响。到公元869年爆发了藏族历史上规模最大的平民奴隶大暴动，大暴动最初在东部朵甘思地区由末氏·科热首举义旗发难，起义军之势犹如“一鸟腾空，众鸟飞从”[①]之事，同时约如琛氏地区的工布六人聚众发起起义，起义很快浪潮蔓延至全藏。史籍载：“伍如大暴动，由没卢氏与末氏之争引起”。暴动波及到约如时，被称为正统悉补野后裔的微松以及其子孙则被迫逃到吐蕃边远地区的西藏阿里与青海宗喀地方，并在此地建立政权，派生形成了“上部如帽的政权”古格王朝与“下部如鞋的政权”角厮罗或叫宗喀政权，使辉煌了二百多年的吐蕃王朝从此四分五裂。《智者喜宴》亦载:“吐蕃本土历经彼此火并内讧，日趋支离破碎，于是境内各处每每分割为二，诸如大政权与小政权，众多部与微弱部，金枝与玉叶，肉食者与谷食者，各自为政，不相统属。”[②]至此吐蕃进入分散割据时期，使原有政治、经济、宗教、军事、法律、意识形态等发生了重大变化，社会形态进入新的阶段。

二、吐蕃王朝解体的主要政治原因

自赞普松赞干布统一青藏高原，建立吐蕃政权到朗达玛赞普被弑的200余年发展中，吐蕃王朝成为了能够东与大唐帝国相抗衡，西御敌波斯帝国，南治喜马拉雅山脉以南各诸国，对外实行经济文化全方位开发的强大政权，说明当时吐蕃王朝建立初中期实施的治国理念和治理措施适应了时代发展要求，当时的生产力与生产关系是相适应的。但吐蕃政治制度发展到中晚期后，社会各种矛盾不断积累，而统治阶级主动调和这种矛盾的能力和认识显得十分不足，

---

① 巴俄祖拉称瓦著《贤者喜宴》，民族出版社，1985年，431页。

② 恰白·次旦平措等著，陈庆英等译《西藏通史·松石宝串》，西藏藏文古籍出版社2004年3月第二版，第24页。

因此到一定时期旧的生产关系不能适应生产力发展要求时，被新的生产关系取代，旧的社会形态也必将被一种新的社会形态代替也就成为必然。我们分析吐蕃王朝解体的社会政治背景及原因时不难看出长期对外武力争霸，特别是到赞普朗达玛被害后，二十多年的乌如、约如战争甚至波及到边关，将帅们也分成两派相互攻打，给吐蕃臣民日常生产、生活和当时的社会组织架构带来了极大的破

（载自唐卡 K 画 3）该图为吐蕃最后一位赞普的两位王子微松和云丹。藏文史书一般认为微松为嫡传王子，而云丹是藏王长妃那囊萨的养子。吐蕃后期奴隶大暴动波及到约如和乌如时，微松以及其子孙被迫逃到阿里与青海宗喀地方建立一些地方政权，云丹及其子孙则继续在卫地发展，形成几个新的庄园农奴主。

坏，这是吐蕃王朝解体的一个重要内因。吐蕃王朝建立初期开始，随着佛教的传人，佛苯两教的斗争一直没有停止过，有时十分尖锐，如赞普赤松德赞早期和赞普朗达玛时期有过两次的禁佛扶苯事件，赤松德赞成年后兴佛举措以及赤德颂赞和赤热巴巾大力兴佛，压制苯教的举措，表面看是佛苯矛盾，但实际更多反映的是统治阶级内部不同权贵重臣为维护自身利益之争，这种斗争最终导致极端佛教徒弑害国王，造成赞普王权旁落，两大权贵夹持两位幼小王子开展王位争夺战，这是吐蕃王朝解体的直接导火线。而在这些矛盾和斗争中，生活在最底层的被剥削阶级，无法继续生活下去，各地的贫民奴隶揭竿而起，发动反上的武装暴动，贫民奴隶暴动加速了吐蕃王朝的解体，这几大因素中阶级矛盾尖锐化是最本质的原因。

第二节　分裂时期出现的几大地方政权组织

平民与奴隶大暴动之后吐蕃再也没有出现一个强大的能够重新统一号令的政权，而是逐渐形成许多零散、割据的地方势力。据史书记载：吐蕃王朝瓦解之后，形成了五大割据政权（王系）。它们是：古格王系、芒域王系、亚泽王系、雅砻王系、拉萨王系、角斯罗王系等众多诸侯国（见唐卡 T 图 12 诸侯割据画），形成了各地方新旧豪强各自为主的割据政权。古格王系即平民奴隶起义推翻吐蕃王朝后，赞普微松之后裔尼玛衮势力至象雄（羊同，阿里乍布让），将象雄分为三个小邦分封给他的二个儿了作为领地，其长子日巴衮占据芒域（拉达克王朝），次子扎西德衮占据普兰，三子德祖衮占据扎布让建古格王朝（见阿里古格红宫壁画），形成阿里三围王系，在阿里建立的政权史称“上部形成像帽子大的政权”；亚泽即吐蕃王朝后裔建立的又一政权，位于不丹西部与尼泊尔北部；雅砻王系即以琛氏和纳氏为头人的王系建于上雅隆地方，其城堡建在上纳木和下纳木两处；在琼结处建立了秀氏和纳氏头人的一个王系，其城堡修在库贵觉嘎地方；在洛扎当木虚地方建立了以尼瓦、许布两氏为首领的王系，其城堡修在甲仓贡朗地方；拉萨王系是指永丹的后裔，即在澎波萨当地方修建城堡，以卓氏和玛氏为臣，建立了一个王系；卡热穷尊等在秀尼木的占嘎尔杰赞地修建城堡，号称一方之王系，委任娘氏和朗氏为臣；据记载“永丹之子赤德衮聂，生二子，次子之

（载自唐卡T图12）该图反映的是吐蕃国经过二十多年的内乱，形成许多互不隶属，各自为政的分裂割据诸侯国，各地之间战争频起的情景。

后代在隆雪、彭域、多堆（昌都一代）建立政权者颇多”[1]。角厮罗王系的形成，角厮罗（意为王子）据说是吐蕃赞普的后裔扎西德衮之子，公元 1008 年由西域辗转来到河州（甘青地区），受到当地首领李立遵等的重封，1015 年建宗喀政权，即角厮罗政权或称宗喀王系。1032 年以青唐城（西宁）作为政权中心，与六谷部等部族联合，积极抗衡西夏，成为宋朝抗击西夏的重要辅助力量。角厮罗政权遂成为一个以藏族为主体的多民族政权。史称“下部形成像鞋子大的政权”。公元 1104 年角厮罗政权被宋朝打败，结束了角厮罗地方割据势力”[2]。以上政权主要以吐蕃赞普后裔或个别地方豪族在吐蕃王朝解体后建立起来的诸侯国，随着藏传佛教在藏区的巩固和发展，特别是寺院僧侣集团经济势力达到一定程度、能够左右世俗政权时，藏传佛教各教派代替世俗贵族涉足政权的时代也就开始了。西藏地方史上藏传佛教参与政治生活的主要派别有噶举派、萨迦派以及后来的格鲁派为主，这几个教派参与政治生活的情况在后面章节中予以阐述。悉补野家族建立的吐蕃王朝解体后，逐渐失去吐蕃腹心地区，其后裔尼玛衮逃至象雄建立阿里三围政权，他的三子德祖衮占据扎布让（古格王朝）。到古格王益西沃时在他的大力支持下著名译师仁钦桑布（见阿里古格红宫壁画中的仁钦桑布图）翻译了多部佛教密藏典籍，为佛教再度复兴、传播奠定了基础。益西沃为了表彰仁钦桑布译经传法方面作出的重要贡献，将阿里扎布让附近的谢尔等三处封地赐予仁钦桑布，成为大译师的三处豁卡。这时西藏首次出现了庄园制（豁卡）取代以往的农奴主完全占有生产资料即农田与牧场的社会制度，说明西藏新型生产关系的逐步产生。同时益西沃把土地封赐给宗教人物仁钦桑布，受封者成为西藏最早封建豁卡

---

[1] 次旦扎西《西藏地方古代史》，西藏人民出版社 2004 年 4 月第一版第 84 页。

[2] 国家民委编写组：《藏族简史》，西藏人民出版社，1985 年 12 月，第 123—126 页。

（阿里古格红宫壁画图）该图为大译师洛钦·仁钦桑布画像，公元 958 年洛钦·仁钦桑波出生。他少年时被阿里古格王益西沃派往印度学习梵文和佛教，学成后回到阿里，翻译佛教经典和医学书籍。从洛钦·仁钦桑波开始翻译的密教经咒和怛特罗，被称为“新密”。古格王益西沃赐地作为表彰仁钦桑布在译经传法方面的贡献，仁钦桑布也就成为西藏最早的庄园主之一。

的占有者之一，说明藏传佛教在西藏境内的迅速复兴后宗教团体或宗教领袖已开始独立占有财产，为将来成为重要社会实体参与政权组织奠定了基础，使之宗教势力逐步形成政教合一体制的雏形已体现出来。

第三节　藏传佛教与各地方势力在政治上相结合的政治形态

一、地方各政治势力支持下的佛教重新复兴

自松赞干布执政从泥婆逻和汉地迎请两位公主为王妃，两妃带来佛经、佛像等新的佛教到朗达玛灭佛，佛教在吐蕃经历了 200 多年的曲折发展历史，特别是自赤松德赞赞普开始吐蕃王朝各赞普的大力兴佛政策下，当地大多数民众逐渐接受了佛教这一外来的信仰，佛教的群众基础得到加强。因此朗达玛禁佛没能持续多久，他的两个王子及后裔积极扶持佛教，为佛教后宏期的到来以及最终同政治的结合提供了社会基础。吐蕃王朝解体后，各土豪势力割据一方，互不隶属，他们彼此之间的矛盾和斗争非常激烈和频繁，往往导致相互之间频繁的征战，给广大人民群众带来了极大的不安和痛苦，在这种情况下人们只能把希望寄托于精神世界，而佛教思想中很多教理符合人们诉求和平，渴望幸福的愿望，因此人们越来越向往佛教早日再度兴起，这为佛教重新兴起具有了思想基础和群众基础，从而出现了佛教后宏期的发展比前宏期的发展更强烈、更加盛行的局面。

朗达玛禁佛毁法后，结束了佛教在卫藏前宏期。史书记载朗达玛禁佛三年后，佛教在卫藏没能完全灭绝，但此时“只是把封闭的寺门打开，里边有一个不僧不俗的人，自称上座阿罗汉，只有夏安

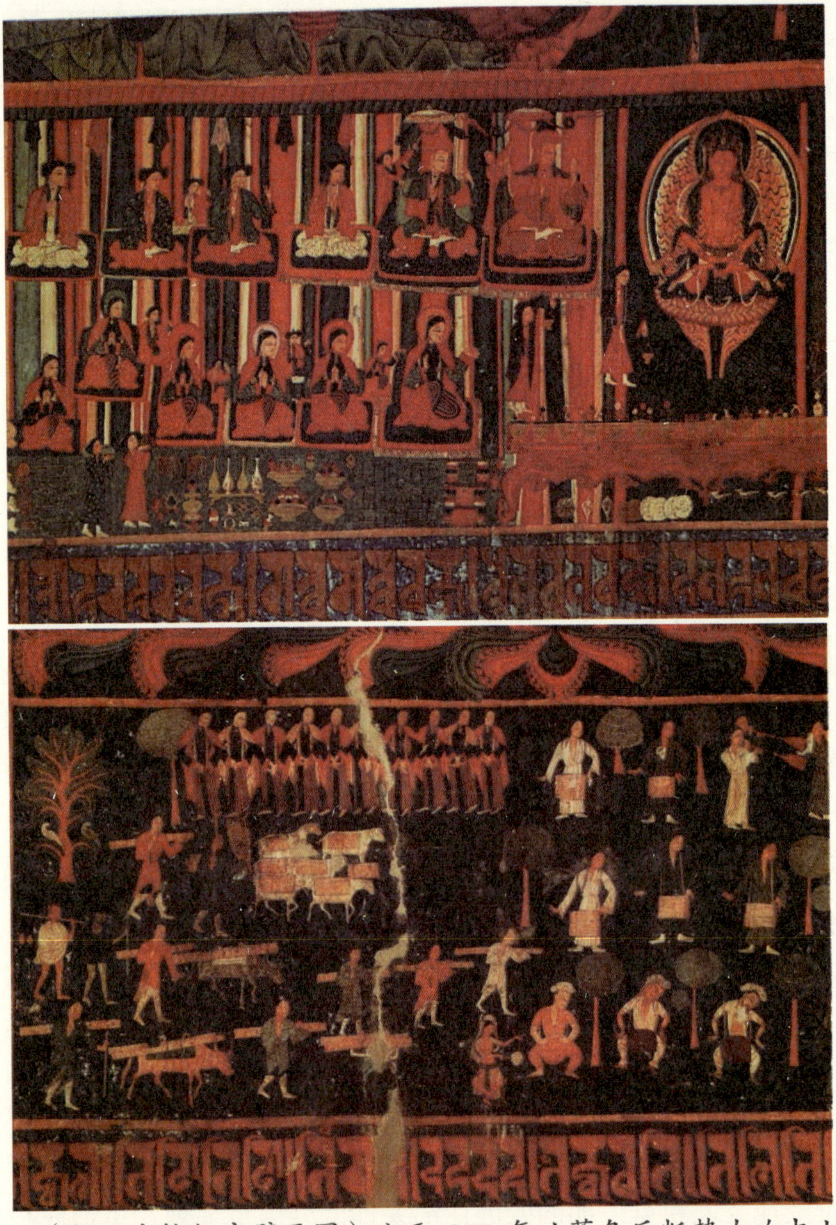

（阿里古格红宫壁画图）公元 877 年吐蕃各反叛势力攻占山南雅隆河谷，赞普朗达玛的曾孙吉德尼玛衮率众逃到阿里，其后裔在阿里和拉达克建立拉达克王朝、古格王朝。上图画反映的是吐蕃解体后赞普后裔古格王、王子及眷属、臣子礼佛的情景图。下图画反映的是阿里古格臣民大兴土木修建古格红宫宫殿和宣舞庆典的情景图。

居三个月遵守戒律，其它时节则全同俗人。一些善于为壮年、青年、或为夭折小孩分别朗诵《十万颂》、《二万颂》、《八千颂》的人。随意篡改《大疏》，胡乱解释什么红字为略述，黑字为详述，小字为解惑等。当时大部分咒师既不习法，又不修定，只模仿苯教仪轨，吟诵着经典，漫游村庄，盛行驱邪和炼尸习俗。按照以上记载，这种丧失严格的佛教仪轨、佛法修持形式化，见行修定不完备，借佛法混事的人到处可见，而真真的佛教上师又缺乏的现象维持了近一个

（载自壁画图 H20）该图反映的是朗达玛灭法时从卫地逃往安多的藏·饶赛作亲教师，越格迥乃为规范师，玛·释迦牟尼为屏教师，为喇钦·贡巴饶赛受戒的情景。贡巴饶赛为藏传佛教“下路宏传”的出现做出了积极贡献。

世纪，史书称为‘佛教低潮’期。”[①]

佛教后宏期的发展简要讲，出现了称为“下路宏传”和“上路宏传”的两个途径发展起来。“下路宏传”就是佛教从多康再度兴起。当朗达玛灭佛时，拉萨曲水曲卧日修行的藏·饶赛、约·格迥、迦牟尼等三名僧人带着佛教戒律经书，昼伏夜行，经阿里最后到达安多。公元 911 年或 918 年喇钦·贡巴饶赛在青海丹斗寺出家受戒（见壁 H 图 20 喇钦·贡巴饶赛受戒图），成为虔诚的佛教徒，由于喇钦·贡巴饶赛在青海化隆县的丹斗寺传法授徒，形成一个宏扬佛法中心，他的名声逐渐扩大，成为安多地区著名的大德高僧。据记载此时在卫藏地区几乎看不到真真的佛教僧人。居住在桑耶寺的擦那·益西坚赞（永丹的后裔）听到喇钦·贡巴饶赛大名后，于公元 975 年左右派遣卫藏的藏卢梅·喜饶楚臣等十人到大师处受戒学经。十人学成返回卫藏后，在卫藏各地讲经说法，广收门徒，宏扬佛法，佛教开始再度在西藏兴起，史书把这次的佛教兴起称为“下路宏传”。

“上路宏传”就是佛教再度从阿里兴起的称呼。吐蕃王朝衰落后，王室后裔被迫迁移到阿里，靠过去赞普的荣耀与名声，得到当地民众的拥护和认可，立足于阿里三围。十世纪后半叶，在西藏西部的阿里形成了有微松的后裔统治的三个小王国，其中位于扎达的象雄王松艾弃王位而从法，出家为僧，并改名益西沃，益西沃在对外战争中被俘（见壁画 H 图 21），在狱中吩咐侄绛曲沃从印度引请阿底峡，弘扬佛法。因益西沃是王族后裔，故也称拉喇嘛益西沃。拉喇嘛益西沃积极投身宣扬佛法事业，派遣年轻的洛钦·仁钦桑布等到克什米尔留学。公元 1030 年修建托林寺，供洛钦·仁钦桑布驻锡，并赐给庄园，作为供养。约公元 1038 年古格王绛曲沃按益西沃

① 恰白·次旦平措等著，陈庆英等译《西藏通史—松石宝串（上）》西藏藏文古籍出版社 2004 年 3 月第二版第 207-208 页。

（载自壁画 H 图 21）该图反映的是阿里拉喇嘛益西沃在对外战争中被捕，其侄绛曲沃王为赎回叔父向外道徒军队首领献金的情景。传说由于赎金不够，益西沃要侄弃赎，用搜集的金钱去引请印度等地的高僧大德和建寺之用。益西沃积极投身宣扬佛法，为佛教在西藏“上路宏传”的出现做出了重要贡献。

的嘱托派人迎请阿底夏等来藏传法。公元 1044 年仲敦巴到阿里普兰拜见阿底夏（见壁画 H 图 22），公元 1046 年阿底峡因仲敦巴代表前藏僧人提出的请求，从阿里到达聂塘传法。1076 年阿里古格首领孜德举行了西藏历史上第一次大法会，参会人数达五万多名，规模空前，这是藏传佛教史上的首次佛教盛会。首次佛事活动成功举办说

（图 22 载自壁画 H）上图反映的是 1045 年，仲敦巴到阿里普兰的吉兴村拜见阿底峡大师，并热切希望大师前往卫藏去指导佛法事业。阿底峡也改变回印度的打算，决定前往逻些等地弘扬佛法的情景。（图 23 自壁画 H）下图反映阿底峡大师到叶巴拉日宁布时，卫藏诸俗贵与格西仲敦巴献黄金、骡马、猞猁、铠甲等许多供养物品的情景。至此藏传佛教格鲁巴的前身噶当派逐渐形成。

明吐蕃解体后各世俗政治势力为了扩大或巩固自己的利益而大力支持或扶持已有一定群众基础的佛教，这已成为当时的一种趋势。佛教通过近 300 年的发展，其中包括吐蕃解体后 100 多年的低谷，已在西藏吸收、消化部分苯教仪轨等内容后，它从少数王室等贵族的信仰走向各阶层的道路已获得成功，而且得到各封建庄园及地方势力的大力扶持和当地民众的信仰，佛教的社会基础和群众基础已经建立起来，形成为一种新型的意识形态力量和阶级力量逐步开始出现在历史舞台，并以新的姿态出现在公众面前。

二、藏传佛教的形成与各教派参与政治的形式

公元十世纪初开始佛教从不同的方向再次传入卫藏地区，群众绝大多数开始了弃苯信佛的历史转变。重新兴起的佛教由于传入时各地方对佛经的理解不同，加之微松和永丹两位王子的后代和不同地方豪强各立山头，致力于争夺自己的利益而长期内讧，西藏再也没有形成能够统一号令，“罢黜百家、独尊一术”的强有力政权组织。政治上的分裂格局和各个传教师对佛经的理解不同，必然造就依附于不同政治势力的佛教派别，加之各地方兴起的佛教拥有自己独立的寺院、僧伽集体以及形成独立的传承体系。不同地方势力也为了巩固自己的地位对在自己势力范围内发展的佛教予以大力支持，这就促成各宗教派别同地方政治势力紧密相结合，也就意味着具有某一地方特色的政教大权趋于同一，使宗教明显成为统治某一地域的既得利益者利用的意识形态，造就了十三世纪独具特色、派别众多的西藏政教合一制度。从 11 世纪开始到 13 世纪，陆续产生的宁玛派、噶举派、噶当派、萨迦派等多种佛教派别，这些教派形成中既吸收了印度等外来高僧的有关教理，同时也融合了汉地和西藏本土的宗教思想，特别是同本地苯教文化的高度融合，成为本地色彩浓

厚的佛教，这也称为藏化的佛教，即藏传佛教。藏传佛教产生大致有这样一些政治历史背景：宁玛派的产生同莲花生大师的教理有关，莲花生大师在藏区的传教不仅得到赞普的鼎力支持，而且他把当地盛行的苯教吸纳到佛教仪轨中的策略，获得初步成效。到约公元1055年素尔波且·释迦迥乃兴建邬巴隆寺，藏传佛教宁玛派开始形成。噶当派与阿里古格王绛曲沃派人迎请阿底峡有关，阿底峡的跟随大

（载自壁画H图24）该画反映的是玛尔巴大师收米拉日巴为徒的情景。玛尔巴大师是藏传佛教噶举派达波噶举支派始祖，玛尔巴按印度密教习惯，穿白色僧裙修法，后来白色僧裙遂成为噶举派世代相传的袈裟式样，故噶举派俗称白教。

弟子仲敦巴在得到索曲卡首领昌卡毕尔穷等权贵的支持下，于公元1056年率阿底峡门徒到该地的热振地方兴建热振寺，藏传佛教噶当派开始形成（见上H图23阿底峡到叶巴拉日宁布时卫藏诸俗贵献供养图）。萨迦派与卓米·释迦益西和珠托·噶雅达热有关，1073年款·官却杰波在自己的领地仲曲河边兴建萨迦寺，藏传佛教萨迦派开始形成；希切派与帕当巴桑杰有关，1091年帕当巴桑杰到后藏定日地方传法，后来由此传出藏传佛教希解派和觉域派的教法。1109年达波拉杰拜米拉日巴为师，由此开始形成藏传佛教噶举派。1121年达波拉杰修建岗波寺，由此传出噶举派的达波噶举支派。1147年都松钦巴·却吉扎巴在康区兴建噶玛丹萨替寺，由此开始传出达波噶举的支派噶玛噶举派。1158年康区人多吉杰布在桑日境内的帕木竹地方建丹萨替寺，并同当地大贵族朗氏家族相结合创立了达波噶举派的支派帕竹噶举教派，由此传出帕竹噶举。约在此时，达波拉杰的弟子达玛旺秋在藏北兴建拔绒寺，由此传出达波噶举的支派拔绒噶举。1175年贡塘喇嘛尚在拉萨东北兴建蔡寺，后来又在其附近建贡塘寺，由此传出帕竹噶举的支派蔡巴噶举派。1180年达垅塘巴扎西贝在拉萨北面兴建达垅寺。由此传出帕竹噶举的又一支派达垅噶举派。1189年都松钦巴在堆龙河谷西面兴建楚布寺，此寺成为噶玛噶举派的主寺。1206雅桑巴·却吉门朗建雅桑寺，由此发展出帕竹噶举的支派雅桑噶举。1208年京俄·扎巴迥乃就任帕竹丹萨替寺法座，开始了山南朗氏家族住持帕竹噶举派。

第五章　分裂割据时期西藏社会政治性质

吐蕃王朝时期佛教首先从王室和部分贵族等上层阶级中传播，到赞普赤热巴中时已完全立足。经朗达玛灭佛后的 100 年里，在西藏腹心地带僧侣实体已基本销声匿迹，但在藏区边缘经过佛教“上路宏传”和“下路宏传”，佛教在西藏重新兴起，而且在后 200 百多年里，佛教逐步成为几乎全民的信仰。佛教在西藏的重新崛起，彻底改变了西藏传统的政治社会形态。

第一节　分裂割据时期藏传佛教兴起对西藏政治制度的影响

一、以佛教“十善法”做为社会治理的基本思想

七世纪中叶，松赞干布统一青藏高原，建立了吐蕃的奴隶制政权，佛教开始在西藏传播。到赞普赤松德赞时期按佛教“十善法”的有关思想，建立起了当时的吐蕃宗法制度来教化民众的思想意识及其行为。吐蕃解体后的分裂时期，佛教思想已在藏区民众的信仰中占据主导地位。因此各地方政治团体根据各自区域的特点和实际需要创立了一套佛教政治治世法，组织起较为完备的社会治理制度和宗教教化运作制度，同时设立各教派的各级僧俗官员，在自己管辖区域内负责全面推行其政策。这种有组织性的政治运行中心，主要分布在不同宗教派别主寺为主而展开，形成了哪儿有金碧辉煌的寺院哪儿就人丁兴旺，那儿逐步演化成为各地政治经济与文化中心，

也就成为藏传佛教制度化的根据地。藏传佛教后宏期在各不同地区有名望或地位高的宗教从业人员不仅仅是宗教专职人员，而且是当地政策制定的重要参与者或决策人之一，少数宗教领袖（法王）在某种意义上就是当地宗教和世俗的首领。他们除了要负责一系列佛事管理外，还要参与调解不同教派、不同地方的纠纷，策划推行佛教以及社会政治的各项工作等，加之佛教教义在社会治理上倡导“依于大慈大悲之心，禁闭牢狱，枷锁打缚”等宗法思想以及提倡不杀生，不饮酒，供养父母、敬仰圣贤、不虐奴婢、奴不反主、妇不参政等世俗道德的教化与宗教高度融合，促成各地方势力和宗教团体的统治举措严重受制于宗教思想的社会管理，成为藏传佛教与地方政治结合的一大特点。

二、巩固和扩大寺院经济实体，为参与政治奠定基础

分裂时期吐蕃王朝的土地国有制已瓦解，各割据势力的土地私有制逐渐确立和发展。佛教本身在发展中有“不受纳金银财宝，不涉俗世政治”的戒律规定。佛教传入西藏后，对这一戒律采取了相应本地化的处理。赤松德赞时期，为了解决出家人的生活来源问题，先是从国库中专门列支一部分财务供养僧人，后来在桑耶寺堪布益西旺波的建议下，赞普规定僧人的食具不与君臣相混，而在法律上定三户庶民赡养一僧，将权力交给僧人，朝廷不管理属于僧人的民户和土地，成为一种制度。到赤热巴巾时期规定了更高的生活供给，即“七户养僧制”。在这样优厚待遇下，当时出家人急剧增加，老百姓的负担越来越重，这也是导致后来朗达玛灭佛的重要原因之一。佛教后宏期开始，自拉喇嘛益西沃给佛教人士仁钦桑布赠送庄园的有记载开始，僧人和寺院的数目逐渐增加，各地豪强和俗民百姓对僧人的供养升级为农田、牧场、牲畜等生产资料和大量的农副产品，

此时僧侣集团已摇身一变，成为农奴主阶级的重要组成部分。各教派集团也为了自身利益，千方百计依附于不同的政治势力，从而获得更大生存空间和更多的生产资料，逐渐形成了西藏三大经济体系之一强大的寺院经济实体。不同教派经济势力的迅速发展，不仅为宗教实体参政奠定了坚实的物质基础，而且为了维护已取得的利用，宗教势力必须参政成为必然。

三、政教合一政治体制的雏形与发展

政教合一政治体制的形成要具备一定的群众基础和经济基础，在此基础上要有自己一套组织体系和理论体系。从西藏政教合一政治制度的产生与发展来看，政教合一政治制度的形成有一个漫长的发展历程。佛教在西藏立足之前，苯教长期护持各地方小邦国乃至吐蕃王朝的历史很悠久。自赤松德赞时期开始出现了第一批佛教出家人，僧人便开始在西藏的历史舞台上扮演了重要的角色。佛教进入后宏期开始有少数僧侣从最初的宗教专职人员到后来转变为集政教大权于一身的实际统治者不断涌现，从而确立政教合一的最初政治模式。这种僧人既要遵守佛家戒律，又要遵行国家法律；既要修习佛法，又要参与世俗政务的双重身份形成并非一蹴而就，而是经历了漫长的斗争和冲突。赤松德赞敕封桑耶寺堪布益西旺波为“世尊宗师”，赐大金告身，位在大尚论之上，很多宗教事务乃至部分世俗政治听取他的意见，这是吐蕃赞普第一次加封佛教要人，但是当时僧人并未直接参与王朝政务。赤德松赞时期，钵阐布娘 · 定艾增桑布和勃兰伽 · 贝吉云丹（见壁画 H17 图）通过不断向赞普提出政治策略，逐渐成为赞普的政治大谋士，得到了直接参与政务的权力。地位名位不仅排列在所有文武百官之前，而且冠以平章政事这一最高职称（最高噶伦）。

（载自壁画 H 图 25）该图反映的是赞普赤德松赞与佛教大臣娘·定埃增桑布和勃兰伽·贝吉云丹在一起共商国事的情景。

此后，大班第占迦·贝吉云丹掌握了政教大权，使大臣们逐渐失去了权力。赞普赤热巴巾更尊敬僧人，请僧人直接参与甚至主持朝政。这自然引起了大臣们的极度不满，其结局便是赤热巴巾被弑并最终导致了朗达玛的灭佛运动，出家人的势力遭到了毁灭性打击。可见，在吐蕃王朝时期，僧人积极参政已成趋势并遭到来自世俗权贵的抵制。吐蕃王朝解体至萨迦王朝建立之间的几百年中，藏地处于昔日赞普和贵族后裔的分裂割据统治，地方世俗政治势力处于衰微之中。而与此相反，随着佛教后宏期的到来，兴起了许多大小不同的教派。佛教高僧广收门徒，大建寺院，四处传法，并且依靠不同的地方势力，广纳田地、人户、牲畜、财物等供养，逐渐形成占有生产资料和劳动力的寺院领主。寺院僧团的执事及寺主的亲属等人组成了兼具宗教首领与地方官员的职能，类似于行政机构的组织。这些寺院僧团进而发展成为统驭一方的政治势力。从此往后，僧人对世俗政务行使的不仅仅是干预权，还有主导权。这一点在阿里三围各小邦王如拉喇嘛·益西沃和强秋沃，桑耶寺寺主兼地方领主意西坚赞、以及后来借助蒙古汗王的支持而建立统领全藏的萨迦王朝政教合一政权都能体现出来。公元1076年阿里古格首领孜德时期举行了西藏历史上声势浩大的法会，其参会人员之多规模之大是空前的，是藏传佛教史上的首次盛会。“火龙年法会的意义在于：第一，这次法会是在古格首领主持和吐蕃诸部各地方首领的积极参与和赞助下进行，说明佛教的教义和主张适应了社会发展的需要。佛教在吐蕃诸部已具有广泛信仰的社会基础，得到了新兴封建领主的重视。第二，这次法会之盛大隆重，反映了吐蕃诸部境内封建割据局面确立后社会秩序已经趋于稳定，宗教实体已有了可靠经济来源与基础。这一时期一些著名的译师译著了医药学、历算学等经典著作，标志着藏族文化和实用科学的发达。第三，这次法会是佛教势力在当时社会上形成为一种新型力量的标志。当时吐蕃全境已有二百多个寺院，这些寺院的建立得到地方首领的资助，有些寺院的主持本身就是当地的贵族或实力派，这也说明宗教实体的组织体系已日渐完善。这对于此后藏族社会确立政教合一制度有着直接的关系。”[①]

从萨迦王朝开始，至帕竹政权，到五世达赖喇嘛建立甘丹颇章政府和七世达赖喇嘛时期建立噶厦地方政府，政教合一的政治制度逐步走向成熟。政教合一政治制度的发展左右着藏族社会历史发展的进程与方向，宗教领袖人物也堂而皇之地行使着世俗的政治权力，主宰着当地民众的命运。

[①] 国家民委编写组：《藏族简史》，西藏人民出版社，1985年，第116页。

第二节　分裂割据时期西藏同内地的政治关系

分裂割据时期西藏对外的交往，体现在宗教和政治两方面。从宗教方面的交往明显的特点是同南亚的印度、克什米尔、孟加拉、尼泊尔等地来往多。原因是此时南亚各区域佛教遭受复兴的印度教和伊斯兰教的挤压，而在西藏佛教经过后宏期的发展，形成坚实的群众基础，很多班智达到藏区讲经传法和译著立说作为自身神圣使命。据统计从佛教后宏期最早拉喇嘛益西沃邀请的巴尔甲巴拉来阿里讲经说法到十三世纪下半叶到藏区的印度、西域等地的班智达近百人，有名望的就有 73 人（详见恰白·次旦平措著《西藏通史·松石宝串》中佛教后宏期入藏的班智达的章节）。

西藏各教派的创立过程中也有很多佛教僧人到印度、尼泊尔、内地等去学习佛法，如阿里著名的译师仁钦桑布、噶当派的大译师玛尔巴等都有过到印度学习佛法的事迹，西藏僧人到印度、尼泊尔、汉地等学习的人数也多达上百人，涌现出大批的著名译师和高僧大德。同时也有部分高僧大德到西北西夏等地讲经传法，有些高僧还成为西夏王朝的国师（见图榆林 29 窟国师壁画图）。从印度、汉地等到藏区传法的班智达们和藏区僧侣到印度等地学习宗教、医学等的往来，推动了西藏当时佛学、医药学、天文历算学以及文学等方面的译引事业，极大地推动和丰富了藏文化的发展。同时从另一面来讲，各个持不同主张班智达们的到来以及藏地学者们分赴外地学习不同门派佛教思想，在当时割据形式下也就必然造成宗教上派系林立，各持己见的局面。各个宗教派别为了扩大自己的宗教主张，千方百计多建寺院，广招门徒，在一定程度上丰富了宗教文化，满足了人们精神需求，同时又极大浪费了社会资源，对藏区社会的发展起到阻碍的作用是显而易见的。

（榆林窟第29窟西夏国师西壁智海与男供养人）该图反映了西夏王朝时期藏传佛教僧人参与敦煌石窟的营造，也说明西夏统治者对河西地区藏传佛教的重视。

分裂割据时期政治方面对外交往主要体现在同内地的西北、西南地区的交往十分频繁。吐蕃时期曾经控制过的河西陇右地区，到吐蕃解体后已完全被北宋控制，同时西北出现了割据势力角厮罗政权和西夏国。西藏的部分僧人到河西陇右、西夏国以及甘青的六谷部和角厮罗统治的区域去讲经传法，进行宗教传播事业。有一部分西藏高僧还被西夏王朝封为帝师、国师称号，在西夏王朝得到极高的地位。西夏王朝设置的帝师、国师制度安排后来成为了元朝和明朝等中央王朝对藏传佛教首领实施帝师、国师制度的雏形。西藏在经济上通过角斯罗政权和西夏王朝、同汉地的宋王朝保持着密切往来，特别是西北、西南藏区成为宋朝重要战略资源战马的主要来源地，而汉地又成为广大藏区重要的物资茶叶、丝绸、布料等生活必备品的主要来源地。茶马交易制度，最早出现于唐代，但直到宋朝才成为定制。是以官茶换取青海、甘肃、四川、西藏等地少数民族马匹的政策和贸易制度。宋朝为了使边贸有序进行，还专门设立了茶马司，茶马司的职责是："掌榷茶之利，以佐邦用；凡市马于四夷，率以茶易之"。

茶马互市在当时一方面推动了畜牧业和茶业的发展，同时带动了其他商品的交换，藏区的牛，羊、兽皮、药材和其他农副土产品大量流入汉地，而汉地的绢、布、陶瓷及其他手工产品也大量进入少数民族地区，这不但促进了两者当地手工等产业的发展，同时频繁的经济贸易活动，也促进了科学技术和文化艺术的交流。另一方面在政治上有利于民族团结和多民族国家的形成与统一。藏区驱马来买茶，少则几百人，多则几千人，既有官员，也有百姓，与汉族各阶层人士进行广泛的联系和接触，使双方的沟通密切起来，增进相互理解与友谊。吐蕃王朝解体后分布在西北地区的蕃人就是在这种交往中逐步融入和愿意接受宋王朝统治的。唐宋时期朝廷对茶马互市中茶叶资源的官方绝对控制，把它作为国家重要战略资源和当做制约藏等边疆民族地区的一种重要手段，明清王朝时期继承了下来，这种茶马互市制度在维护中央王朝对各边疆民族地区的治理中起了重要的作用。

第六章　元朝时期萨迦政权的政治制度

公元12世纪至13世纪初,蒙古族在我国北方草原兴起,到1206年成吉思汗统一蒙古各部，建立蒙古汗国。随着蒙古汗国势力的进一步发展，中华各民族空前大统一与交融的道路从此拉开序幕，西藏也不例外，在蒙古统一各诸侯国的过程中，不仅本地区得到了再次统一，而且也融入到中华民族大家庭，西藏从1247年阔端与萨班举行具有历史意义的会见起，从此以独特的地方政治体制步入到与中央政权更迭同步的发展时期。

第一节　蒙古势力进入西藏与萨迦派地方政治实体的关系

一、蒙藏政治关系的建立

公元十三世纪初，西藏地方分裂割据的局面仍在继续，藏传佛教各派别竞相扩张势力。其中后藏的萨迦派、前藏的噶举派以及噶举派的分支止贡、达垅等都是影响较大的政教派别。蒙古汗国在向外扩张中，首先遇到的对手是西辽，而西夏建国近200年来，在宗教上同藏传佛教噶举派、宁玛派等建立了密切联系。据记载1221年蔡巴噶举派僧人藏巴东库哇从西夏去蒙古，会见成吉思汗，这是藏传佛教的僧人最早与蒙古首领接触，不久藏巴东库哇从蒙古回到西夏。据《蒙古佛教史》载：成吉思汗征服西夏后，曾经在西夏王廷担任国师、经师等宗教人士的西藏人也随之归附蒙古汗国，因此成

（载自唐卡T画13）该图为都松钦巴·却吉扎巴，都松钦巴诞生于朵康哲雪(今四川新龙县境内)，从小就出家，跟随阿底峡大师的弟子以及达波拉结、粗墀宁波叔侄等门下学法，可谓学贯三藏。后来在类乌齐的噶玛地方建成噶玛丹萨寺(噶玛噶举即由此寺得名)。都松钦巴年逾80岁时，在拉萨堆垅西北修建了有名的楚布寺。后来该寺取代噶玛丹萨寺，成为该派主寺。

吉思汗注意到了西藏及其在该区域的藏传佛教对人们的影响。据《元史·百官志》记载，成吉思汗在1218年攻打西辽时，曾从新疆和田一带进入阿里地区，并在当地设元帅二员，管理军政事务。蒙古王室同西藏直接发生联系是窝阔台在位时期，第一个与西藏地方建立联系的蒙古王室成员是阔端。1227年成吉思汗去世，1229年窝阔台继位。窝阔台继位后，将原来西夏的辖区以及甘青部分藏区划归其次子阔端作为封地。于是阔端便在凉州设治所，负责管理这些地区。1235年蒙古首次分路出兵大举进攻南宋，阔端一方指挥西路军，由陕甘南下，经过秦、陇一带藏族地区，招降一批地方首领。为了巩固和扩大自己领地，保障蒙古军南下四川时的侧翼安全，加之西夏王室崇信佛教，曾经不少西藏佛教高僧大德到西夏担任国师，因此寻找物色佛教领袖人物来西夏协助蒙古人管理当地佛教事务以及在西藏寻找代理人，促成阔瑞决定对西藏采取军事行动，决心将西藏统一在蒙古汗国的治理之下。1240年阔端派多达那波率领一支蒙古军队入藏。蒙古军队从青海进入藏北，一些做过抵抗的噶当派寺院遭到惨重的人员伤亡和破坏，蒙古军队焚毁了噶当派主寺热振寺，并一直打到拉萨河上游的止贡寺，然后返回。这次是一次试探性的军事行动，其达到了两个目的：一是了解到了西藏军事上的实际水平，对阔瑞领导的西路军及其领地构不成威胁；二是了解到西藏不同地方势力与藏传佛教不同教派，他们各自拥兵自重，处于一盘散沙的情况。

据《西藏王臣记》记载，多达那波在《请示迎谁为宜的详禀》中说道："在边野的藏区，僧伽团体以噶当派为多，善顾情面以达隆法王为智，荣誉德望以止贡敬安大师为尊，通晓佛法以萨迦班底达为精，迎请何人请示明谕"[①]。多达那波的汇报反映了当时西藏地

[①] 五世达赖喇嘛著 郭和卿译《西藏王臣记》，民族出版社1983年版，第88至89页。

方的实际情况，当时西藏寺院确实以噶当派的僧人最多，但区域内噶举派势力分布更广些，包括达垅、止贡管辖的区域也属噶举派的支系，也很有实力，至于后藏萨迦派的佛学造诣最深，特别是这个教派的教主萨迦班智达贡噶坚参精通梵文，通达大小五明，被尊称为“萨迦班智达”，在西藏享有很高的声望。多达那波首先找到的是前藏影响最大的止贡寺的京俄仁波且扎巴迥乃，请他到蒙古见阔瑞。扎巴迥乃当时“虽然代表西藏僧俗首领向多达那波呈献了西藏户籍，表示归附，但是对去蒙古却故意推托，他向蒙古人推荐萨迦派的萨迦班智达，请他们邀请萨迦班智达，他还鼓动和资助萨迦班智达前去，促成了萨迦班智达前往凉州会见阔瑞”[1]。

二、萨迦派与蒙古王室确立的密切关系对西藏政局的影响

多达那波回到凉州后，提出这几个候选人，让阔端选择其中一个作为商讨西藏归附事宜的代表人物，阔端选中了萨班。1244 年又派多达那波等人带着召请萨班的旨令书信和赏赐物品来到后藏萨迦地方，请萨班赴凉州会见。1244 年，萨班带着八思巴和恰那多吉两个侄子从萨迦启程，前往凉州。一路上萨班与各地方势力磋商归顺事宜，争取大家的支持，并承诺代表大家的利益与蒙古王室进行谈判。1247 年阔端与萨班举行了具有历史意义的会见。这次会见是西藏历史上的重大事件，它直接导致蒙古汗国在西藏建立行省体制和地方政教合一体制，奠定了西藏地方直辖于中央的基础。阔端与萨班的会晤，具体议定了西藏地方归附蒙古汗国的条件，在取得一致意见后，由萨班向西藏各地僧俗首领发出信件，传达西藏归附蒙古汗国的决定，敦劝他们按照条件归附纳贡，呈报户籍，真正降附蒙古汗国。公开信的末尾还开列了蒙古人喜爱的贡物各色单子。并要

[1] 陈庆英著《西藏历史》，五洲传播出版社 2006 年 6 月第二版第 28 至 29 页。

（载自唐卡T画15萨班·贡噶坚赞画）1244年萨迦班智达·贡噶坚赞接到阔端的邀请诏书，于当年底携其侄八思巴·洛追坚赞、恰那多吉动身前往凉州会见阔端，1247年在凉州与阔端举行会见，双方议定西藏归附蒙古的各种事宜。萨迦班智达从凉州给西藏各地僧俗首领写信，劝说他们缴纳贡赋、呈报户籍，真正降附蒙古汗国，萨迦派也就成为西藏各万户长之首和元朝帝师来源的藏传佛教派别，在国家统一进程中起到了积极作用。

求藏区按蒙古人管理新归属的做法和观念，奉献各自所管辖的属民户籍和贡税赋，以表示该地已经归附，成为蒙古汗国的领土。这就是著名的《萨迦班智达·贡噶坚赞致乌思藏纳里速各地善知识大德及诸施主的信》。萨班在公开信中讲到，经与阔端会晤议定西藏地方归属蒙古汗国，西藏的僧俗官员和百姓皆为蒙古大汗的臣民，都要履行汗国属民应尽的义务，蒙古汗国承认归附的各地首领原有的地位，并授予萨迦派代其管理西藏地方的权力。同时在信件中提出藏区各地方按要求绘制地图，标明屈从与不屈从的区域上报，以便于区别对待，这也间接提醒不顺从将面临军事惩罚。在蒙古强大军事压力和萨班的积极劝导下，西藏各教派和地方势力纷纷表示愿意归顺。因此蒙古汗国在西藏地方建立起统辖关系，基本上未通过军事征伐，西藏地方的社会生产和生活秩序未遭到大的干扰破坏，封建政治经济秩序得以持续发展。

萨迦班智达到凉州赴会阔瑞王子，代表西藏各地首领和僧俗民众表示归顺举措顺应了我国历史发展，符合西藏各教派和民众的利益。萨班是一位为祖国统一大业，为西藏地方的稳定与发展，做出了不可磨灭贡献的杰出政治历史人物。1251 年萨班圆寂后，八思巴继承伯父衣钵，成为萨迦派家的新一代领袖，肩负起依托蒙古汗王确立萨迦派对西藏各地方势力领导地位的历史重任。同年蒙哥汗即位，向汗国所属的各地颁发即位诏书。在向西藏颁发诏书的同时，还颁布了免除僧人差税劳役、保护寺院、承认萨迦派掌领西藏地方各教派的权力和地位的诏令，标志西藏正式纳入蒙古汗国的管辖范围内。1252 年，蒙哥汗派遣使臣入藏清查户口、划定地界，推行了分封制，确定其归属。随着蒙古统治者消灭南宋政权的进程，八思巴与忽必烈的关系不断得到加强。1253 年忽必烈再次召请八思巴，同时还召见噶玛噶举派的首领噶玛拔希。正是因为八思巴的学识渊

（萨迦壁画图）该图反映的是忽必烈南征云南大理凯旋归来时八思巴觐见汗王图。八思巴“萨迦五祖”中的第五位，著名佛学家，思想家，元朝第一任帝师，蒙文新字创制者，元朝中央机构总制院（后改为宣政院）第一任院事，他为我国不同民族之间的交往交流做出了重要贡献。

博，忽必烈在其王妃察必也力主留下把八思巴留在营帐中，忽必烈此次留八思巴在营帐中不只是供咨询备顾问，而是认识到要建立对宗教影响深厚的藏区进行牢固的统治，必须借鉴历史上帝王崇佛的先例，与萨迦派建立更进一步的关系，于是忽必烈尊八思巴为“上师”，接受八思巴的灌顶。由于忽必烈与八思巴的亲密关系，忽必烈得到了八思巴代表的西藏佛教势力的支持，使他有可能通过萨迦派首领掌管后藏地方乃至整个受藏传佛教影响的地区。为此忽必烈立即以宗王的身份赐给八思巴《优礼僧人诏书》，诏书宣告忽必烈和王妃察必皈依佛法，接受灌顶（见榆林窟第 3 窟元代蒙古从佛供养人画），尊礼上师八思巴，由忽必烈承担起对后藏僧人和寺庙保护的责任。这一诏书反映出忽必烈有意抬高八思巴的威望，利用萨迦派统管西藏的用心。1258 年忽必烈奉蒙哥汗之命，在开平召集释道辩论“化胡经”真伪，八思巴作为佛教重要首领参加，辩论以佛教取得胜利而告终，这更进一步加深忽必烈对八思巴的器重。1260 年忽必烈即蒙古大汗位后，蒙古汗国转变为新的王朝元朝，封八思巴为国师，设立总制院（1288 年改为宣政院），管理全国佛教事务，以八思巴领总制院事。噶玛拔希因有支持阿里不哥与忽必烈争位的嫌疑而被监禁，不久忽必烈准其回藏。1265 年八思巴奉皇帝旨意返回西藏（见萨迦壁画图），登上萨迦法座，成为一代法王。期间他结合西藏实际，重新设置各级行政机构，在卫藏地区划定十三万户长，加之纳里速古鲁孙（阿里等西部地区）和昌都极思麻儿甘两个万户，共计 15 个万户的行政体制改革。从他开始的萨迦法王共传九代，各法王都由元朝中央王朝直接任命，萨迦法王也就成为在西藏政教合一首领中能够间接代表元朝，可以号令其他万户的地方首脑，西藏政教合一的政治制度从此正式拉开序幕。

第二节　元朝中央治理西藏的基本政治措施

一、早期蒙古汗国采取的分封制

早期蒙古汗国对新纳入管辖的西藏治理上采取分封制，1251 年蒙哥汗即位后向汗国所属的各地颁发即位诏书。在向西藏颁发的即位诏书中还颁布了免除僧人差税劳役、保护寺院的内容。对萨迦派下的诏令只承认萨迦派掌领西藏地方各教派的权力和地位（宗教事务权），而世俗权划归各蒙古诸侯王。1252 年，蒙哥汗派遣使臣入藏清查户口、划定地界，确定其归属。八思巴奉蒙哥汗王之命，派遣两名格西随同进藏，参加清查户口，这是八思巴在萨班圆寂后，作为继任的萨迦派首领办理的第一件大事。在清查户口和划定地界的基础上，蒙哥汗推行了分封制，将前藏主要地区划归他本人和诸兄弟作为封地。历史记载“蒙哥汗管领止贡派所属区域；忽必烈管领蔡巴噶举派所属区域；王子旭烈兀管领帕木竹巴派所属区域；王子阿里不哥管领达陇噶举派所属区域。”[①]这些封地是以西藏佛教各教派的势力范围作为划定地界为基础的，蒙古统治者除了依托各教派首领进行治理外，还委派达鲁花赤以及派出诸王自己的军队对各自封地进行保护和管理。这种分封制管理措施是蒙古统治者对其帝国的边境地区实行有效统治的四大支柱之一，这种分封制即可削弱新征服地方形成大的势力集团，也满足了蒙古上层贵族们对自己所辖领地的渴求，有利用调动蒙古贵族阶层对战争的支持。

二、元朝中央对西藏地方采取的治理形式

1259年蒙哥汗在征战南宋时在四川军中去世，1260年3月忽必烈即位为大汗，同年5月阿里不哥也宣布为大汗，双方随即展开争夺汗位战争。到1264年7月阿里不哥战败，忽必烈座稳大汗宝座，使他得以摆脱蒙古贵族中旧势力的束缚，对元朝旧的体制进行大胆改革，在这一系列改革中涉及西藏方面从中央层面推行了帝师制度，新设立总政院作为掌管全国佛教事务和藏区行政事务的中央直属机构，并命国师八思巴领总政院事。在八思巴的直接领导下，元朝对西藏三区采取设立括户、征税、征兵和建立驿站等各项制度措施并加以治理。

第一，在国家最高决策层推行帝师制度。帝师的职责是作为元

[①] 大司徒绛曲坚赞著，赞拉、阿旺、佘万治译《朗氏家族史》，西藏人民出版社，1988年，第75页

（榆林窟第 3 窟元代蒙古从佛供养人画）该图反映的是在八思巴等佛教传教师的影响下蒙古人纷纷改信佛教，成为佛教供养人的情景。

朝皇帝及其家庭宗教方面的导师，同时又是管理全国佛教事务以及吐蕃军政事务的高级官员。1269 年八思巴从西藏返回大都，完成并进献了由他创制的“蒙古新字”。1270 年忽必烈晋升八思巴为“帝师”，又加封为“大宝法王”，并且将原西夏王的玉印改制成六棱玉印，连同封诏一并赐给八思巴，封文为“皇天之下、大地之上、西天佛子、化身佛陀、创制文字、辅治国政、五明班智达八思巴帝师”[①]。八思巴被赐封为帝师后，元朝中央政府又设立都功德使司，作为帝师的办事机构。从八思巴受封帝师到元朝灭亡的一百年间元朝共有八个皇帝，每个皇帝都封有帝师，元代先后有 14 名萨迦派僧人出任帝师。帝师因故长期离开朝廷，要任命他人代理，帝师圆寂，

[①] 阿旺贡噶索南著 陈庆英等译《萨迦世系史》，西藏人民出版社出版，1989 年，P147 页。

则新立一人继任，从而形成了元代特有的帝师制度。帝师为元朝中央常设的重要官职之一，是皇帝宗教上的导师，王朝的精神支柱，又是全国佛教僧人的领袖和西藏政教合一地方政权的首领。帝师的主要职责有：一是给皇帝讲经说法，授戒灌顶，为皇帝及其家族成员做佛事、禳灾祛难、祈福延寿。二是统领天下僧尼，管理全国佛教事务。三是向皇帝推荐藏地三区白兰王、本钦、万户长等重要官员的人选，再由皇帝直接任命。四是管理包括西藏在内的藏族地区的政教事务。史料记载元代帝师的地位是极其崇高的，皇帝听佛法讲经时，帝师要坐上座，朝廷朝会时，帝师地位也在诸王及百官之上。帝师嗣立时，皇帝要赐给高于金印的玉印，还要下诏宣谕天下。帝师到京城，要用皇帝出行的一半仪仗为前导，一品以下官员都要出城迎接，帝师生前受到隆重的礼遇，死后也享有非凡冥荣。如：八思巴逝世后，追赠赐号“皇天之下，一人之上、(开教)宣文、辅治大圣、至德善觉、真智佑国、如意大宝法王、西天佛子、大元帝师”，还在京城为其建真身舍利塔。元朝推行帝师制度，优崇西藏佛教领袖，说明忽必烈需要一种宗教信仰作为迅速走向全国统一的新王朝的精神支柱，也有利于稳固对受藏传佛教影响较大区域的统辖，由此形成了中央王朝通过藏传佛教领袖人物加强对西藏地方及其周边民众的管理。这种管理方式在明清乃至民国时代得以延续和发展，对于维护信仰藏传佛教的各民族在国家统一和社会稳定方面起到重要的作用。

第二，在中央国家机构中专门设立总制院制度。元朝建立后按照中原的仪文制度设立中书省、枢密院、御史台三大中央机构，中书省管理中央和各行省的行政事务，是中央最高行政机构；枢密院管理全国军事事务；御史台管理全国监察事务。而总制院是元朝特设的一个重要机构，1264 年忽必烈在中央设立总制院，它与前面所

（载自唐卡 K 画 4）“萨迦五祖”图，贡噶宁布在萨迦派发展起到了重大作用，被尊称为第一祖，他的次了索朗孜摩在宗教上很有造诣、三子扎巴坚赞精通语诀，分别被尊为二祖. 三祖。四祖萨班·贡噶坚赞不仅博学，而且在西藏正式纳入中国版图的进程中发挥重要作用。五祖八思巴·洛追坚赞被元世祖忽必烈封为大元帝师，尊为国师，加号大宝法王。使统天下佛教徒，使领总制院事，统辖藏区政教事务。他是西藏最高政教首领，对西藏地方乃至元朝中央政权起过重大作用。

述之三大机构成为元朝中央的四大政权机构。总制院负责管理全国的佛教事务和整个藏族地区行政事务，以国师八思巴开始历任帝师领院事。

总制院的设立是元朝的对边疆管理的一种创新，它是忽必烈利用佛教强化对边疆地区的一种治理和在宗教上推进全国大一统意识形态的一项重要举措。后来在桑哥任总制院院事期间，认为总制院所统管全国佛教事务和藏区事务繁重，为加强对全国佛教事务和整个藏族地区的管理，奏请改名升格。因此，1288 年忽必烈下令将总制院改名为宣政院，地位与中书省、枢密院、御史台平等。总政院后改名宣政院，以国师为负责制。用人则自主遴选，其为选则军民通摄，僧俗并用。定置院使一十员，从一品；同知二员，正二品；副使二员，从二品；佥院二员，正三品；同佥三员，正四品；院判三员，正五品；参议二员，正五品；经历二员，从五品；都事三员，从七品；照磨一员，管勾一员，并正八品；掾史十五人，蒙古必阇赤二人，回回掾史二人，怯里马赤四人，知印二人，宣使十五人等官员。宣政院设院使、同知、副使、佥院等各级官员外，元朝政府还根据藏区佛教盛行、教派林立、政教合一的特点，采取因俗而治来设置宣政院的官员建制，如可以实行“僧俗并用”的原则和“军民通摄”的制度。它不仅是藏区的行政机构，而且有权管理藏区的军事事务等。“宣政院管理藏区事务，大致包括以下一些内容：一是管理佛教事务。主要是配合帝师，负责迎送元中央政府召见的吐蕃僧人，以及护送帝师往来于吐蕃和京师之间。二是负责重大军事行动。元中央政府在六盘山到河西走廊一带驻有重兵，负责镇守包括西藏在内的西北地区，并受命宣政院采取军事行动。元中央政府规定，吐蕃地区的军事行动由宣政院和枢密院会商办理，即所谓“如大征伐，（宣政院）则会枢府议。一般情况下，一旦发生军事行动，宣政院官员都要参加。三是审理纠纷不同地区、大贵族之间产生的案件。藏区大的民事及刑事诉讼案件由宣政院派员审理，依据蒙古法和当地习惯法制定的法律条文执行。如元朝中后期随着萨迦势力的削弱，在帕竹势力崛起中两者产生的矛盾，帕竹万户和雅桑万户的纠纷案等，在当事一方的请求下宣政院委派官员进行审理。四是举荐地方官员，调整地区行政机构。史书中对此多有记述，如至大二年（1309 年），‘诏改松藩叠岩威茂州安抚司为宣抚司，迁治茂州汶川县，秩正三品，以八八思的斤为宣抚司达鲁花赤，蔡懋昭为副使，并佩虎符’，也是从宣政院臣所奏请。一般情况下，帝师举荐乌思藏地区的高级官员，以及吐蕃世袭贵族和佛教僧人的任职，宣政院举荐朵甘思和朵思麻地区的高级官员，以及宣慰使、都元帅、达鲁花赤等官职。凡举荐官员，都要由元朝皇帝谕准，授与金牌、银牌、印章、宣敕”[①]。

第三，建立驿站制度，管理驿站。吐蕃王朝时期，随着对外领土扩张，十分注重驿站建设，基本建立起了纵横东西南北各地的驿站。随着吐蕃王朝解体与各诸侯的分离，过去的驿站体系遭到彻底破坏，这时藏区同汉地、印度等边缘的往来主要局限于几个大的边境贸易和宗教人事的往来，而且各条道路处于基本废弃，盗贼猖狂的状态。蒙古国建国初期，蒙古统治者为了军事行动的需要，已经在西北藏区建设驿站。元世祖忽必烈即位后，在 1264 年对西藏清查户口的基础上，命人修建了从朵思麻的丹斗寺到萨迦的大驿站 7 个；在此基础上又建立了朵甘思到萨迦的 9 个大驿站；在阿里三围设置 4 个驿站；在乌斯藏设置 11 个大驿站等总计约三十余处，为了时间和距离上的便利，驿站基本上建立在藏北草原一线，而没有经过人口密集的拉萨、雅鲁藏布江等河谷地区。在大驿站系统中专门设置有“马甲姆”（专为军事行动而设立的兵站的机构）的子系统。“马甲姆”的站官，有权“管理当地行政事务，负责督责当地民众供应人畜差役及其他用物。西藏地方的驿站由元朝直接派官统管”[②]。“元朝掌管驿站的机构，原先为中书省的兵部或通政院，但吐蕃地区的

---

① 赵云田《中国治边机构史》，中国藏学出版社 2002 年 12 月第一版第 184 至 185 页。

② 谢铁群《历代中央政府的治藏方略》，中国藏学出版社 2005 年 8 月第一版，第 58 至 60 页。

驿站，则属宣政院管理。为了‘通达边情，布宣号令’，驿站陆路备马、牛、驴、车，水路备舟。元中央政府发给驿传玺书，即铺马圣旨为凭，军务繁忙时则以金字圆符、银字圆符为信。驿站设驿令、提领、脱脱禾孙等官员。吐蕃地区的万户、千户长负责驿站的供役。有关驿站的情况，宣政院要随时向皇帝奏报。对此史书记述：‘西僧给驿数繁，人马被害，宜从都省札付宣政院，行下吐蕃宣慰司都元帅府移咨陕西行省，令临洮府等处脱脱禾孙，钦依累降诏书分拣禁约，毋致泛滥重载。及令御史台会廉访司，查勘各站迎运使臣，纠其非违，都省准拟施行’。‘今后如遇僧人出使西土，合令当该脱脱禾孙与宣政院官眼同监视，权其驼驮斤重，方许起马，庶几便益。省都议得，分拣西蕃给驿禁约，驼驮过制，已经奏准圣旨，行移宣政院及诸有司钦遵讫。今据前言，可照已经事理施’。对于吐蕃地区驿站供应匮乏的情况，宣政院要及时奏请皇帝给予赈济。皇庆二年（1313 年），吐蕃乌思藏、朵甘思、朵思麻在路驿站，递送西番布施往来之使繁重，人户数少，驿程遥远，供应困难，经宣政院官员奏报，支钞一万锭给予赈济。延祐六年（1319 年），因乌思藏撒思加、答笼、宋都思、亦思答四站供应不继，经宣政院官员奏请，每站赈济马五十匹，总计用中统钞一千二百绽”[①]。从以上内容可见元朝中央政府十分重视驿站的建设与正常运转工作，对各路摊牌了驿站共济任务的万户长及其奴户等免除赋税，遇到供应困难时，直接从国库中予以赈济的组织体系，后来明清王朝继承了下来。驿站组织系统的建立是元朝对西藏地方推行政令，进行有效管理的重要保证之一。而且对加强西藏地方与内地的经济、文化交流起着重大作用。

第四，实行括户，设立万户长制度。定期清查户口是蒙古王朝

[①] 赵云田《中国治边机构史》，中国藏学出版社 2002 年 12 月第一版，第 184 至 185 页。

的惯例，标志着一个地方已经纳入蒙古汗国的统治之下，为其所领有。蒙古汗国在西藏清查户口是按蒙古的制度和统计方式进行的。蒙古在西藏的括户的基本单位是霍尔都，即蒙古烟户（堆穷），在此基础上形成达果、千户、万户等单位。据《萨迦世系史》记载："行省一词的意义如下：有六根柱子面积的房屋，夫妻二人、子女二人、男女仆二人，共计六人，牲畜有马、驴二种以及黄牛、绵羊等，有可下十二蒙古克种子的耕地，此为一个'堆穷'，二十五个'堆穷'为一堆钦，两个'堆钦'，为一个'达果（马头）'，两个'达果（马头）'为一个百户，十个百户为一个千户，十个千户为一个万户，十个万户为一个'路'，十个'路'（路是汉地的名称）为一个行省。蒙古薛禅汗治下共有十一个行省，吐蕃三区虽不足一个行省，因为是上师之驻地及教法弘扬之处，故算作一个行省奉献。"[①] 西藏实际上只有三个路：乌思、藏、纳里速古鲁孙，仅此三路还不足于组成一个正规的行省，但蒙古朝廷出于对这一地区的政治和宗教的特殊性的考虑，忽必烈可汗诏令将西藏视为与行省平级的行政区。

万户是元朝在西藏地方设立的次于宣慰使司都元帅府的行政机构。万户在西藏地方的设置早在蒙哥汗时期就已经开始，但那时的万户的机构和职权不明确。忽必烈时期命令八思巴按照元朝的制度，在西藏划分万户，调整和确定各万户的辖地和属民，从而使各万户成为地方基层行政组织。忽必烈时期，在西藏划分了十三个万户，加之纳里速古鲁孙一个万户和昌都极思麻儿甘万户，共计 15 个。划分万户主要依据是各地方政教势力和相对独立的区域占地范围和属民分布来划分的，如政教结合的势力有帕木竹巴、雅桑、蔡巴、止

[①] 阿旺贡噶索南著 陈庆英等译《萨迦世系史》，西藏人民出版社出版，1989 年，第 108 至 109 页。

贡、萨迦、达隆万户。而嘉玛、拉堆绛、拉堆洛、曲弥、甲域、夏鲁、羊卓等不属于政教势力派，更多地体现了行政区域名称。万户作为行政单位是万户府，主持万户的人是这一地方实力集团的首领，称为万户长。以上十三万户并非每个万户管辖一万户百姓，他们实际管辖户数的多少并不相同，少者有几百户，多者几千户。据分析这主要是因为八思巴进藏后，划分了“拉德”和“米德”的原因，拉德指寺属民户、米德指俗人民户。由于元朝规定僧人和寺属民户免纳赋税，不支差役，各教派和地方为了获得更多的利益，力争将寺属民户多划一些。导致寺属民户占总人口的60%，所以十三万户中没有一个万户的户数超过4000户。

第五，军事上设立宣慰使司都元帅府。元朝先后在藏族地区设置了三个宣慰使司都元帅府：一、吐蕃等处宣慰使司都元帅府，管辖范围包括今甘肃南部、青海东部和南部以及四川西北部藏区；二、吐蕃等路宣慰使司都元帅府，管辖范围是现今四川阿坝、甘孜两州的大部分地方、西藏昌都地区和云南藏区；三、乌思藏纳里速古鲁孙等三路宣慰使司都元帅府，管辖范围是西藏的卫、藏、阿里等地区。乌思藏纳里速古鲁孙等三路宣慰使司都元帅府设宣慰使五员、同知二员、副使一员、经历一员、镇抚一员、捕盗司官一员，在乌思藏设都元帅二人管理当地蒙古驻军，在阿里地区设元帅二人统辖军务。另设万户、千户若干。宣慰使、万户以上的官员，都是由帝师或宣政院推荐，由皇帝委任。这些官员的任命，罢黜、优奖、惩罚之权均操之于中央。宣慰使司都元帅府是军民通摄的机构，即在其辖区之内，不但管理民政，而且还管辖军务，是具有双重职能的地方军政机构。宣慰使司都元帅府的官员都是僧俗并用，这种僧俗并用的制度，成为此后西藏地方政权“政教合一”典型的体制，成为政教合一制度的基本特征。

卫藏十三万户的名称和所在地列表如下：

卫地六个万户		
万户名称	《元史》名称	所在位置
雅桑	牙里不藏思	山南乃东县雅桑地方
帕木竹巴	伯木古鲁	山南乃东县泽当镇
甲域	札由瓦	山南隆子加玉地方
蔡巴	搽里八	拉萨蔡公堂地方
止贡	迷儿军	拉萨市墨竹工卡县直贡地方
嘉玛（嘉绒）	加麻瓦	拉萨市墨竹工卡县甲玛地方
藏地六个万户		
万户名称	《元史》名称	所在位置
拉堆绛	无	日喀则昂仁县拉堆地方
拉堆洛	无	日喀则定日县协噶尔地方
萨迦	乌思藏	日喀则萨迦县
绛卓（香）	瞥笼答剌	日喀则南木林县
曲弥	出密	日喀则西南曲美地方
夏鲁	沙鲁	日喀则东南夏鲁地方
卫藏之间一个万户		
万户名称	《元史》名称	所在位置
羊卓	思答笼剌	山南浪卡子县

第三节　西藏地方官吏设置及其发展

一、元朝对萨迦派首领封官赐印、建立委任地方官吏的制度

1265年，八思巴奉命与其弟恰那多吉一同返藏（见萨迦壁画图），这是忽必烈特意安排的。八思巴当时已受封“国师”领总制院，是朝廷的重要官员，需要常住大都留侍皇帝左右。而西藏也需要有一个受到皇帝充分信赖的人坐镇、监督，所以恰那多吉被封为“白兰王”，让其留守西藏。八思巴和恰那多吉回藏后，在卫藏、阿里、康三区建立了十五万户，确立了西藏的行政建制。1267年，恰那多

吉暴卒，打乱了忽必烈对西藏的人事安排。“元朝续封恰那多吉为王白兰后，萨迦昆氏家族的琐南桑布、贡噶勒贝坚赞、扎巴坚赞 3 人相续嗣为白兰王，整个元朝都没有断过封嗣”。[①]在八思巴的推荐下，忽必烈于当年任命释迦桑布为萨迦地方首席官员萨迦“本钦”，即以萨迦派为首的萨迦地方政权的领袖，从此历代本钦都要由帝师提名推荐，由元朝皇帝来任命。由于本钦必须经过帝师推荐，而且本钦又是帝师的属员，必须承担处理帝师的一切事务，因而形成了萨迦政权特有的一种体制，即“帝师——本钦”体制。“本钦”意为大官，即是萨迦派在行政上的负责人，又是元朝授权管理西藏诸万户的地方官员。萨迦历任本钦 24 人加上三次重任，共计 27 人次任本钦。第一任本钦释迦桑布曾得到忽必烈赐予的“乌思藏三路管民万户”之职，被授予水晶官印。因此，从蒙古汗王到后来的元朝皇帝，都非常重视本钦这一官职，有几人本钦还曾被任命为元朝的宣慰使。除本钦外，萨迦的另外一种官职是朗钦，主管内务。朗钦每任一人，从第一任朗钦贡噶桑布算起共有 29 人，加上两人重任共有 31 人次任朗钦。担任朗钦的人都与萨迦昆氏家族有密切关系，是帝师和萨迦寺住持所信赖的人。元朝对朗钦也很重视，有的朗钦是有圣旨任命的，有奉圣旨复任，有的被授予司徒、都元帅等官职，受到朝廷敕封。[②]另外，八思巴还设立了“喇章”，并在这个机构里设置了十三种职位：1.索本：管理饮食的官员。2.森本：负责侍寝、衣物、日用品等。3.却本：管理供佛等宗教仪节的官员。4.皆本：负责接见、招待的官员。5.译本：管理文书、档案的官员。6.佐本：负责财务。7.塔本：负责厨房。8.真本：负责引见。9.丹本：管理坐具，负责安排座位。10.迦本；出行是负责安排马匹、仪仗

[①] 谢铁群《历代中央政府治藏方略》，中国藏学出版社 2005 年 8 月第一版，第 53 页。

[②] 黄玉生等编著《西藏地方与中央政府关系史》，西藏人民出版社，1995 年 8 月，第 42—43 页。

（萨迦壁画图）该图反映的是帝师八思巴和白兰王恰纳多吉回萨迦时当地僧俗举行隆重欢迎的情景。

等。11.达本：管理马匹。12.作本：负责牦牛、犏牛。13.其本：负责养狗及夜间巡查。萨迦本钦、朗钦的设立和喇章的组织职能设置，表明西藏地方建立起一个由中央政权支持的萨迦派首领统领的萨迦政权，它是元朝中央统辖下的地方政权。

二、萨迦政治体制的缺陷与统治政权的终结

作为元朝扶植起来的萨迦派政权，上层僧侣集团权势显赫，形成了依托家族血脉掌握政教大权，按照元朝中央赋予的权力统治和管理西藏的较为典型的政教合一体制。它与元朝中央政权之间是一种主干与支系的密切依存关系。由于萨迦政权体制设置的缺陷在发展中越发明显，一旦元朝中央政府对它的支持减弱或终止，萨迦政权就必然趋于瓦解。那么萨迦政权体制设置的缺陷主要表现在哪些方面呢？其主要表现有三个方面：

一是萨迦政权与西藏各地方势力之间隶属关系松弛，造成萨迦派权力旁落。蒙古汗国在萨迦班智达协助下统一了西藏，在统一过

程中西藏各割据的地方势力和教派按照萨班《萨迦班智达·贡噶坚赞致乌思藏纳里速各地善知识大德及诸施主的信》的要求，顺利地实现了归顺，蒙古汗王对治下的西藏各部也兑现了归顺后仍然保留原有地位的承诺，因此蒙哥汗即位后，虽明确了萨迦派的特殊地位，但实行分封制，把西藏各教派与地方势力赐于诸兄弟作为封地，实行分割管理。到 1268 年忽必烈即位再次派阿衮、弥林等官员进藏会同本钦释迦桑布进行第三次户口清查，并要求诸王储兄弟撤出派驻各自封地的军队，通过括户，确立了阿里、卫藏、康十五个万户，明确各万户受宣政院与国师管理。因此以十五个万户行政建制为基础建立的萨迦派政权，实际意味着元朝同时对西藏其它教派和地方势力予以承认原有的地位，元朝的这一做法实际上是一种间接的“分而治之”。这也就客观上限制了萨迦派无法借用元朝的支持建立宗教上“独树一尊”和世俗权力“集中垄断”的地位，使萨迦派仅仅成为西藏十五个万户之一。唯一与其它万户不同的是，萨迦本钦得到了元朝赐予的“乌思藏三路军民万户”的头衔，使萨迦成为十五个万户之首。但是，各万户在各自辖区内拥有绝对的权威，它们各自为政、互不统属，分别管理自己的庄园属民，明里暗里只承认元中央政府的权威。而萨迦作为十五个万户之首的地位并非以自身的实力为基础，而是元朝强加于其他万户之上的。由于元朝极力扶植萨迦派，硬使其成为十五个万户之首，其他万户也迫于元朝的压力不得不承认这一事实，一旦元朝对萨迦派的支持稍微松弛或是他们之间的利害冲突变得十分尖锐时，其他万户对萨迦就不那么顺从了，萨迦政权的地位就必然受到来自西藏内部其他教派势力强有力的挑战。公元 1290 年发生的萨迦派企图干预止贡派的内部事务，而止贡派对此不满，萨迦与止贡发生“林洛”事件就是较为典型的一例（见壁画图“林洛战争”图画。

（截自《八思巴画传》西藏人民出版社、新世界出版社出版）该图反映的是地处拉萨河谷平原很有影向和势力的万户集团止贡派，经常向萨迦投以轻蔑的眼光，两派矛盾由来已久。止贡万户长仁钦僧格和他的贡钦，迎来了上部霍尔酋长的军队，发动了对萨迦的战争。萨迦本钦和官员们商讨，他们也向皇帝请求了保护，于是铁木儿布花王子率军队入藏增援萨迦，他与止贡军队交手，一战告捷。止贡军队只有一小部份潜逃的情景图。

二是萨迦派靠家族血缘关系传承政教合一体制，容易形成统治集团内部的腐败，也不能得到其他教派的有力支持。在元朝的支持下，萨迦派上层僧侣集团处于养尊处优，生活腐化、唯利是图，堕落十分迅速，使萨迦派在人们心目中的地位开始下降。据一些汉文史籍中记载：“萨迦派有恃无恐，僧衣罩住了武装，地上的乐土就是幻想里的天国。他们或者结婚生了子女后，再剃度出家，或者出家后又还俗娶妻，很多萨迦派宗教首领三妻四妾，纵情声色。居山村而列钟鼎，入仕途又兼修行，僧俗界限已经没有了。他们下有农奴服侍，上有朝廷优待。醉心利禄周旋卿相，出入权门，穿着蒙古官服，说着蒙古话，仆仆风尘，驰驱大都与萨迦之间。在内地，番僧往往以修法祈福为名，破坏法纪，释放罪囚，并吞田产，干预选事。在上都则擅殴职官，在外省则骚扰驿户”[①]。由于元朝皇室对萨迦的尊崇，帝师的法旨和皇帝的诏敕并行西土，皇上皇妃受戒向帝师弟子膜拜。帝师弟子佩金玉印章，仗势跋扈，气焰万丈。他们在北京与王妃争道，殴打王妃，皇帝不问。犯罪的官吏，经帝师说情，便可赦免。曾经被忽必烈任命为江南释教总统的番僧杨琏真加，“怙思横肆，势焰烁人，穷骄极淫，不可具状，师徒顿役萧山，发赵氏诸陵寝，至断残肢体，攫珠襦玉柙，焚其胔，弃骨草莽间。”[②]他还杀害平民多人，受人献美女宝物无数，他掠取的财物计金一千七百两，银八千八百两，钞一十一万六千三百锭，田二万三千亩，其他还有玉器杂宝等物很多。此外，西北番族进京的喇嘛贵族，路经定西、平凉等州，身佩金字圆符，道上累百成千，旅舍常不能容，强住民房。所有这一切均说明萨迦派上层仗着元朝统治者的支持，仗势跋扈，政治腐败的情形，正因如此，使萨迦派在人们心中的地位日益下降，与八思巴在世时相比已经不能同日而语了。

三是到萨迦统治后期，权力的进一步分化，加剧了萨迦政权的弱化。八思巴于1280年去世后，萨迦昆氏家族中只剩下达尼钦波和达玛巴拉二人。达尼钦波是八思巴的异母弟意希迥乃之子，达玛巴拉是恰那多吉在西藏时所娶的夏鲁万户之女生的遗腹子。萨迦政权内部在达尼钦波和达玛巴拉堂兄弟二人之中选谁继承权力上，发生了权势之争。起初，由于达尼钦波的地位不及达玛巴拉，加之达玛巴拉有元朝皇帝和萨迦派当权人物的支持而占了上风，达尼钦波却

[①] 国家民委编写组《藏族简史》，西藏人民出版社，1985年12月，第137页。
[②] 陶宗仪《辍耕录》卷四。

被屏弃于萨迦昆氏家族之外，流落江南。但是后来发生变化，在达尼钦波 26 岁时达玛巴拉去世，而达玛巴拉的独子也接着夭亡，昆氏家族的后裔只剩下达尼钦波一人。为此元成宗下诏让达尼钦波担任萨迦派的教主并承袭昆氏家族世系。达尼钦波根据皇帝诏令共有七个妻子 15 个儿子。公元 1324 年帝师贡噶洛追坚赞，在其父死后，将异母诸弟分为四个喇章：即把细脱喇章之水晶印赐给阔尊钦波南喀勒贝坚赞兄弟等；把拉康喇章赐给帝师勒迥兄弟等；把仁软岗喇章之水晶印赐给绛漾顿月坚赞兄弟等；把都却喇章之金印赐给王贡噶勒巴兄弟等。从此每个喇章各树一帜，儿子们各自为政，萨迦政权开始走向分裂，使萨迦派急剧衰落，不再有控制西藏地方的力量了。

第七章　明朝时期帕木竹巴和第司藏巴政权的政治制度

正当萨迦统治阶层在大元王朝的庇护下，政权内部纷争不断，“沉溺酒色、懦弱无能”之时，雅砻河谷的帕木竹巴势力不断积蓄力量，悄然兴起，帕木竹巴积极主动同后元以及明朝建立联系，依靠自身势力获得卫藏政权，得到明王朝的册封。作为政教合一的帕木竹巴政权在权力组成和地方管理上形成独具特色。帕木竹巴和第司藏巴政权（1354 年至 1642）时期是西藏社会相对稳定的时期。

第一节　帕竹第悉（王权）政教合一制度的建立与政治改革

一、帕竹第悉（王权）政教合一制度的建立

十二世纪中叶，康区人多吉杰布（见壁画 H 图 24 帕竹·多吉杰布向塔布拉杰学法画）在今西藏山南桑日境内的帕木竹地方建丹萨替寺，创立了藏传佛教噶举派的分支—帕竹噶举教派。十三世纪初，属于当地大贵族朗氏家族的扎巴迥乃把持了丹萨替寺，帕竹噶举与朗氏家族相结合，成为一大地方政教势力。忽必烈汗执政初年，帕竹被封为“卫藏十三万户”之一。大司徒强曲坚赞是帕竹政权的开创者，他是西藏历史上著名的一位政治家和爱国主义者，对西藏地方的政治、经济、文化作出了贡献。大司徒强曲坚赞生于 1304 年，从小出家学法，十四岁萨迦寺达钦桑布贝处学法获得格西拉让资格。强曲坚赞在萨迦期间不仅学习宗教知识，而且还掌握了行政方面的

（载自壁画 H 图 24）塔布拉杰著名弟子帕竹·多吉杰布、向蔡巴等听“根本上师”悟所修之义理图。帕竹·多吉杰布拜塔布拉杰为“根本上师”。学成后返康区，在家乡广收门徒，重点传授塔布拉杰所教之密法。晚年在山南帕木竹(桑日县境内)地方建丹萨替寺，收徒传授噶当与噶举派融合之教法，创立了帕竹噶举支派，后此派领袖遂由朗氏家族承袭，并建立帕竹地方政权。

知识，为他后来担任帕竹万户长奠定了基础。“二十岁铁鸡年，大王妥欢帖睦尔赐虎头三宝印封为万户长。”[1] 1322 年，强曲坚赞担任第十任帕竹万户长起就力争收回以往失掉的帕竹万户长的属地，同雅桑、蔡巴万户发生争执，于是雅桑万户、直贡万户、蔡巴万户和萨迦本钦联合起来向帕竹万户大司徒强曲坚赞发难，强曲坚赞遭到逮

[1] 班钦·索南扎巴著《新红史》（藏文），西藏人民出版社，1989 年版，69 页。

捕，并受到严刑的拷打，但他始终英勇不屈，沉着冷静应对。由于萨迦统治集团内部矛盾，萨迦本钦·甲哇桑布私下释放强曲坚赞回乃东，他回到驻地后积极组织军民，抵抗萨迦为首的雅桑万户、止贡万户，蔡巴万户等势力对帕竹万户的军事和政治打压，自身势力也不断增强。到1353年由于萨迦内部矛盾爆发，萨迦夏尔拉章的人逮捕萨迦本钦·甲哇桑布，把他投入监狱。在甲哇桑布的请求下，强曲坚赞从前藏发兵到后藏曲弥寺院，打败萨迦派反帕竹万户的势力，取得了战争胜利。“木马年萨迦发生内乱，夏尔拉章的人逮捕了甲哇桑布投入狱中，此时，大司徒派以仁钦桑布为首的大军（对萨迦）加以威吓，救出甲哇桑布，整顿后藏的大部分地区。从此以后，十三万户的乌斯藏各地任免管事官员等，都有大司徒掌管盖印。”[①]这样强曲坚赞于1354年建立起统治卫藏的第悉帕竹政权，即西藏地方帕竹政权。第悉帕竹政权以朗氏家族担任的第悉、丹萨替寺琼俄、泽当寺法主三者出家高僧为权力中心，下设议事会、军事首脑、宗本、大庄园主等行政机构的政教合一体制。

二、帕竹第悉（王权）的政治改革及其影响

强曲坚赞建立帕竹政权后，推行了一系列有利于西藏社会的发展、改善群众生活水平的改革措施，具体体现在以下几个方面：

首先，争取元朝中央政府认可，确立自己掌握政权的法理依据。强曲坚赞一贯把中央王朝的法度作为解决各派纠纷的最高准则，如强曲坚赞担任万户长后为了争回以往失掉的属地，同萨迦、雅桑万户发生争执时，通过向元朝都元帅府的官员以诉讼的形式希望秉公办理。同时还于1350年派遣使者进京纳贡并奏报自己传统权益受侵

---

① 恰白·次旦平措著，陈庆英等译《西藏通史·松石宝串》（上）西藏藏文古籍出版社2004年3月第二版，第453至454页。

情况，元顺帝承认了强曲坚赞的既得权力和地位，赐给银印。当萨迦内部矛盾尖锐化，帝师贡嘎坚赞两个儿子将本钦甲哇桑布逮捕时，强曲坚赞提出了“本钦为当朝官居一品，是荣禄大夫，是宣政院使。要免他的官，要杀他，只有当朝皇帝才有权。对你们来说，除了宗教活动之外，做这些事有何意义呢？”[①]的问责话语。1358 年强曲坚赞占领萨迦寺后再次派绕扎西带四爪俱全的狮子皮等贵重贡礼，到北京朝觐元朝皇帝妥欢帖睦尔，元顺帝封他为“大司徒”，赐给虎钮印和诏书，命他接管西藏一切政教事务，这样强曲坚赞在朝廷的默许和支持下，成为西藏地方政权首脑，管理乌斯藏取得法理依据。1360 年强曲坚赞在乃东当着蒙古都元帅和乌斯藏宣慰司官员，举行了宣读封诏的盛大仪式。接着按帕竹派的旧规，在丹萨替寺隆重举行了启用新虎钮印章（相当于原萨迦本钦的印章）的仪式，标志帕竹地方政权建立，这也说明元朝末期中央朝廷已有意向用其他教派代替萨迦派政权，萨迦派逐渐失去了元朝皇帝的宠信，选择帕竹派政权取而代之也是萨迦派内部矛盾突出、政权不断腐化失去民心有关，这时噶举派高僧到元朝朝庭得到敕封的人渐渐多起来。

其次，建立第悉（王权）新的传承制度，对原有的万户行政体制进行改革。强曲坚赞取得西藏地方政权后，吸取以往十三万户各自为政，互不隶属，不能统一号令，不利于政权巩固的教训，采取了以下措施：一是设立第悉（王权）传承制度，第悉（王权）传承人选择上规定实行叔侄传承，继任第悉者不得婚配，这规定打破了西藏自聂赤赞普开始形成的王位继承制度。从吐蕃王朝到萨迦派在王位继承上，基本上是以传子为主。也有传弟“兄终弟及”的继位制度，传子不见得是嫡长子，基本上是父死子继和兄终弟及。西藏

[①] 恰白·次旦平措著，陈庆英等译《西藏通史·松石宝串（上）》西藏藏文古籍出版社 2004 年 3 月第二版，第 452 至 453 页。

（该图为大司徒·强曲坚赞像）强曲坚赞为西藏地方著名的政治家、军事家，元末就任帕竹万户长。他以丹萨梯寺为基地，励精图治，先后战胜雅桑、止贡等万户地方势力，于公元 1354 年推翻萨迦地方政权，建立帕竹地方政权。因帕竹王朝以乃东作为统治中心，故又称乃东王朝，强曲坚赞亦称乃东王。

的继位还未形成中原王朝“立嫡以长不以贤，立子以贵不以长”的王位继承做法。帕竹第悉政权规定继任第悉者必须出家学法，具备渊博的知识和高尚道德品质，体现了在王位继承上从侄子辈中传“贤明”的目的，这种做法不能不说在当时的政权建设中是一大创举。同时把元朝和后来的明朝中央颁发的诏书和印章作为第悉王位政权根本文书依据。二是设立政、事、宗三合一的议事会，参加议事会的成员以第悉本人、丹萨替寺琼俄、泽当寺法座、雅隆、温等的首领和部分宗本等组成，议事会机构的职能主要是第悉决定内外政策、大型宗教活动以及重要社会事业的决策上起着重要的参谋咨询作用。议事会每年定期举行，可根据不同时期重大事情或突发事件临时召集。三是对以往的万户行政体制进行改革，设立宗（州县）行政机构。宗的行政设置从1354年起启动，该年强曲坚赞占领后藏时，派驻军队到萨迦。为了长期驻军统辖后藏，通过同诸万户长商议，把本钦甲哇桑布修建的甲桑岗城堡改名为甲桑宗，派驻军队和官员入驻，把城堡作为管理当地各项事务的临时衙门。之后强曲坚赞从他五十三岁起在乌思藏的紧要地方先后建立仁蚌宗、桑珠孜宗、沃喀达孜宗、贡噶宗、扎喀宗、内邬宗、伦珠子宗、则拉宗等十三个大城堡宗（大县），在大宗中又分设若干个小宗（县）。各宗的宗本（县长）实行三年一轮换制，这一新的行政管理体制有力削弱了以往的万户管理、各自为政模式，也避免了家族独承的弊端，加强了帕竹政权对西藏地方行政管理的效果。但是帕竹地方政权传到第五任第悉扎巴坚赞时，把宗本轮换制又改为世袭制，使仁蚌巴、琼结巴、内邬巴、扎喀巴等家族长期世袭宗本职位，逐渐成为具有固定领地的封建领主，这对帕竹政权后来人权旁落和衰败埋下了祸根。

第三，修订律法，确保帕竹政权的有序性和社会安定。强曲坚赞十分重视用法律管理地方事务，他在总结以往吐蕃王朝法律和萨迦地方政权法律的基础上，制定了《十五法》。该法的具体内容为：“英雄猛虎律，懦夫狐狸律，官吏执事律，听讼是非律，调节法庭律，重罪肉刑律，警告罚锾律，胥吏供应律，杀人命价律，伤人处刑律，狡赖赌咒律 ，盗窃追赔律，亲属离异律，奸污赔偿律，过时逾约律。”在《十五法》的律法中，取消了萨迦派统治阶级长期引用元朝律条，对犯上、杀人等重罪实行杀戮的做法，取而代之注重追赔律和命价赔偿律，体现出佛教杀害生命是一种恶业，避免杀害人生命的思想。《十五法》虽然是维护上层僧俗统治阶级利益为出发点的，但当时它对西藏社会稳定以及民众利益的保护产生了一定的作用。

第四，实行严格的家长宗法制，确保朗氏家族对政教权力的传承。强曲坚赞当政时期对于帕竹政权（朗氏家族）接班人在政治能力、宗教知识以及品德方面提出了严格要求，也就是政权传承上规定了严格的家长宗法制，这种严于律己的宗法制度，对于帕竹政权的巩固与发展起到积极作用，具体体现在：一是禁醇酒妇人制。规定宗教主寺中心（丹萨替寺和泽当寺）或政权所在地乃东为“王城三围，内围俱守净戒，禁醇酒妇人，外围以十善律悉守王法”。其提出承担帕竹第悉和近侍人员不得有放逸的举动，不同妇人厮混，不得饮酒、过午不食等的要求。二是提出朗氏家族的后裔必须学习佛法，守持出家僧人的戒律，即使是担任帕竹第悉者，也必须出家，学通显密经论。三是为了避免子嗣争权和豪族（大贵族）干政，规定朗氏家族中承担繁衍后裔之事的子嗣，在娶妻时不得迎娶外族地方首领及有权势家族的女子，要娶父祖良善的地方绅士家族之女为妻，而且规定除了特殊情况之外，只能实行一夫一妻。四是对于从官而违反上述规定的家族成员，按家族宗法文字规定，不论是后裔中的什么人，都得从官职官位上下台，让过失主仆二人到丹萨替寺的普通土室罚住十二年，视为普通百姓，不得恭敬。强曲坚赞还对不属于朗氏家族后裔但担任帕竹政权侍从官员的也规定了严格的条件。如掌管内务的管家也要出家，并且没有酒色过错，不能谋取私利，如果管家和侍从官员等犯了酒色方面的过错，要给以严厉的惩罚等规定。

司徒强曲坚赞为首的帕竹政权集团吸取以往统治集团内部矛盾腐化教训，采取一系列改革措施，为迎合藏区僧俗百姓尊佛信教的心理，奉佛甚谨严，过午不食，禁醇酒妇人，以十善律悉守王法的作风，为僧人和官员树立了表率，扩大了帕竹政权政教的影响，抬高了帕竹的声誉，但他所代表的少数政教统治阶级利益的性质没有改变。

第五，减轻差税，大力发展地方经济。由于西藏各地方连年的征战和连年征发差税劳役，使得百姓不能进行正常的农牧业生产，给西藏经济发展带来了严重的制约，给广大人民群众带来了沉重的负担。为此，强曲坚赞采取了减免百姓差税劳役，并给以赈济，严禁巧取豪夺，摊派勒索，使百姓得到了休养生息、对恢复和发展生产提供了良机。大司徒强曲坚赞十分重视农业生产，大力推行豁卡（庄园）制度，鼓励庄园主开耕荒地，扩大耕种，使得山谷平川布满农田，各地连年获得丰收。在基建方面，乌斯藏建立十三个城堡宗以及其他小宗，维修官房寺院，修缮拉德米德百姓的住房，大力倡导植树造林，这些措施为改善群众的生活和社会的进步起到了积极作用，得到了后人的赞誉。

从大司徒强曲坚赞于 1360 年建立第悉政权后到 1618 年第悉藏巴汗建立政权止，帕木竹巴地方政权（朗氏家族）传承了两个半世纪十几代。帕竹朗氏家族掌握政权时期，在政治上注重依靠中央政府授予的权限，建立新的行政管理体制，以宗（县）、豁卡（庄园）的设置推行地方事务的管理。经济上重视发展农牧业，推行植树造林，注重桥梁、城堡、寺院等基础设施建设。在文化上以开放的态度对外交流，特别是对汉地的交往更加广泛深入，因此这一时期佛教经典的编定、木刻技术的广泛推行，史书编纂的重视以及藏医药和历算事业都有大的发展。在宗教方面，由于历代第悉都十分注重宗教，对不同藏传佛教派别基本上一视同仁，因此这一时期在原有宗教派别的基础上又兴起格鲁派、布敦派、觉囊派等不同派别，破旧的寺院得到修缮，新的寺院如甘丹寺、哲蚌寺、色拉寺、白居寺、拉萨上下密院等佛教活动场所纷纷建立起来。因此，帕竹政权统治时期，是西藏地方的政治相对稳定，经济文化向上发展的一个重要历史阶段。

第二节　明朝对西藏各宗教派别与地方势力的治理形式

一、明朝推行“因俗而治、多封众建”的地方治理政策

明朝取代元朝以后，在中央与边远边疆结构治理上，广泛推行“因俗而治、多封众建”政策，以远程管理西藏地方事物的方式，改变了元朝在治理藏区中注重维护和利用萨迦一派政权来统一号令的做法，这对西藏政教合一体制的进一步发展乃至不同地方势力的存续产生了深远的影响。1368 年春，朱元璋在南京即皇帝位，建立明朝。明太祖在争取藏族地区僧俗首领的归附时提出“彼方地广人稀，不立重镇治之，何以宣布恩威”的治藏思想，于是对藏区原有的机构进行了调整和补充，具体做法表现在：

第一，继承和仿效了元朝治理藏区的经验和措施，设立行政军事机构。明朝取消了元朝设立的宣政院和管理藏区三个“宣慰使司都元帅府”。1374 年在河州设立西安行都指挥使司，下设河州、朵甘、乌斯藏三个卫。后来升格为管理全藏的朵甘行都指挥使司、乌斯藏行都使司，1375 年设立俄力思军民元帅府。各级机构官员有：指挥

（载自唐卡T画25）该画为噶玛派五世黑帽系活佛得银协巴，1384年，噶玛巴·得银协巴在娘波地区出生。他当时是藏传佛教三位最高的佛教高僧，1406年噶玛巴·得银协巴应明成祖召请，随太监候显等人经青海、甘肃、陕西、河南、安徽，年底抵达南京，明成祖派军民百姓隆重迎接，宴请于华盖殿。1407年被明永乐帝封为“大宝法王”，历代黑帽系转世活佛承袭此封号。

使、指挥副使、指挥同知、元帅、指挥佥事、万户长、千户长等，这些官员均有中央直接封当地的首领担任。这些官员的升迁、任免、更替，均由中央政权直接决定。

第二，采取“尚用僧徒、僧优厚纲”的政策，各宗教派别高僧大德或首领为王。明代，在汉族地区只有皇帝的亲属朱姓男子才有可能被封为王，他们分散在全国各地，被称为“藩王”，享受优厚的物质待遇，但一般不能参与地方和国家的行政事务。其他的功臣即使功劳再大，最多也只能封为侯爵，即在国家体制上极力做到中央权重，地方权轻。但对蒙藏等少数民族政治宗教首领，明王朝推行僧优厚纲制度。也就是在承认各教派平等的基础上，各教派势力和地方首领表示臣服，积极纳贡的条件下，以“恩威并重、僧优厚纲”的治理政策。

第三，采取“因俗而治、多封众建”的地方治理政策。明朝中央政府管理西藏地方具体采取了如下措施：一是敕封西藏各大政教首领，废除元朝管理西藏地方事物的宣政院和帝师制度，但基本上仍沿用元代尊崇宗教领袖的作法。元代独尊萨迦派，而明代实行多封众建。中央先后加赐西藏各教派首领为法王、王、西天国师、国师、禅师、都刚、喇嘛等封号，在西藏明朝册封的第一位法王为噶玛派五世黑帽系活佛得银协巴（见唐卡 T 图 25），他被明永乐帝封为“大宝法王”。纵观历史，明王朝封蒙古等地方军事首领为王同在藏区赐封为王有所不同，藏区封诏为王的人是掌握一方的地方首领外，他们又往往具有佛教僧人的身份，体现政教领导集于一身。因此明朝给他们的封号都带有佛教的内容。明朝初期在藏区的宗教格局大体是：帕竹派为西藏最大的政教合一势力，萨迦派和止贡派仍然保持着雄厚的实力，噶玛噶举派在西藏，特别是在康区尤为煊赫，格鲁派异军突起立足于西藏教派之林中，其影响遍及蒙藏地区。明朝根据各教派在区藏的发展特点和实力，于1406年把掌握西藏地方政权的第悉帕竹噶举派扎巴坚赞诏封为灌顶国师阐化王；于1407年诏封在藏区影响力很大的噶玛噶举第五世黑帽系得银协巴活佛为大宝法王；于1413年诏封在后藏的萨迦派首领贡嘎扎西为大乘法王；于1434年诏封在前藏后来居上的格鲁派高僧释迦也失为大慈法王。同时对一些藏传佛教的支派的首领也给以不同的封号，如1407年诏封四川德格灵藏僧人曲白监藏为赞善王；1407年诏封昌都贡觉地方的政教首领宗巴伟色藏卜为护教王；1413年封萨迦派思达藏首领南卡来巴为辅教王；1413年封前藏止贡噶举派首领仁青白杰为阐教王等。二是明朝在册封藏传佛教领袖为政教王的同时，对他们的弟子也封赐给大国师、国师、禅师、喇嘛、都刚等封诰和印章，这些封诰不仅仅是个名号，而且还有品级，这些封诰和印章成为各首领在当地掌握政教权力的法理依据。

明王朝多封众建，尚用僧徒是从西藏特定的政治格局和宗教特点出发采取的治藏措施，这种“因俗而治”的指导思想是明确的，反映了当时西藏处于多种宗教派别和地方势力的政治生态，因而从总体上看，明朝以“尚用僧徒、多封众建”来治理藏区的策略收到了预期的效果。

二、明朝建立朝贡纳税、茶马互市制度，修缮驿站，推行“厚赏羁縻”政策

第一，建立朝贡纳税与“厚赏羁縻”制度。明王朝推行“厚赏羁縻”政策，所谓羁縻，“羁”就是用军事和政治的压力加以控制，这在西藏较少体现。但以“厚赏（縻）”的管理措施驾驭藏区十分明显，就是以经济和物质利益给以抚慰，保持或基本保持西藏原有不同势力集团以及各组织形式和管理机构，承认各地方政教首领在本

地区中的政治和宗教统治地位，任用地方首领为地方官吏，除在政治上隶属于中央王朝、经济上有朝贡的义务外，其余一切事务均由各首领自己管理的一种措施。归附纳贡与“厚赏羁縻”政策是明朝沿袭元朝治理边疆政策的举措，但有了新的发展。古代王朝征服不同区域时，只要这些区域的首领“献人口户数，归附纳贡，俯服称臣”就表示这个地区已经归附。1368 年朱元璋在南京称帝，建立明朝。1370 年明军攻取洮、岷等州时，原先一直忠于元朝的西北藏族首领们在北元势力大部被歼灭的情况下陆续顺应形势归顺明朝。1370 年河州地区的故元吐蕃宣慰使司何锁南普降明，明太祖给以封赏，保其地位。1372 年萨迦派的故元帝师南嘉巴藏卜等归降，并带领六十多人赴南京朝贡，明太祖封他为“炽盛佛宝国师”。对南嘉巴藏卜前后举荐的一百多名故元藏族旧官都给予封爵，同时给予大量的物质赏赐。在争取藏区大部分僧俗首领归附以后，明太祖考虑到“彼方地广人稀，不立重镇治之，何以宣布恩威”的治藏方略，充分利用当地的首领来管理当地事务。至此开始藏区的政教首领们主动到明朝朝贡请赏的人多起来。从明成祖到成化帝封藏地许多僧人为大国师、国师等职，并确定品级职位，在京受封者还可以享受俸禄。明朝采取的“厚赏羁縻”政策感召下，边疆各势力首领们纷纷争先恐后到明朝朝贡请赏，以至于朝廷为接待从周边各“藩国”进贡的人应接不暇。“到明英宗时，明王朝为了节约开支，曾经下令减少在京居留的藏族僧人，据统计当时在北京各寺院中仅官府认为应当减去的藏族僧人就有 1100 多人。在宪宗成化、孝宗宏治、武宗正德年间更达到高峰，宪宗成化末年有一次升职授职的藏族僧人达数十人之多”[①]。为此到明成化以后，调整了各“藩国”到北京朝贡的人数与时间期限，规定各教派到京人数，年限也从无限制到三年一

[①] 陈庆英《西藏历史》五洲传媒出版社 2004 年 6 月第二版第 54 页。

贡的规定。到明世宗时，由于世宗皇帝崇信道教，排斥了藏传佛教，藏族僧人在北京的活动才进入低潮。

明朝推行的对归附纳贡者实行“厚赏羁縻”政策，推进了各民族在政治上对中央王朝的向心力与凝聚力。这一政策在当时不仅为西藏地方带来了政治稳定，而且为汉藏民族在经济文化上的交流与交融起到促进作用，成为西藏历史上少有的社会太平与发展时期，特别是藏传佛教各教派根据自己的环境和条件，在明朝“厚赏羁縻”政策的实施中得到了进一步的发展。

第二，设置互市，即茶马互市。茶马互市由明政府设专门机构管理，用乌斯藏马换内地茶叶，以解决明政府和乌斯藏的各自之需。“洪武初年，明朝设茶课司，收取陕西汉中茶，四川巴茶，在成都设四川等处茶盐转运司，还在雅州碉门、永宁界首镇、灌州、安州、筠连州设茶局。收取茶叶，‘候西番易马’。洪武五年，明政府又设立秦州（今天水）、河州（今临夏）、洮州（今临潭）、雅州（今雅安）、岩州（今松潘西北）茶马司，统一管理茶马互市。为了便于和藏区互市，洪武三十年，明政府改秦州茶马司为西宁茶马司，治所迁至西宁。明政府‘行茶之地五千余里’，使茶马互市有了可靠的物质保证。此外，为了保证茶马互市的正常进行，明政府还完善了有关制度和法规，采取金牌签发制度保证所换马匹的数量和质量。每三年派官员到各部合符一次。各部凭金牌信符纳马，茶马司验收，给予茶叶。派御史巡查各司，也规定了茶马的基本比价标准”[①]。

第三，修路即修复驿站。明政府为了加强对西藏的管辖，曾多次下令恢复和修建西藏至内地的驿站。“永乐五年，明政府命阐化王、护教王、赞善王，以及必力工瓦国师，必里、朵甘、陇答诸卫，川藏诸族恢复驿站，通道往来。永乐十二年，明政府命中官杨三保

[①] 赵云田《中国治边机构史》，中国藏学出版社 2002 年 12 月第一版，第 256 至 257 页。

前往西藏，再次令阐教王、护教王、赞善王以及川卜、川藏等共修驿站，要求原来没有恢复一定要全部修复。结果，修通了雅州乌斯藏的驿路。这样除以前由甘肃到乌斯藏旧有驿路外，又开辟了一条从内地到乌斯藏的新的驿路。驿路沿途设有驿站，供给过往官员、使者食宿和交通的工具。从此，‘道路毕通，使臣往还数万里，无虞寇盗矣’。既保证了明政府对乌斯藏有关诏书、旨令的畅达，也便利了乌斯藏僧俗首领、使者的入京朝贡”[①]。

第三节　西藏辅政大臣的篡位及世俗政权的出现

自帕竹第五任第悉扎巴坚赞允许各地方行政长官（宗本）可以家族世袭以来，一些有野心的地方行政长官（宗本）通过世袭掌握地方大权，势力迅速得到发展，当他们发展到一定时期往往成为王权的对立力量，从而导致王权和辅政官吏矛盾与冲突。第悉扎巴坚赞打破帕竹家族不可同世系家族中迎娶女的做法后，仁蚌家族通过几代同朗氏家族联姻的形式同帕竹政权建立密切关系，并与重臣与外戚双重身份出现。当 1435 年帕竹政权出现内讧之时，仁蚌宗本诺布桑波以武力兼并后藏一部分地方势力，仁蚌诺布桑布有五个儿子，他们在后藏各地掌握军政大权，形成半独立状态。公元十五世纪后半叶，仁蚌巴措杰多吉用武力征服雅隆喀托等地，当时第悉阿旺旺波刚去世，继任者阿旺扎西扎巴年仅三岁，仁蚌巴措杰多吉以“替东”即摄政官名义管理帕竹第悉政权的政务，扩大自己的势力范围。第悉阿旺扎西扎巴成人后，帕竹政权的地位有所改善，但各不同的地方势力不断挑起事端，小规模的战争频起，西藏社会处于多事之秋。在宗教上仁蚌巴支持噶玛噶举派红帽和黑帽系，而帕竹政权支

[①]赵云田《中国治边机构史》，中国藏学出版社 2002 年 12 月第一版，第 255 页。

持格鲁派，两派之间展开激烈竞争，矛盾和斗争十分尖锐。“帕竹第九任第悉阿旺扎西扎巴至少执政约六十多年（公元1499年至1563年），这时仁蚌巴家族势力已做大，至此帕竹第悉变成傀儡，政权完全由仁蚌巴把持”[①]。

（裁自唐卡K画5）主巴噶举是帕竹噶举派八小支派之一，其创始人之一章巴加雷·依昔多杰从向蔡巴出家，被后世称为第一世嘉旺主巴。该画为第四世嘉旺主巴转世之一的夏尊雅旺南嘉，他当上不丹政教领袖后，抵制格鲁派在当地的影响，主巴派从此逐成为

[①] 恰白·次旦平措著，陈庆英等译《西藏通史·松石宝串（上）》西藏藏文古籍出版社2004年3月版。

不丹地区的主要宗教。

仁蚌巴经过几代人的努力，替代帕竹派掌握实权达一个多世纪，而帕竹朗氏第悉家族热衷宗教，加之奉行“君主‘为政不难，不得罪于巨室’就能安于其位”的地方治理理念，最终导致政权旁落被外亲仁蚌巴控制，仁蚌巴成为无正当名分的地方实权派在西藏历史中存续 135 年，成为西藏地方政治制度发展史上辅政大臣篡位行使世俗政权的典型案例。到 1565 年，其属下辛夏巴才旦多吉推翻了仁蚌巴，于 1618 年正式建立了统治全藏的第悉藏巴政权（其在宗教上依靠噶玛巴，也称噶玛政权）直至 1642 年建立西藏地方噶丹颇章政权才终止。藏巴汗政权的实际统治者称为“藏巴杰布”、“藏堆杰布”、“藏巴第悉”，汉文中一般译为“藏巴汗”。辛厦巴才旦多吉早期在仁蚌巴和乃东巴两家充当侍从，他有九个儿子，其中著名的有噶玛图多南杰、衮邦拉旺多杰、噶玛丹松旺波三人。辛厦巴才旦多吉在仁蚌巴阿旺南杰时期担任仁蚌巴的掌管出行马匹乘具的迦本官员，以后逐步提升为襄和年楚河下游地区的地方官。公元 1548 年被仁蚌巴任命为豁卡桑珠孜（日喀则）的宗本，从此他的势力逐渐强大起来。到仁蚌巴阿旺济扎时期主仆发生矛盾，他起来反对仁蚌巴家族，杀死了阿旺济扎的儿子白玛噶波，为此仁蚌巴阿旺济扎竭尽全力发动被称为“仁蚌巴的复仇战争”。经过几次的战争辛厦巴才旦多吉击退了仁蚌巴的进攻，没有被仁蚌巴攻灭，反而势力壮大起来。到公元 1557 年仁蚌巴和辛厦巴双方因为襄·顿热巴的土地和属民问题又发生剧烈冲突，经主巴噶举派（见唐卡中的西藏史 K 图 5）的调解，属民土地等辛厦巴所得。由此可以看出辛厦巴已经拥有可以和仁蚌巴抗衡的力量。公元 1565 年，辛厦巴才旦多吉亲自率兵从仁蚌巴手中取得白朗伦珠孜，又派兵攻取了帕日宗。以帕竹名义统治西藏的仁蚌巴逐步丧失地方政权。辛厦巴才旦多吉死后，其儿子辛夏巴衮邦拉旺多杰又将拉堆绛、拉堆洛地区归属于自己的治下，他自己住在桑珠孜，其弟丹松旺波住在白朗，他们统治了后藏的大部分地区。丹松旺波的儿子噶玛彭措南杰在他 14 岁的公元 1611 年就任后藏第悉职务，从此被称为第悉藏巴。此后在公元 1612 年至 1613 年第悉藏巴彭措南杰进兵前藏，攻占了澎波和内邬宗等地，史称“鸡牛年战乱”，1618 年第悉藏巴彭措南杰占领包括乃东王宫在内的绝大部分前藏地区，由此第悉藏巴基本上控制了前后藏，开始了名符其实的统治乌斯藏地区。藏巴汗家族在经历了 24 年三四代统治西藏地方的政权后，由于宗教上的派系矛盾，到 1642 年被固始汗推翻，结束了其在西藏的统治历史。

虽然藏巴汗只有 24 年的统治历史，藏巴汗在帕竹《十五法典》的基础上制定的《十六法典》是西藏地区较完整、较详细的统一法典。同时制定称为“丹次卡人”的统一度量衡标准。有些资料还总结了藏巴政权的五大功绩，被称为“藏巴汗的五大功业”。五大功业归纳起来即：1.为提高佛教地位，第悉不接受出家人敬礼叩拜，迎请各派僧人到庄园桑珠孜，在每年三次僧众大会上奉献供养。2.为了属民的生计，建立法律文册，实行安定属民的方针。3.为了让属民休养生息，对各个甲措每年发布轮流免除力役租税的命令，以减轻差税负担。4.从神变法会到十月之间封山封河，禁止打猎。5.对从远方来拉萨朝拜两尊觉卧佛像为主的寺庙佛像的善士香客等，保护人员驮畜安全，由各个宗和庄园供给生活物品，不准伤害他们，要对他们慈爱扶助”[①]。但另一方面藏巴汗站在噶玛噶举派一方，对格鲁派实行压制政策，格鲁派处境艰难，被迫投靠在新疆的蒙古固始汗势力，导致拥戴格鲁派的蒙古势力入藏，推翻了藏巴汗地方政权。

[①] 恰白·次旦平措等著 陈庆英等译《西藏通史—松石宝串》，西藏藏文古籍出版社，2004 年版，648 页。

第四节　帕竹政权支持下格鲁派的兴起与宗喀巴宗教改革

一、宗喀巴早期的宗教活动与格鲁派兴起的社会背景

帕竹政权时期，藏传佛教教派林立，各教派力求保持自己的特色和发展模式。这得益于帕竹政权一开始就采取各教派只要不违背帕竹政权的意愿就可以自由发展的政策，并由历代第悉恪守此规，并未因第悉的更换而变更。格鲁派创始人宗喀巴（见壁画 H 图 25 宗喀巴诞生图），宗喀巴早期通过学习噶当派、萨迦派、帕竹派等宗教哲学思想，为他后来的学经生涯、特别是创立格鲁派打下了坚实思想基础。宗喀巴自幼聪慧、是家庭六个子女中排行第四。宗喀巴 7 岁时学佛法 ，最初接触的是噶举派。他勤奋好学，至十六岁时，他的文化知识和佛学有了长足的进步，他的名声已超过安多地方所有大德高僧。但他并不满足于此，到卫藏地区拜各教派大师，进一步深造佛学，研究各教派的教义，开始了独立的宗教活动。1386 年宗喀巴到山南闻地扎西多喀尔、吉如等寺为当地僧众讲授《现观庄严论》、《释量论》、《入中观》等，成为宗喀巴在各地讲经说法的开始。1391 年宗喀巴三十六岁开始收徒，由于宗喀巴频繁的宗教活动，他的信徒及徒弟与日俱增，最后达到一百多个大德弟子。在这些弟子中最著名的有八大弟子，即甲曹杰、克珠杰、杜增·扎巴坚赞、绛央却杰、释迦也失、多丹·江白甲措、杰尊·喜饶僧格、根敦珠巴，其中克珠杰被追认为第一世班禅，根敦珠巴被追认为一世达赖喇嘛。甲曹杰·达玛仁钦 1397 年才拜宗喀巴为师，后来成为宗喀巴创立和发展格鲁派的第一大助手。宗喀巴、甲曹杰、克珠杰被尊称为“师徒三尊”。

（载自壁H画25宗喀巴诞生画）宗喀巴本名罗桑扎巴，青海湟中人，因藏语称湟中为“宗喀” 故被尊称为宗喀巴。该图反映宗喀巴于公元1357年10月出生于安多宗喀地方时（今青海湟中县塔尔寺所在地），法师顿珠仁钦送礼于宗喀巴父亲达热喀且·鲁崩格和母亲辛萨阿曲，为之志喜，并赐甘露丸与婴儿为食的情景。宗喀巴是我国著名的思想家、宗教哲学家、佛学家和藏传佛教格鲁派创始人，在藏传佛教中占有重要地位，公元1419年藏历10月25日宗喀巴大师圆寂。

公元1393–1399年是宗喀巴思想体系形成时期。在这段时间里，他能够熟练地讲授《现观庄严论》的广疏《嘉言宝库》等佛教经典，同时他进一步学习和领会噶当派教义，吸收萨迦派研究佛经学问的严谨性，在密宗教仪修炼方面，吸收佛教所有教派的精华，学习包括了大乘显密各派的代表著作，使他的名望与日俱增。1400 年春，宗喀巴在堆龙噶瓦东寺给四百五十人讲授大乘戒律方面的经论，以此来唤起僧人对佛教戒律方面的注意。1401 年，宗喀巴与仁达瓦等在朗孜顶，重新制订了僧人切实可行的寺规戒条。1402 年至 1406 年，他完成了《菩提道次第广论》、《密宗道次第广论》等多部名著，这些巨著成为宗喀巴创立和发展格鲁派的理论基础。1409 年，宗喀巴完成了具有历史意义的“祈愿大法会”和兴建格鲁派第一寺甘丹寺，由此标志建立起了藏传佛教格鲁派。

二、宗喀巴的“整顿宗教”及其僧伽传承制度创新

自公元 10 世纪下半叶到 13 世纪，藏传佛教产生多种派别，各个派别经过上百年的发展，一些不适应社会发展的体制机制充分暴露出来，各宗教的发展已经日益面临着一个危机，这就是宗教戒律的日益废弛和僧人的腐化堕落，上层喇嘛并不关心经营修持，而是热衷于世俗利禄，少数僧侣追求世俗享受与权力的追逐，其带来的后果是僧人在民众中的威望日趋下降，同时，加剧了僧人与民众的对立，而且导致了宗教在西藏社会中的凝聚力和影响力下降，从而使藏传佛教自身的发展陷入困境。克珠杰《宗喀巴传》中说：“一般的讲，大多数僧人不论什么时候都喝酒，不论什么时候都进食，到处玩耍，沉酒歌舞，以至于彼此争吵，与人斗殴。特别是那些专修某种密法的喇嘛扬言戒律乃为小乘僧人而设，他们无需管什么戒律不戒律。他们公开娶妻生子、酗酒、贪婪成性、淫荡。”[①]宗教人士的这些所为不同程度地影响西藏政治、经济、文化的发展，造成宗教势力失去往日的声誉。另一方面，在西藏社会中，政权实际上

[①] 克珠格列贝桑著《宗喀巴小传》（藏文）青海民族出版社，1982 年，108 页。

是以宗教为依托来获得发展的，而当时宗教自身的涣散使西藏的政治发展失去了依托，因而在客观上必然日益紧迫地产生了对宗教进行整顿改革，恢复宗教的纯正以重新增强其凝聚力的要求，因而整顿宗教迫在眉睫。为此从 1400–1409 年宗喀巴积极推行噶当派宗教改革。宗喀巴（见唐卡 T 图 16）综合西藏各教派流传的显密教法，以实践和修证为主，把自己的思想体系付诸行动，进行了宗教整顿，创立格鲁派。格鲁派杜绝僧人参与俗政，娶妻生子，对僧人在遵守佛教戒律方面提出了严格要求。由于格鲁派适应了当时的西藏社会发展总体情况以及民众的意愿，在短短的时间里，风靡整个西藏以及青海蒙古乃至内地，并且在卫藏、甘青、康区建立了许多格鲁派寺院。僧人人数、寺院势力短时间远远超过其它教派，特别是达赖、班禅两大活佛世系的出现，格鲁派居于统治地位，以至清朝皇帝也实行“兴黄教、即所以安众蒙古”之政策，借助格鲁派治理蒙藏地区。格鲁派为国家的统一，各民族的团结，西藏社会的稳定等方面，发挥积极而又重要的作用。宗喀巴整顿宗教的主要内容包括：

第一，以噶当派的教义教规为蓝本和基础，参照萨迦、噶举派等诸多教派，并取其精华，创立格鲁派。“宗喀巴公开宣布他直承阿底峡之传。本来宗喀巴和当时噶丹派传人就有密切关系；他的学知体系，大提上与当时的噶丹派相同；他的思想体系和主要著述，又是继承和发展了噶丹派的思想体系而成的。但是他现在的地位声望，已远远超过当时所有噶丹派僧人之上，所以这一宣布等于宣布他又是噶丹派的首领，于是当时组织涣散、数量众多的噶丹派寺院，就先后改宗黄教，这就扩大了黄教的势力”[①]。噶当派应属于在西藏盛行较早，影响较大，但是一直没有参与政权斗争的教派，故称“纯净”。而萨迦派与噶举派等显密并重的同时，注重密宗的修习，

[①] 王森著《西藏佛教发展史略》，中国社会科学出版社 1997 第一版第 293 页。

（载自唐卡 T 画 16）著名佛学家、宗教改革家、藏传佛教格鲁派创始人宗喀巴大师像。宗喀巴一生著有一百多部佛教著作，实属罕见。他对藏传佛教的进一步发展做出了特殊贡献，被誉为“第二佛陀”。

两派经过四百年的密教实践和积累在密宗修法上已经有属于自己的理论体系，并出现了一些具有较高密宗修养的大德高僧，而且萨迦派在元朝时期已传入到蒙古地区，历任元朝皇帝皈依佛门，接受密宗灌顶，藏传佛教成为王室及民众的精神支柱。噶举派在元末及明朝时期曾风靡一时，噶举派高僧受到元朝皇帝和明朝皇帝的宠信。明朝赐封的三大法王中位居一、二位的仍是噶举派和萨迦派。格鲁派在保持各教派特点的基础上，建立了一个极其庞大的次第井然，在传承上完整易于接受的教义教法系统。显教以噶当派教义为主，密教参照萨迦派及噶举派，以新的面貌出现在世人面前。

第二，依据佛教戒律推行了一套完整严格的清规戒律，提倡僧侣必须身体力行严加恪守。这是宗喀巴进行整顿宗教非常重要的措施，据说宗喀巴头戴黄色尖型僧帽，一来表示佛教再度兴起，二来作为严守戒律的一个标志。他将所供的弥勒佛像披上比丘服，其用意在于无论显宗还是密宗僧侣，都必须严守戒律，以严守戒律来表示对佛的真诚信仰。他严戒僧侣娶妻生子和参加生产劳动，严格划分僧俗界线，禁止僧侣参与俗政，专心进行正常的宗教活动。

第三，修寺院、扩大寺院经济实体。1409 年宗喀巴在帕竹政权统治者的大力支持下，在拉萨以东新建了甘丹寺，既是格鲁派的母寺，又作为格鲁派创立的标志。1416 年在帕竹政权内邬宗本的支持下，宗喀巴又命其弟子加央曲杰·扎西班典在拉萨西北区新建了哲蚌寺，1419 年他的另一弟子大慈法王·释迦也失在拉萨北建色拉寺，为拉萨三大寺。1447 年他的又一弟子根敦珠巴建后藏地区最大的格鲁派寺院——札什伦布寺，宗喀巴的弟子西绕桑布在阿里芒域建立了阿里地区第一座格鲁派寺院达莫寺。1437 年他的弟子降曲西绕僧格建昌都寺，成为康区最有名的格鲁派寺院，从此在西藏、在青海、在四川以至蒙古地区及内地等修建了众多格鲁派寺院。宗喀巴弟子中，嘉绒阿旺扎西发愿要在嘉绒地区修建 108 座寺院。自从三大寺修建以后，由于三大寺的经纶讲授传承与泽当寺（帕竹时期的主要显学寺院）一脉相通，而在义理“精博”方面，则又超过了泽当寺，所以帕竹贵族子弟纷纷涌入三大寺，帕竹政权也就积极支持格鲁派的发展。因此格鲁派在较短的时间内有大量的土地和僧人，不断建立新的寺院，形成了相对独立的新的宗教势力。宗喀巴创立格鲁派和格鲁派寺院的建立，改变了以往僧俗分界不明的社会现实，格鲁派要求僧人常住寺院，不娶妻生子，严格划分僧俗界线，使僧人变成一个独特的社会阶层。限制了僧人的随意性，减少或杜绝了僧人参与世俗事务的机会，使寺庙真正成为僧人的学经场所，从事宗教活动的基地和信仰的中心。使格鲁派的僧人人数急剧上升，促使了格鲁派寺院建筑群的出现。格鲁派为解决日益庞大的寺庙和僧人经济生活问题，从一开始就依附地方世俗封建势力，而世俗（米堆）能转变为寺院属户（拉堆）就可以免除一切劳役和纳税，这成为更多俗户逐渐转变为寺院的动因，为此以寺院为基地的僧侣集团就具有了更多的土地、牧场和农奴，形成了独立的经济实体，出现了寺属庄园，使格鲁派等真正成为西藏三大领主之一。

第四，办法会，创格西拉让巴学位。宗喀巴把讲经法会作为宣传佛学思想，重振藏传佛教，扩大格鲁派声望的主要途径。1397 年聂地方的饶钟寺首创讲经法会。1399 年，藏历正月初一至十五日，宗喀巴率其门徒三十余人到卧卡精其寺弥勒佛像前举行了十五天的祈愿法会，参加法会的约有两百余僧众，这个法会是根据《贤愚因缘经》里讲释迦牟尼佛降伏六师外道的故事举行的。这是藏传佛教格鲁派每年正月举行祈愿大法会惯例的开端。1409 年宗喀巴在帕竹第悉阐化王扎巴坚赞的大力支持和资助下，藏历正月在拉萨举行了规模宏大的拉萨祈愿大法会（或传召法会），标志着格鲁派的兴起，并规定每年的藏历元月份在拉萨举行，规模宏大，影响空前，以格鲁派为主，后来又增加了在祈愿法会期间，授予格鲁派最高佛学学位格西拉让巴。

第五，改革僧首传承制度，形成活佛传承体系。藏传佛教各派别对于各自首领的传承方面，有不同的方式。如噶举派等根据僧人佛法学识的知名度继承宗教首领职位，萨迦派是以家族父子血缘脉络为继承宗教首领职位，帕木竹巴派以家族叔侄关系脉络为依据继承宗教首领职位。而噶玛噶举派以“活佛转世”传承宗教首领的。“活佛转世”一词是藏文“珠古”（“化身”或“大成就者”）的意思，用“活佛转世”来确定教派领袖，以解决寺院住持位置的继承问题是藏传佛教噶玛噶举派的一大创举，后来藏传佛教各派普遍采用这一制度。“活佛转世”最早出现于公元13世纪初，它的发明者是噶玛噶举派黑帽系的创始人噶玛拔希（见唐卡K图6噶玛噶举派创始人都松钦巴图说）。“活佛转世”与当时的教派斗争和政治斗争有着极为密切的关系。一方面，它是噶玛噶举派与萨迦派以及元朝蒙哥汗与忽必烈王子之间斗争的具体反映。另一方面，则是噶玛拔希对噶玛噶举派黑帽系未来发展所做的创造性的制度安排。与汗权之争相联系，在西藏地方发生了萨迦派与噶举派的激烈角逐，后者因靠上蒙哥汗争权的失败自然也以失败而告终。忽必烈把噶玛拔希关押起来，并用严酷的刑法来惩治这位顽固的对手，后来忽必烈在八思巴的请求下释放了他。噶玛拔希虽然有过人的宗教学识，却由于自己在选择靠山上的失误，始终处在一个不受重视的地位。晚年的噶玛拔希一直居住在该派的主寺楚布寺，临终前对他的弟子邬坚巴说：“拉多方向必定会出现一位黑帽系的继承者，在此人未至之前，你当代理一切”[1]。并将黑帽交给邬坚巴，不久圆寂。邬坚

[1] 恰白·次旦平措等著 陈庆英等译《西藏通史—松石宝串》，西藏藏文古籍出版社，2004

（载自唐卡画 K6）噶玛巴·都松钦巴是噶举派达波拉吉的重要门徒。1147 年修建噶玛丹萨寺，1189 年又建楚布寺，后逐步形成噶玛噶举派。该派在藏传佛教各派中最早采用了转世制度。本唐卡中的都松钦巴头戴的黑帽，实际为他的弟子噶玛拔希受元宪宗蒙哥的金缘黑帽。因为都松钦巴是噶玛派鼻祖，作为象征，把这项黑帽画

年版。

在了他头上。

巴依照噶玛拔希的预示，在后藏贡塘地方找到了转世灵童攘迥多吉，1288 年将灵童迎接到楚布寺，把蒙哥汗赐给噶玛拔希的黑帽交给攘迥多吉作为继承寺院法座的信物，遂成为历史定制。这就是藏传佛教的第一位转世活佛。用活佛转世的方式来确定教派领袖或者寺院住持的做法，即是大乘佛教有关“化身理论”不断发展的产物，更是当时西藏现实需要的必然结果。从此以后，格鲁派等其他藏传佛教派别相继仿照这一做法确定其寺院住持或者教派领袖，其中格鲁派的活佛转世影响较大，形成达赖喇嘛和班禅喇嘛两大转世系统。由于藏传佛教各派在不同区域的发展中不断汇集财富，形成占有庞大经济势力的寺院集团，加之明朝中央在西藏地方实行“多封众建”、“尚用僧徒”的治藏方略，转世的活佛一般到一定年龄就能掌握该寺院集团所管辖区域的政教大权，其中格鲁派的活佛在和硕特蒙古势力和清朝中央王朝的扶持下，形成的达赖喇嘛和班禅喇嘛这两大转世系统影响最大，他们聚政教大权于一身，成为西藏地方最高的统治者。

三、格鲁派从禁止僧侣参与俗政到积极向世俗政权靠拢的转变

由于宗喀巴与格鲁派的名声远扬，明成祖曾多次派金字使者率部携带礼品邀请宗喀巴到内地。但宗喀巴由于身体虚弱无法成行，只好派弟子释迦也失（见唐卡 T 图 17 大慈法王释迦也失图）赴京朝觐。明朝皇帝在授权帕竹派地方政权治理西藏的同时，几次邀请宗喀巴进京，体现了明朝中央实行的“多封众建”、“尚用僧徒”的总体政策和利用格鲁派宗教首领的影响来治理蒙藏地区的愿景。明廷派金字使者邀请宗喀巴，这是格鲁派与明廷最初的接触。虽然宗喀巴本人进京未能实现，但及时派格鲁派上层宗教人士释迦也失进

京朝觐，说明格鲁派领袖十分重视同明王朝建立牢固关系的重要性。

（载自唐卡T图17）大慈法王释迦也失(1354-1435年)为拉萨蔡公塘人，是宗喀巴的八大弟子之一。先后两次受明朝皇帝之邀代表宗喀巴为永乐和宣宗两帝讲解经典。明宣宗敕封他为“大慈法王”。

曾主持兴建色拉寺。

释迦也失一生两次到内地朝见皇帝并担任明朝国师共达十年之久，“先后担任了永乐、洪熙、宣德、正统四位皇帝的上师”[①]，释迦也失为建立和发展格鲁派与明朝中央的关系，加强西藏地方与祖国内地的文化交流，传播格鲁派等方面作出了重大贡献。在西藏和其它藏区，每年藏历十月二十四日即宗喀巴忌辰（甘丹阿确，即五供）的前一天晚上都要举行称为“细确”（四供）的传统宗教活动，以纪念这位历史人物，至今不断。在内地与西藏交往的众多宗教派别和人物中，另一个重要的人物是格鲁派宗教首领三世达赖索南嘉措（见壁画 H 图 26 索南嘉措出生图），索南嘉措是明朝时期西藏同蒙古土默特等北方不同民族势力集团建立关系的第一人，索南嘉措一生中最大的成就是把藏传佛教格鲁派传播到蒙古地区，许多蒙古人放弃萨满教，皈依了格鲁派，使藏传佛教格鲁派风靡整个蒙古地区，并且蒙藏两个民族的关系得到了进一步的巩固和发展。土默特俺答汗是蒙古地区较大的，并且有较强实力的部落首领，成为明朝政权时期北方的一大威胁。公元 1559 年，俺答汗率土默特部众由内蒙古西入青海，明朝无力阻止，采取怀柔办法，明穆宗隆庆五年即 1571 年封俺答汗为顺义王。此时在哲蚌寺学经的鄂尔多斯彻辰洪太吉游说俺答汗迎请索南嘉措进入青海地区，于是俺答汗三次派使赴藏迎请索南嘉措，其目的是想利用藏传佛教在当地的影响力，借用索南嘉措在宗教上的威望巩固和扩大自己在当地的地位。此时帕竹王阿吐扎巴（见壁画 H 图 27）也促索南嘉措前往青海同俺答汗的蒙古人见面。索南嘉措接受邀请并于 1578 年 5 月 15 日，同蒙古首领俺答汗相晤于青海湖畔的察十齐雅勒庙（即仰华寺）。这次历史性的会晤，蒙古接受了索南嘉措的说教，归顺藏传佛教格鲁派。这一政教

[①] 恰白・次旦平措等著 陈庆英等译《西藏通史—松石宝串》，西藏藏文古籍出版社，2004 年版，第 562 页。

联盟的潜在力量对日后的蒙藏关系的发展发挥了很大作用。俺答汗

（壁画 H 图 26）公元 1543 年三世达赖喇嘛索南嘉措生于拉萨堆龙康萨岗。其父为玛乔仁钦扎之后裔——密宗瑜伽师第巴朗杰扎巴，母名白宗布赤。相传索南嘉措约三岁时，能忆前世达赖喇嘛根敦嘉措之事业。故四方皆传扬此灵童，为根敦嘉措之转世。该图反映的是索南扎巴坚赞到灵童家拜访探视图。

献索南嘉措“达赖喇嘛”尊号，“圣识一切瓦齐尔达喇达赖喇嘛”，赐给索南嘉措头饰、宝瓶等，并奉赐龙爪金印曰：‘瓦齐尔达喇达

赖喇嘛’（蒙文新字）……并封为达赖喇嘛瓦齐尔，从此达赖喇嘛名号确立”。[①]“达赖喇嘛”的称号从此被沿用至今。索南嘉措则赠俺答汗为“转千金法轮咱克喇瓦尔第彻辰汗”，藏籍作“法王大梵天”，这样一来不仅满足了俺答汗与自己自诩忽必烈与八思巴再世的愿望，更重要的是可以达到号令蒙古民众皈依佛法，遵从汗王

（壁画 H 图 27）公元 1571 年，该图反映的是蒙古土默特部首领俺答汗闻索南嘉措身、语、意之业绩，遂邀请去北方蒙古地区。索南嘉措暂未表态，前往贡嘎地区朝佛。在贡嘎帕竹王阿旺扎巴为满足边地汗王之愿望，以隐密之语，促索南嘉措前往蒙古地区传法

① 五世达赖著《三世达赖喇嘛索南嘉措传》藏文经卷摘译。

的情景。

命令的目的。从此蒙古土默特势力与格鲁派结成了联盟。不仅如此，在三世达赖给蒙古上层人物赠给名号的同时，又广收门徒大批剃度蒙古僧人。三世达赖索南嘉措同蒙古势力集团建立的这种关系，为格鲁派发展到五世达赖喇嘛时最终掌握西藏地方政教大权奠定了基础。明朝政府得知索南嘉措在青海的活动，乃于1578年令甘肃巡抚候东来派人同索南嘉措联系，并要求索南嘉措劝说俺答汗率部回内蒙古，索南嘉措按明朝的要求劝说取得成效，后来俺答汗率部回蒙古，这是达赖喇嘛与明朝中央正式取得了联系。次年8月，万历皇帝派大臣颁给索南嘉措"护国弘教禅师"的封诰和印章，这说明明朝政府已承认了索南嘉措在西藏宗教上的崇高地位。索南嘉措孜孜不倦的政教活动，使其名望与日俱增。为此，明廷对格鲁派势力的认识有了很大变化。1581年6月明朝应俺答汗的请求，决定赐给索南嘉措"朵儿只唱"封号。明朝封授索南嘉措这一名号，是对俺答汗所赠尊号的一种认可，这是达赖喇嘛最早接受中央正式封号。明朝在敕封之时，派遣乘坐八抬大轿的使臣前来封赐索南嘉措"灌顶大国师"等头衔。封授索南嘉措为"朵儿只唱"和认可"达赖"这称号，为历世达赖必须经中央政府册封开了先河，后为清朝所继承和发展，形成册封达赖喇嘛之完整制度，特别是清初期册封五世达赖以后，历代达赖喇嘛须经过中央册封遂成定制。明廷正式召请索南嘉措进京觐见皇帝,索南嘉措欣然接受召请去北京,不幸的是1588年3月进京途中在卡欧吐密地方圆寂，时年四十六岁。索南嘉措与俺答汗结成密切关系，并通过俺答汗向朝廷贡礼的举措，更进一步加强了明王朝通过格鲁派宗教领袖治理蒙藏地方的政治基础。

（载自壁画 H 图 28）该图反映的是三世达赖喇嘛在蒙古地区传法，信教僧俗臣民向三世达赖喇嘛献供的情景。到 1578 年索南嘉措应邀抵达青海湖南岸，会见俺答汗，俺答汗赠给索南嘉措“圣识一切瓦齐尔达喇达赖喇嘛”名号，是为“达赖喇嘛”名号之始。索南嘉措剃度蒙古贵族子弟多人出家，使格鲁派传入蒙古，并在青海湖边建格鲁派寺院。又因明朝官员的邀请到甘州，向明朝上奏章，受到明朝的封赏。

三世达赖索南嘉措圆寂后，他的转世灵童在蒙古民族中出现，为四世达赖云丹嘉措（见壁画 H 图 29），系蒙古俺答汗的曾孙，生于藏历第十饶迥土牛年（1589 年），其父名青格尔杰布彻辰曲吉，母名尊姆琼娃帕堪努拉，是诸达赖喇嘛转世中出身于蒙古民族的达

赖喇嘛。云丹嘉措因为出生于蒙古势力家族，他从小在藏区各大寺辗转学法做佛事活动，“后到拉萨甘丹颇章宫，登狮子法坐，受四

（载自壁画 H 图 29）该图反映的是四世达赖转世图。公元 1589 年四世达赖云丹嘉措转世于蒙古俺答汗家族 ，父名思青曲苦，母名坝具拉。1592 年格鲁派和蒙古土默特部王公贵族认定为索南嘉措的转世。1599 年云丹嘉措在蒙藏僧俗护送下从土默特启程进藏，1603 年抵达拉萨，在哲蚌寺举行坐床仪式。1616 年明朝派人进藏，在拉萨封云丹嘉措为“普持金刚佛”，并邀请他进京朝见，云丹嘉措答应进京，但在当年年底在哲蚌寺圆寂。

世班禅之请在哲蚌寺多次讲经。1604 年四世达赖主持了拉萨传大召法会，因此颇有声誉，并由此使蒙古人成为卫藏佛教的主要施主”[①]。由于四世达赖云丹嘉措是蒙古人，在蒙藏信教群众中很有影响，1616 年明万历皇帝及时遣使封授册印，并邀请他前往北京。据文献记载，皇帝赐之金印，一直使用到六世达赖，后来因准噶尔之乱遗失”[②]。“明朝万历皇帝专遣使锁南罗追及随从前来西藏册封云丹嘉措为‘普持金刚佛’”[③]，并邀请到内地，但未能如愿，四世达赖于 1616 年圆寂，时年 28 岁。四世达赖的蒙族出生进一步推进了蒙藏两族各方面关系的深化。三世达赖喇嘛使格鲁派传入蒙古地区，云丹嘉措成为格鲁派的宗教领袖，对蒙藏两族的历史乃至我国的历史都产生了深远而重要的影响。明廷对三世、四世达赖喇嘛的封授，推进了格鲁派达赖活佛系统之形成。明朝末年，由于在内地土地高度集中，人民负担沉重，自然灾害不断，加之统治阶级穷奢极欲，引发了李自成领导的农民起义。崇祯十七年（1644 年，清顺治元年）三月，李自成攻占北京，明朝灭亡。西藏地方政治制度的演进也随着新一中央王朝的演进而发生改变。

---

① 伍昆明《西藏近三百年政治史》鹭江出版社 2006 年 6 月第一版第 6 至 7 页。

②《中央政府颁授历辿达赖班禅之金册金印》，《中国藏学》，1996 年第一期。

③ 丹珠昂奔主编《历辈达赖喇嘛与班禅额尔德尼年谱》，中央民族大学出版社，第 57 页。

第八章　清朝时期西藏甘丹颇章和噶厦政权政治制度

清朝前期到中期（公元1642年至1840年）的近两百年里，西藏地方在蒙古势力和满清王朝直接介入下，藏传佛教格鲁派掌握地方政权，地方官府、寺院、贵族三大领主经济体全面发展，政教合一体制不断得到巩固和完善。从十九世纪四十年代开始的半个多世纪里，随着西方列强对我国推行殖民扩张政策，加之清王朝的腐朽没落，以英国东印度公司为主的殖民主义者，在不断蚕食西藏周边的藩属国情况下，加紧对西藏的侵略，图谋分化西藏地方同清朝中央之间的隶属关系，积极培植亲帝分子，西藏统治集团内部矛盾凸显，中央政府与西藏地方政府政治生态进入不稳定状态。

第一节　格鲁派政教合一政治制度建立

一、噶举与格鲁两派的斗争与蒙藏共治政权的出现

如前所述，在帕竹政权的支持下，藏传佛教格鲁派在蒙古地区和前藏以拉萨为中心的部分藏区迅速兴起，特别是格鲁派几大寺院建立后，已完全形成了同其他教派相抗衡的社会实体。纵观西藏历史，自佛教后宏期开始任何一个地方势力和宗教派别为了各自政治经济利益或发展空间必须相互依附，这时宗教与政治的结合就属必然。帕竹政权后期兴起的仁蚌巴和辛夏巴两个地方政权，推崇噶举派，对新兴起的格鲁派采取了限制其发展的政策，如在帕竹第悉阿

旺扎西扎巴幼年时，辅佐大臣仁蚌巴措杰多吉从 1498 年起禁止格鲁派三大寺的僧人参加拉萨的祈愿大法会，派兵到前藏驱逐格鲁派的施主内邬孜宗本阿旺索南伦波等人，这样两派宗教矛盾就此开始。公元 1518 年第悉阿旺扎西扎巴成年后，才取消禁令，允许格鲁派三大寺的僧人参加祈愿大法会，恢复前藏部分庄园主与格鲁派的贡施关系。到第悉藏巴时期，对格鲁派仍然采取打压政策，“在公元 1612 年至 1613 年第悉藏巴彭措南杰进兵前藏，攻占了澎波和内邬宗等地，

（载自壁画 H 图 30）该图反映的是五世达赖转世图，公元 1617 年五世达赖阿旺洛桑嘉措转世于琼结青瓦达孜 ，父名霍尔 · 杜都饶丹，母名赤江 · 贡嘎拉姆，五世达赖后来在蒙古固始汗的支持下成为首位格鲁派政教合一体制创立人。

史称‘鸡牛年战乱’，取消这些地区对格鲁派的贡施关系。由于第悉藏巴的这些政策，造成第四世达赖喇嘛云丹嘉措对第悉藏巴支持噶玛巴的行为心中不满，据说四世达赖针对第悉藏巴做了威猛赌咒法事，使第悉藏巴大怒，在四世达赖圆寂后，下令禁止寻找四世达赖喇嘛云丹嘉措的转世。在当时，前后藏正是雅郊、古尔、第悉藏巴权势兴盛的时期，其中又以第悉藏巴无人能比。第悉藏巴逐步将拉萨附近的领地纳入自己治下，因此格鲁派的施主吉雪第巴索南南杰便以布达拉山上的观世音像帕巴洛格夏日作为礼品，请蒙古喀尔喀部的首领曲科尔发兵攻打第悉藏巴”[①]。公元 1617 年“喀尔喀曲科尔等以香客名义带领军队到达乌斯藏，格鲁派部分民众、色拉寺、哲蚌寺的僧兵和蒙古军向噶举派势力发动进攻，攻打驻在拉萨的后藏贵族、将领和驻守军队。第悉藏巴及时调集前后藏的大军前来增援进行反击。此时蒙古军队因受到离间和战术失误，被迫撤回，格鲁派军队战败，强佐索南饶丹、第巴吉雪巴宇杰、哲蚌寺和色拉寺僧人等纷纷逃亡其他地区，这是噶玛噶举和格鲁派之间的第一次大的战争，以格鲁派一方的暂时失败而告终，也在这样的乱世之秋，五世达赖阿旺洛桑嘉措转世于琼结青瓦达孜（见壁画 H 图 30）。该年第悉藏巴趁机进兵雅隆、达波等地，击败各地贵族首领。到 1618 年第悉藏巴成为从西部岗底斯山到东部工布额拉山（在朗县境内）之间的前后藏各地的主宰。战争取得胜利后，为了避免各地方势力的反扑，加强对各地的有效管理，第悉藏巴采取了在前后藏关键的 13 个大宗的城堡驻扎自己军队和官员，其他各宗及险要地方的堡寨、烽火台全部下令拆毁，拆除堡寨所得的木料、石料等物资，被用来兴建寺院和造桥、造船之用。第悉藏巴把自己的宫殿设在桑珠孜（今日喀则）谿卡，从此桑珠孜（今日喀则市）成为藏区一段时期的政

[①] 恰白·次旦平措等著《西藏简明通史》，五州传播出版社 2012 年 5 月第一版第 239 页。

治中心。康区、前藏等的民众称彭措南杰为“藏巴杰布”、“藏堆杰波”（藏王），其建立的政权为“第悉藏巴”政权，明末清初在各种文献中以后藏（日喀则）政治中心为依据，频频记述为“藏巴汗”、“第斯藏巴”等，其政权管辖的区域称为藏区，其政权管辖的民众称为藏人，这也许是西藏名称和藏民族从“博巴”转化为“藏族”名称来源的雏形吧。

由于噶玛噶举派和格鲁派之间的矛盾越来越尖锐，第悉藏巴政权站在噶举派一边，对格鲁派的压制政策，加之踞居青海的蒙古地方势力却图汗想联合藏巴汗欲灭信仰格鲁派的蒙古势力和格鲁派，这迫使格鲁派为了自己的生存而再次向信仰格鲁派的蒙古施主谋求援助。司库索南群培派人往新疆准噶尔送信函，当时固始汗（见下图布达拉宫壁画固始汗像）正在准噶尔部，知道此事后遂前往西藏协助格鲁派抵抗却图汗。1635 年，却图汗派其子阿尔萨朗率兵 1 万前往当雄，同时联络康区白利土司（苯教施主）屯月多吉合谋灭格鲁派。这时扮成朝佛者的固始汗与侍从等人也前往西藏，途中遇上了阿尔萨朗台吉。固始汗劝导其改变了反格鲁派的立场，使其返回青海，此次打击格鲁派的军事目的没能实现。1637 年固始汗在巴图鲁洪台吉的协助下，率万名蒙军长途跋涉远袭青海的却图汗，消灭其 3 万军队于大小乌兰和硕，继而追杀却图汗。到 1638 年固始汗入藏朝佛，并与五世达赖喇嘛、四世班禅相见。五世达赖按蒙古之俗，赠固始汗以“丹增却吉杰布”名号，意为“持教法王”，还赠以印鉴及宗喀巴金像，对其子及亲信也赠以称号，后固始汗返回青海。1639 年白利土司致书藏巴汗，谋灭格鲁派，毁西藏三大寺，另建三塔为记。固始汗闻讯速遣大军，于 1640 年捕杀白利土司，释放狱中的各佛教派僧侣大德，继而又发兵云南木天王地，纳其赋税。固始汗在平息白利土司之后于 1641 年初率大军进藏经康区、工布、达布等地时，对一路组织抵抗的噶举派寺院采取直接毁灭，对改信格鲁派的寺院予以保护的政策，直抵卫藏和后藏，这时前藏有司库索南群培（后任第一任第悉）等率领的格鲁派僧俗反击后藏第悉军队，经过前后藏一年多的战争，固始汗为首的格鲁派悉取卫藏13宗，1642年彻底打败藏巴汗。

《五世达赖喇嘛自传》记载“当年藏历三月西藏农区皆纳入丹增却吉杰布统治之下，固始汗成为西藏三区之王”。但是后来噶玛巴师徒等第悉藏巴一派的僧俗人士在前后藏和工布地区掀起反乱，

（布达拉宫壁画）蒙古和硕特部首领固始汗图，在格鲁派索南群培等人邀请下于1641年入藏，推翻藏巴汗政权，建立依附于格鲁派的蒙藏联合地方政权。

也被固始汗镇压下去，固始汗下令处死“毒根黑乌头（比喻罪魁祸首）”将藏巴汗处死。固始汗经西藏宗教派别人物求援而入主西藏，他并未对西藏进行直接的统治和管理，而是采取了建立以达赖喇嘛和格鲁派上层集团为首的甘丹颇章政权，后来在清王朝的授予下通过该政权对西藏进行间接统治和管理，同时还将卫藏地区的宗教权力和经济大权以及一部分行政权力赋予了达赖喇嘛为首的甘丹颇章政权。但是在这个政权当中，以五世达赖为首的格鲁派并不具有政治独立的地位。尽管固始汗并未直接统治西藏，但是他帮助格鲁派建立的甘丹颇章政权显然不是一个独立的政权，在这个政权的运行中，先前有固始汗任命行政首领的权力在其手中，第一任第巴索南饶丹就是固始汗任命的，同时行政命令也须经固始汗盖印发布。固始汗在消灭藏巴汗政权以后，并未离开西藏，他命其诸子率部驻牧青海，他自己留守西藏掌握和指挥蒙古军队驻扎在达木地方（今当雄），并以此控制了甘丹颇章政权。因此，这个新建立的甘丹颇章政权是由五世达赖和固始汗共同领导的，具有蒙藏统治者联合执政的性质。后来连同他本人以及西藏政教各首领的册封都有清王朝中央直接授予。从此在西藏解决了宗派之争，有了一个统一发号施令的政权机构，从这时起在清王朝统一领导下蒙藏共治西藏地方达 80 余年的政治体制出现了。

二、甘丹颇章早期政教合一制度的建立及其特点

1642 年，固始汗消灭藏巴汗政权以后，迎请五世达赖暂住到日喀则桑珠孜宫，并从青康地区歼灭向格鲁派发难的苯教势力，即白利土司和漠北喀尔喀却图汗联盟以及卫藏的藏巴汗地方势力和噶举派势力的支持者，固始汗把战争中掠获的大量财宝献给了五世达赖喇嘛。“这样，固始汗将第五世达赖喇嘛从拉萨请至日喀桑珠孜，

把西藏三区的全部政教大权以及自己的族系人，尽皆效与第五世达赖喇嘛，做为佛法属民。”[①]同时把卫藏地区的赋税作为以达赖和班禅喇嘛为首的格鲁派的供养予以确定下来，而把多康地区的赋税供给在青海的其诸子率部驻牧的和硕特部众。从而使格鲁派在西藏社会中形成了独占优势的局面。在此基础上，固始汗直接策划和安排下，以格鲁派领袖五世达赖为首的西藏地方政府在拉萨建立，因五世达赖喇嘛居于哲蚌寺甘丹颇章宫，因此这个地方政权被称为“甘丹颇章政权”。这个政府是由格鲁派上层僧侣集团为权力中心，包括掌握军事大权的蒙古“持教法王”固始汗以及为达赖行使行政事务管理的首领“第巴”方（或第斯）等组成政教合一的政权，它的最高领袖是五世达赖。达赖既是宗教方面的领袖，同时也在相当程度上拥有管理西藏地方行政事务的权力。为了巩固政权，西藏的蒙藏统治者认为必须取得中央王朝的承认和支持是最重要的，为此他们积极主动同在东北崛起，刚入住关内的满清王朝取得联系，以清王朝取而代之迅速衰败的明王朝。对于清王朝来说，由于蒙古地区经过三世达赖等积极传教，民众普遍信仰藏传佛教中的格鲁派，因此利用该教号令与统治蒙族诸部和藏区，是一件再好不过的事情，这一策略，早在清朝前期即已开始推行，清王朝在西藏的治理我们在另篇幅中分析。格鲁派建立的政教合一政治制度的前期同以往萨迦派以及帕竹派相比，有以下几个特点：

第一，格鲁派政教合一政权的建立，转世活佛参与政治成为一大特点。所谓活佛转世，是指活佛圆寂之后，按照他生前提供的线索寻找其“转世灵童”　“珠古（化身）”，然后依照一定的程序加以确认，使之成为该活佛的继承人。它是寺庙统治集团为了解决宗教首领人物继承问题的一种办法，该做法是以大乘佛教有关活佛转

[①] 乌力吉巴雅尔《蒙藏文明交往论稿》中国藏学出版社 2012 年 6 月第一版 147 页。

世（灵魂）即以“珠古（化身）”重新出现的理论为依据，结合寺庙经济、政治关系为基础而形成的一种宗教制度，随着格鲁派政权的建立，这一宗教制度变成以维护寺庙利益、保持宗教特权、巩固政教合一的政治制度。活佛转世制度始于噶玛噶举派，格鲁派在16世纪中叶三世达赖索南嘉措时亦采用这一制度，后来格鲁派大小寺院普遍推行活佛转世制度。格鲁派活佛大致分四个等级：最高的活佛是达赖喇嘛和班禅额尔德尼；第二等称为“甲波朱古”，这类活佛有资格担任西藏地方政府的摄政，如“功德林”的济隆活佛、“策墨林”的策墨林活佛、“锡德林”的热振活佛、“丹吉林”的第穆活佛、“策觉林”的策觉林活佛、木鹿寺的第朱活佛等；第三等是寺庙的“扎仓朱古”；还有第四等活佛。凡一、二等级活佛都要经历代中央政府的册封，三、四等活佛一般则由三大寺或西藏地方政府批准即可。格鲁派用活佛转世来确定教派领袖，解决寺院住持位置和世俗权力的继承问题，格鲁派在组织机构上的这些特点使他们与其他教派相比更加独立于定期为寺庙提供寺主的贵族家族。尽管格鲁派的活佛往往从贵族家庭中找到转世，但其职位从未被任何单一家庭所垄断，所以，格鲁派的管理官僚组织是与整个贵族阶层相联系的，而并非某一特定家族。转世制度可在特定时期确立最适宜的政治关系，如第四世达赖喇嘛转世于蒙古王子俺答汗之家等。后来，当清王朝确立达赖喇嘛转世方面实行金瓶掣签制度时，活佛也可能转世于某个普通百姓家庭，这也从某种方面来讲，可以避免权贵家族垄断大活佛产生的现象。

活佛转世制度在当时克服教派之间的政治斗争，避免西藏政教首领世代姻亲相袭、家族垄断的体制给社会安定带来危害方面是个创造性的制度安排，这对于当时政教权力的连续性与平稳性起积极作用。但随着时间的推移，选择活佛转世灵童的方法也五花八门，一些僧俗贵族互相勾结操纵活佛转世等问题的出现，促成清中央政府相应地加大了对藏传佛教活佛转世的管理力度，到清乾隆五十七年（1792 年）形成以金瓶掣签确认达赖、班禅等大活佛灵童转世的制度，成为新的历史定制。

第二，在政权组织建设上，格鲁派按照以往历史定制，争取清朝中央政权的认可与支持，为统治西藏地方确立新的法理制度。1639 年，达赖喇嘛和固始汗派伊拉古克三呼图克图（固始汗的侄子）为首的一行人到盛京（沈阳）去代表达赖、班禅和固始汗向清朝通好。清朝封他为“呼图克图”，后清中央以此号授予蒙藏地区藏传佛教最高等级的活佛。伊拉古克三返藏时，清廷派察干格隆、巴喇衮噶尔格隆等人，随同伊拉古克三进藏致书达赖、班禅、固始汗、噶玛法王、萨迦法王等人。1643 年 9 月，固始汗派人向清朝奏报：“达赖喇嘛功德甚大，请延至京师，令其讽诵经文，以资福佑”[①]。1644 年正月，清朝派官员和伊拉古克三一起进藏迎请达赖喇嘛，并写信通知固始汗。1644 年，清朝入关并定都北京。自此，清朝进一步加强了与西藏的联系。清朝分别又在 1648 年、1650 年和 1651 年，接连三次派专使入藏，敦促五世达赖到京。1652 年五世达赖和随从 3000 余人起程前往内地。1653 年 1 月到达北京城郊，顺治帝以“畋猎”名义，在南苑相见（见壁画 H 图 31 五世达赖喇嘛觐见清顺治帝图）。达赖到京后，顺治帝命令户部拨白银 9 万两作为五世达赖的供养，并赐坐、赐茶、赐宴招待，还为达赖的到来，专门建了黄寺作为下榻之所。清中央王朝之所以要对达赖如此待以厚礼，主要是认识到格鲁派及其该派首领在蒙藏信教群众中的威望，让他们看到新入驻关内的清王朝对他们所尊崇的格鲁派领袖是如何进行特殊礼遇，以争取蒙藏等民族的归附。五世达赖在京呆了两个月，于 1653 年 2 月

[①]《清世祖实录》卷 2，崇德八年九月戊申。

（载自壁画H图31）该图反映的是五世达赖进入紫禁城，顺治帝以七政宝仪仗队为前导，在紫禁城门外由御座起步相迎五世达赖喇嘛高规格接待的情景。　1652年3月，五世达赖喇嘛从拉萨启程进京朝见，于年底到达北京。1653年初，五世达赖喇嘛离京返藏，行至代噶时，顺治皇帝遣使册封五世达赖喇嘛为“西天大善自在佛普通瓦赤拉怛喇达赖喇嘛”，赐金册、金印。

20日离开北京前往代噶，5月间，朝庭派出以礼部尚书觉罗郎丘和理藩院侍郎席达礼为首的官员，携带着满、蒙、藏、汉四体文字的金册、金印赶到代噶，正式册封五世达赖为“西天大善自在佛所领天下释教普通瓦赤喇怛喇达赖喇嘛”[1]的金册。朝庭给五世达赖的这一长串封号是依据清朝对待蒙藏民族的政策经过慎重考虑后决定下来的，显然是为了保持和加强达赖喇嘛对蒙藏的影响，从而有利于推行利用藏传佛教控制蒙藏的政策。从此以后，达赖喇嘛的封号与其在西藏的政教领袖的地位被正式确定下来，以后历辈达赖喇嘛都

[1] 牙含章《达赖喇嘛传》，人民出版社1984年第一版第35页。

必须经过中央政府的册封，遂成为定制。

清朝在册封五世达赖的当年，又派大臣携带金册、金印入藏，正式册封固始汗为“遵行文义敏慧顾实汗”，勉励他“益矢忠诚，广宣声教，作朕屏辅，辑乃封圻，如此则带砺山河，永膺嘉祉”[①]，这就是让固始汗当好皇帝在边疆上的助手，把皇帝赐封的领土治理好。清朝对五世达赖和固始汗的册封，说明了蒙藏统治者共同领导的甘丹颇章政权，得到了清朝的承认，清朝继承了明朝对西藏的主权，正式确立了西藏地方与清朝中央之间通过达赖喇嘛世系管理西藏的制度，这是清朝初期对西藏地方施政的重要措施。

第三，在政权结构设置上，实行蒙藏首领共同治理下的第悉管理制度，同时对格鲁派的组织体系进行分化，确立两大转世系统。清朝对五世达赖和固始汗的册封，说明中央政府授权蒙藏两位首领共同治理西藏，这是清朝初期对西藏地方施政的重要措施。格鲁派建立政权初期，西藏地方政权结构以甘丹颇章政府的形式建立。在此地方政府中，1642 年，固始汗打败藏巴汗政权后，自己掌握军权屯戍西藏，作为虔诚的信教徒，把卫藏十三万以及自己的族系人等尽皆效于五世达赖喇嘛，作为佛法属民，这样五世达赖喇嘛掌握了政教大权。在《五世达赖喇嘛自传》中讲到：“与王相见之初，王将八思巴大师用过的玛瑙法铃和上等翡翠制的茶杯等宝物赠以及诸多所依供养佛像和以日喀桑珠孜为主的藏地 13 万户全部奉献。该宝物（佛舍利、八思巴大师用过法铃等）被蒙古人称为‘百介’，价值与藏地十三万户相仿，曾经过乃东首领之手，后又落入仁蚌巴之手，……最后落入藏巴第悉手中，这次被固始汗得到以后，连同前后藏的大权，并赠给了第五世达赖喇嘛……其做法是根据元朝薛禅皇帝把西藏十三万户赐给救主萨迦派的八思巴大师的先例行事，是

[①]牙含章《达赖喇嘛传》，人民出版社 1984 年第一版第 35 页。

符合历史传统的，是完全合法的。而且我们也可以了解到，达赖喇嘛认为此事至关重要，所以才写入自传之中，这决非偶然之事”[1]。从上述情形看来，格鲁派政权建立初期固始汗并未对西藏进行直接的统治和管理，而是采取了建立以达赖喇嘛和格鲁派上层集团为首的甘丹颇章政权，将卫藏地区的宗教权力、经济大权以及除重要行政事务和军事权力外的绝大部分行政权力都赋予了达赖喇嘛为首的甘丹颇章政权。而他间接掌握一部分重要行政权力，如重要人事任免权，甘丹颇章的第一任第巴索南饶丹是由固始汗任命的（见唐卡T图18格鲁派首任第悉索南群培等臣属和固始汗率领的蒙古官兵一起欢聚庆胜图），同时一些重要行政命令也须经固始汗盖印发布才有效。到1653年清朝对五世达赖和固始汗册封后，按照清朝的册封和授权，五世达赖和固始汗的权力是带有平行的性质，前者管理宗教和行政事务，后者授予军事和监督，甚至部分行政事务，但固始汗仍然间接参与地方重要行政事务，实权让渡给达赖喇嘛，因此甘丹颇章政权建立之初的权力划分为五世达赖为权力中心，具体管理宗教事务，间接掌握行政权；固始汗掌握军权和部分行政权；具体行政事务由达赖领导的第悉制机构办理的甘丹颇章政权体制，也就是蒙藏首领共同治理下的第悉管理制度。第悉政权制度在行政机构设置上，新设立了噶伦厦、孜康、雪巴列空、朗孜厦等机构。官职设置上在保留萨迦时期的十三个职位的基础上，新设了噶伦、代本、称本、孜本、密本等官职。

格鲁派早期第悉制度同以往帕竹第悉、藏巴第悉制度有所不同，主要表现在两个方面：一是以往第悉靠家族内部叔侄或父子世袭来传承，而格鲁派第悉是由达赖和蒙古汗王协商任命，没有任期期限。

---

[1] 恰白·次旦平措等著，陈庆英等译《西藏通史·松石宝串》西藏藏文古籍出版社2004年3月第2版，第656至657页。

（载自壁画 H 图 32）公元 1617 年五世达赖喇嘛阿旺洛桑嘉措生于琼结青瓦达孜。1641 年。五世达赖 25 岁时，蒙古和硕特部固始汗丹曾确吉推翻藏巴汗政权，宣布以日喀则桑珠孜为首的西藏十三个万户属地献给五世达赖喇嘛管辖。达赖喇嘛在清朝三次敦促下，1653 年到达北京。该图为达赖觐见清顺治帝的场面。

第悉主要是替达赖从事行政事务管理，但第悉的任命权掌握在蒙古汗王手中，后来由达赖掌握。首任第悉索南群培（是五世达赖喇嘛的“强佐”总管家），于1642年由固始汗任命。1658年，第巴索南群培去世之后，五世达赖喇嘛兼理政务两年。1660年，达延汗继汗位后，任命陈列嘉措为甘丹颇章政权的第二任第悉。在西藏甘丹颇章政权时期产生了四位汗王，即1642年取得西藏地方政权的固始汗王为第一任汗王。1654年固始汗去世，该汗之子达延汗和扎什巴都尔因继承汗位之权发生矛盾，以致在3、4年期间和硕特的汗位继承人无法确定，到1658年达延汗和扎什巴都尔平分和硕特部的领导权，扎什巴都尔主管青海，而达延汗于1660年则从青海到拉萨嗣汗位成为第二任汗王。达延汗于1668年去世，汗王位又空缺了3年。1671年，达延汗之子达赖汗继承汗王位为第三任，达赖汗在位时间较长，计达30年之久。1703年，达赖汗之子拉藏汗嗣汗位为第四任。拉藏汗上台后，蒙藏统治者之间的矛盾日益激化，发生了尖锐的争权斗争。在第悉任命问题上，由于达延汗和陈列嘉措在1668年先后去世，和硕特的汗王位空缺了3年，第巴也无法任命，第巴职位空缺1年。于是五世达赖于1669年8月直接任命堪布罗桑图多为第三任第悉，1674年因该第悉与萨迦派法嗣之妻有染，被达赖喇嘛撤职。这样原来由蒙古汗王委任第悉的权力转到了五世达赖手中。后来五世达赖又先后任命了第四至第五位第悉，他们分别是1675年布达拉宫郎杰扎仓的管家洛桑金巴被任命为第四任第悉。到1679年在位4年，后提出辞职，得到五世达赖喇嘛批准。当年任桑结嘉措（第二任第悉赤列嘉措侄子）为第五任第悉，他27岁至53岁（公元1679年至1705年）担任第悉，该第悉于1694年得到清朝康熙皇帝赐予的金册、金印，用以褒扬和权力的认可。二是同以往第悉相比甘丹颇章政权的第悉职权受到很大限制。他们即没有宗教上的显赫地位，更没有军

（载自唐卡画 T18）蒙藏共治时期西藏地方甘丹颇章政权首任第悉索南群培等格鲁派臣属和固始汗率领的蒙古官兵一起欢聚庆胜时的情景。

权，在行政事务管理上也受制于达赖、蒙古汗王两方面的限制，这也导致了后来第悉同蒙古汗王之间不断的矛盾，到第悉·桑结嘉措时期，这种矛盾进一步恶化。1705 年祈愿法会期间终于酿成一场流血冲突，经三大寺代表、五世班禅的代表和嘉木样协巴调解，双方达成协议，第悉退位移居山南，由其长子阿旺仁钦任第悉，其实桑结嘉措仍然在幕后掌握实权。拉藏汗离开拉萨，返回青海，双方终止接触，避免武装冲突。但是拉藏汗表面上答应返回青海，实际上拉藏汗到达那曲后，不再前进，暗中派人前往青海，调来万余蒙古军队，集结在那曲，准备向拉萨发起进攻。第悉桑结嘉措也下了紧急命令，征调卫、藏、阿里、西康的藏兵集中到拉萨，准备抵抗。6月，拉藏汗兵分三路向拉萨进发，7月蒙藏双方军队在拉萨展开一场大战，结果藏军被击败，桑结嘉措不得不同意放弃政权，退往山南贡嘎，但到曲水时被蒙古军队生擒，送至拉藏汗的王妃才旺甲茂军前，被才旺甲茂所杀。这场蒙藏统治者的争权斗争，最后以第悉桑结嘉措的失败而告终。当西藏发生了拉藏汗攻杀第悉桑结嘉措以及拉藏汗和三大寺、青海诸台吉为新立达赖喇嘛发生争执时，准噶尔策旺阿拉布坦在专门注视着这一切，他想乘西藏局势混乱之机插手西藏事务，把西藏控制在自己手里。而要想控制西藏，则必须把达赖喇嘛控制在自己手里，然后挟持达赖喇嘛以号令蒙古诸部，进一步取得更大的权势。1716年底，策旺阿拉布坦派大将策零顿多布率领一支由6000人组成的军队，从新疆和田出发，翻越荒无人烟的昆仑山经过阿里，直插到藏北的那曲，向拉藏汗属部进行突然袭击。经过一番交涉无效之后，双方终于在当雄展开了战斗。另外，策旺阿拉布坦还派出了一支300人的小分队到青海袭击塔尔寺，阴谋劫持七世达赖，但其派遣之军队被清军歼灭。到1717年12月3日拉藏汗最终被准噶尔部弑害于拉萨，拉藏汗的生涯就此结束。策零顿多布率领准噶尔部军占领拉萨以后，废黜了拉藏汗立的第悉意希嘉措，将他囚禁在药王山。准噶尔部指派白发苍苍、口吃耳聋的老人达孜巴担任第悉，组建傀儡政府，达孜巴第悉也就成为甘丹颇章的最后一位第悉。随着清王朝派遣军队剿灭准噶尔的成功，格鲁派政权的第悉制度最终消亡。至此清朝对西藏的政治体制进行了重大改革。固始汗入藏扶持格鲁派，还导致了格鲁派另一大活佛系统，即班禅活佛系统的建立，这也对西藏后来政权结构的演进产生了重要影响。1642年，固始汗控制西藏以后，尊奉扎什伦布寺的寺主罗桑

却吉坚

（载自唐卡画 T19）该图为罗桑·却吉坚赞，他是西藏历史上极有影响的人物。班禅活佛转世系统就是从他开始的，固始汗向罗桑·却吉坚赞赠送封号“班禅博克多”尊号。1662 年 2 月班禅圆寂后，五世达赖为之选定“转世灵童”，建立了班禅转世系统。

赞（见唐卡 T 图 19）为师，1645 年固始汗为罗桑却吉坚赞上尊号为“班禅博克多”封号，同时还将后藏的数十个谿卡献给札什伦布寺，作为僧众食用的供养。“班”指班智达（梵文），通达五明者的称号。“禅”为藏文的音译，意为大；“班禅”意为大学者。“博克多”（蒙语）指智勇兼备的人。于是“班禅”便成为一个专门的尊号，班禅活佛系统从此建立，罗桑却吉坚赞为第四世班禅，在他之前追认了三世，即一世班禅克珠杰，二世班禅索朗却朗，三世班禅罗桑顿珠。固始汗之所以支持建立新的班禅活佛系统，一方面是为了削弱噶举派影响深厚的后藏地区加强格鲁派的势力；另一方面是为了借此分掉达赖喇嘛的一部分权力，使达赖和班禅之间互相牵制，以便于维护他自己的统治，这一政策后来清中央王朝予以惯之。

第四，格鲁派政权的建立，标志着藏传佛教格鲁派组织体系发展到了一个新阶段。该派集以往藏传佛教各派组织制度之大成，形

（古格度母殿壁画图）该图为古格王朝末代王赤扎西扎巴德与

王妃迎请第四世班禅洛桑曲坚的场景

成了最完备、最典型的藏传佛教的寺院僧伽组织制度。

格鲁派在藏区具有代表性的寺院有六个，即在拉萨甘丹寺、哲蚌寺、色拉寺，在日喀则的扎什伦布寺以及在青海的塔尔寺，甘肃的拉卜楞寺。西藏的四大寺是西藏最大的寺庙集团，也是西藏三大领主之一的寺院主中最大的领主集团。四大寺是西藏政教合一的代表，也是藏传佛教格鲁派的最高权力机构。该机构由以下几个构成：从管理机构来讲，格鲁派寺院由“喇吉”、“扎仓”和“康村”三级管理机构组成。喇吉是全寺性的组织，扎仓是寺庙的中坚组织，康村是基层组织。喇吉的总领称“堪布赤巴”。从僧人入寺和学经修习制度来讲，寺庙内真正能读经学法达到较高学术地位人是有限的，多数人基本达到扫盲后从事杂务活动、建筑、刻经印经、绘画雕塑、念咒、降神、打卦等。学经的僧人称“贝恰娃”，所能考取的最高学位是“格西”。获得格西资格的僧人可出任僧官、收授门徒、担任寺庙里的职务等，还可以升入上密院或下密院修习密宗。上、下密院是两个对等的密宗高级研习组织，比三大寺的密宗扎仓层次高。按规定，在上、下密院修习的喇嘛，可以逐级升为上、下密院的堪布，卸任后的堪布称为“堪苏”。上密院的堪苏可以升补为甘丹寺夏孜扎仓的法尊“夏孜曲杰”（东峰法尊之意），下密院的堪苏可以升补为甘丹寺绛孜扎仓的法尊“绛孜曲杰”（北峰法尊之意）。而宗喀巴法位“甘丹赤巴”的继承人，则轮流由这两位法尊担任。寺院内“喇嘛”是对德高望重，学识渊博僧人的专称。

第二节　格鲁派政教合一政治体制的设置及其演进

格鲁派政权在建立以后，西藏地方在 300 多年里政教合一的政治体制不断调整，在不同时期产生不同的管理模式，形成了具有明显时代特色的演进。

第一，实行蒙藏政教首领共治下的第巴管理制度。格鲁派政权建立初期，甘丹颇章政权的建立是在蒙藏政教首领共同治理下的地方行政体制，这种体制实行的是第巴管理制度。该体制在机构设置上，新设立了第悉领导下的噶伦厦、孜康、雪巴列空、朗孜厦等机构，官吏设置上在保留萨迦时期的十三职位的基础上，新设了噶伦、代本、称本、孜本、密本等官职。到1705年年底拉藏汗打败第悉桑结嘉措势力后，紧接着1716年底，准噶尔部策旺阿拉布坦派大将策零顿多布率领一支由6000人组成的军队入侵西藏，到第二年年底灭拉藏汗，迫使清朝首次用兵西藏，并对以前的第悉管理制进行调整。

第二，实行僧俗贵族联合掌政的噶伦制。1721年春，清朝决定废除西藏地方政府中总揽大权的第悉一职，建立僧俗贵族联合掌政的噶伦制，在西藏地方政府中设几名噶伦共同负责西藏的行政事务。清朝起初委派康济鼐、阿尔布巴和隆布鼐三人为噶伦，共同处理日常政务。其中康济鼐由于一直担任阿里地区总管，而且在反抗准噶尔部的斗争中功劳最大，所以清朝封他为“贝子”，任命他为噶伦中的首席噶伦，并兼管阿里地方的事务。阿尔布巴是工布地区的传统大贵族，地位较高，他组织抵抗了准噶尔部军向东扩张，而且还为清军当向导，立有功劳，清朝也封他为“贝子”，任命为噶伦，协助康济鼐，同时还总管拉萨并兼管工布地区。隆布鼐是拉藏汗时期管理财务的官员，清军入藏后他也因当向导有功，被清朝封为“辅国公”，任命为噶伦。1723年4月雍正帝派鄂赖进藏负责监督西藏的工作，这是继赫寿之后清朝又一次派官驻藏。鄂赖进藏以后，秉承皇帝的旨意补授卫地传统世家颇罗鼐和扎尔鼐为一等“台吉”，任命他们为噶伦，使西藏地方政权的噶伦增至5名。由于五位噶伦分成两大派系，矛盾日益突出，终于导致了“卫藏战争”的爆发。1728 年卫藏战争以阿尔布巴为首的卫派的失败而结束。

第三，实行噶伦制名义下的郡王管理制度。1729 年 1 月 20 日，雍正帝传谕：“……颇罗鼐深知大义，讨逆锄奸，俾无辜受害者，得雪沉冤，背旨肆行者，早正刑辟，甚属可嘉，著封为贝子，以奖

（截自唐卡画 K7）颇罗鼐郡王画，颇罗鼐为后藏贵族，在反抗准噶尔入侵西藏中立下功劳，被清廷任命为西藏首席噶伦，1727 年西藏统治集团内部发生“卫藏战争”，1728 年颇罗鼐战胜阿尔布巴等卫地旧贵族势力，进入拉萨。清军到拉萨后，处死阿尔布巴、隆布鼐、扎尔鼐等，命颇罗鼐掌管西藏政务，朝廷加封为贝子，1740 年乾隆皇帝封颇罗鼐为郡王。

义勇，以昭国宪”[①]。七世达赖喇嘛去理塘后，西藏的一切政治事务都由颇罗鼐总管，“清王朝皇帝赐印册，印面写着‘办理危藏噶伦事务多罗贝勒之印’。公元1740年，又赐‘办理危藏噶伦事务多罗郡王之印’”[②]。这样颇罗鼐（见唐卡中的西藏史颇罗鼐郡王图）名副其实地成为藏王。颇罗鼐在驻藏大臣的建议和协助下，新任命前藏的色朱特色布腾、策凌旺扎尔两位噶伦，但颇罗鼐完全掌握地方行政实权，到晚年时他已基本实现权力独揽，并不断同七世达赖产生矛盾。1747年郡王去世后，他的继任者珠尔默特那木扎勒袭封郡王，总管西藏事务。珠尔默特那本扎勒既继承了其父的权位，自然也从父亲那里继承了与达赖喇嘛的矛盾。因此他上台后采取的第一个行动就是将矛头对准七世达赖喇嘛，他拒绝达赖喇嘛为其父颇罗鼐祭吊诵经。珠尔默特那木扎勒的个人政治野心和权力欲望急剧膨胀，他想自己取得一种绝对的权力，成为西藏的独裁者。珠尔默特那木扎勒为了实现其政治野心，他不但对达赖喇嘛表现出强烈的疑忌和敌对情绪，而且不把驻藏大臣放在眼里。对身边共事的噶伦进行猜忌，1748年他要求清朝撤走仅有的500名驻藏兵员，清朝当时同意撤离400名士兵，只给驻藏大臣留下100人的卫队。清朝的撤军助长了珠尔默特那木扎勒的野心。为了进一步扫除障碍，1750年1月他派人把任阿里总管的兄长珠尔默特策布登杀害。同年11月11日，珠尔默特那木扎勒刚从外地返回拉萨时，傅清、拉布敦设计将其召至驻藏大臣衙门楼上，亲手将他杀掉。珠尔默特那木扎勒的手下发动暴乱，两位大臣和身边护卫的官兵大部分在与暴徒搏击中殉职，当发生暴乱的消息传至京师后，皇帝又命令四川总督策楞、提督岳钟琪率5000官兵进藏，平定暴乱恢复秩序，同时又派侍郎兆惠

[①]《清世宗实录》卷76，雍正六年十二月丁酉。

[②] 恰白·次旦平措等著《西藏简明通史》五州传媒出版社2012年5月第一版第274页。

（载自唐卡T画20）六世班禅罗桑华丹益希像（1738—1780），他是著名爱国主义者，佛学家。1779年年，受乾隆帝邀请到北京庆贺乾隆帝70大寿，1780年因患天花而圆寂，享年42岁。

偕同策楞进藏，办理善后事宜，重新确立七世达赖喇嘛兼辖西藏地方政教两权的地位。

第四，废除郡王制，建立噶厦地方政府。1751 年，根据清朝中央《善后章程十三条》的规定，再次调整管理西藏的行政体制，废除郡王制，建立西藏地方政府即“噶厦政府”。建立起驻藏大臣与达赖喇嘛共同掌握西藏事务的体制。在这体制中机构设置在原有的噶伦厦、孜康、雪巴列空、朗孜厦等机构的基础上，1752 年七世达赖喇嘛新设布达拉宫译仓（秘书处），内设僧官 4 人，噶厦的一切公文政令须经译仓审核钤印后才能生效。

第五，1793 年根据清朝制定的《钦定藏内善后章程二十九条》，重新组建噶厦政府，对各级军政官员设置名额及补缺确立更加系统化的规定。噶厦政府设总理大小事务噶伦三人，喇嘛噶伦一人共三俗一僧，他们地位平等，从这时起三俗一僧的四噶伦制成为西藏地方政府确立行政长官的定制，四噶伦要秉承驻藏大臣和达赖喇嘛的指示共同处理西藏事务。“在噶伦下设立总理兵丁的代本六人，如本十二人；稽查商上出纳孜本三人，总理库务商卓特巴二人；管理粮储业尔仓巴二人；管理拉萨番民朗仔辖米本二人，管理刑名协本二人，管理布达拉番民希约第巴二人；……边缺江卡营官一人，准噶尔本营官二人，哈拉乌苏营官一人、喇嘛营官一人，错拉营官二人；雅堆营官一人，金东喇嘛营官一人，工布塘喇嘛营官一人。扎什伦布拉章喇嘛营官二人，练喇嘛营官一人，金咙喇嘛营官一人，昂忍喇嘛营二人……”[①]。各级官员补缺上规定“噶布伦缺出，驻藏大臣会同达赖喇嘛于戴捧及商上仔体、商草特巴内择其才具优长著有劳绩者，拟定正陪，奏请补放。其喇嘛噶布伦一缺，于番目内挑补。戴漆缺出，先尽新设管领番兵之各珠内拣选，如一时不得其人，再以边缸营官内

① 光绪朝增纂本《西藏通制》。

拣选奏补。商上仔捧、商卓特巴缺出，以业尔仓、协尔帮、大中译及济仲喇嘛升补。……所有营官缺分详细分别大缺、边缺、小缺，造具册档，驻藏大臣存案办理。……凡大小客缺，均由驻藏大臣会同达赖喇嘛挑选。如达赖喇嘛徇私不公，准驻藏大臣验正，秉公拣补。除噶布伦、戴棒奏明补用外，其余各缺由驻藏大臣会同达赖喇嘛发给清、汉、西番字印照为据。至管理柴草、门户、糟粑、帐房第巴及管理牛羊、草厂头人等缺，悉听达赖喇嘛自行拣补。扎什伦布均系喇嘛管事，其商卓特巴缺出，以岁捧喇嘛、森本喇嘛升补。森本缺出，以传事之卓尼尔升补。不准越次补放，均照前藏之例，由驻藏大臣会同班禅额尔德尼补放。其管理茶叶、柴草等缺，悉听自行补放，仍察知驻藏大臣注册存案，以凭查核”[①]。前后藏的这种政治组织体系基本持续到1959年的民主改革为止。

第三节　清朝中央政府对西藏政治体制设计与治理措施

清朝中央政府对西藏的治理是继续承袭了元明两朝对西藏的统治，但在政治体制设计和治理措施上有新的发展，这种体制设计和措施可以分为清顺治到康熙时期的主权明定期，清雍正到乾隆时期的完善期和清中晚期的权力松弛期三个阶段。

一、清顺治到康熙时期的治藏设计与治理措施

清朝在边疆的治理上，同其他王朝一样，专设了掌管四方少数民族的管理机构理藩院。理藩院初掌蒙古事，随着清廷全国政权的建立，更为总管蒙古、西藏、新疆等各少数民族地区事务的中央机

[①] 光绪朝增纂本《西藏通制》。

构。清统治者通过理藩院实施对各少数民族地区的统治，加强与他们的联系。理藩院职责：理藩院的职能大体可以分为 6 个方面。一是管理蒙古、新疆南部及其他少数民族王公、土司等官员的封袭、年班、进贡、随围、宴赏、给俸等事，并派遣该院司员、笔帖式等到民族聚居地区管事，定期更换。二是办理满蒙联姻事务。凡遇皇帝下嫁公主、指配额驸之事，会同宗人府办理。三是管理喇嘛事务，保护藏传佛教格鲁派。四是管理蒙古各旗会盟、划界、驿道及商业贸易事务。五是修订关于少数民族的法律，参加审理刑名案件。关于理藩院与驻藏大臣的关系问题上，一般说来藩部地区的将军、都统、大臣向理藩院上报情况，再由理藩院转奏皇帝。但驻藏大臣不直接隶属于理藩院，而是要对皇帝负责，有直接奏报的职责。清朝对藏治理方面可以分几个阶段，各阶段治理举措不同。具体分为清顺治到康熙时期的治藏治理措施，主要采取的措施：

第一，通过册封西藏地方蒙藏政教首领，行使管辖权。和硕特部的固始汗入藏联合格鲁派势力推翻第悉藏巴政权，建立格鲁派掌握政权的第悉政府。为了进一步巩固政权，西藏统治者五世达赖和固始汗认为必须取得中央王朝的承认和支持，为此及时派伊拉古克三呼图克图（固始汗侄子）为首的一行人到盛京（沈阳）去通好。伊拉古克三呼图克图一行于 1642 年 10 月到达盛京，受到皇太极的隆重接待。对于清王朝来说，利用藏传佛教统治蒙藏民族和争取西北地区的向心力，是清王朝的一项基本国策。早在清朝入关前即已开始推行，当时主要是针对蒙古族地区的。最早提倡和推行这一政策的是清政权的奠基者努尔哈赤。把它系统化、制度化的是努尔哈赤的继承者皇太极。皇太极认为：喇嘛教是一种巨大的政治力量，大喇嘛被蒙古人“视为天神”，在一定程度上左右着当地的政治形势，影响着蒙古人心向背。所以，他把尊崇佛教作为“驭藩之具。”

伊拉古克三呼图一行在盛京停留 8 个月，于 1643 年 6 月启程返藏。临行时，皇太极又亲率诸王、贝勒送至演武场，设大宴为他们饯行。封他为“呼图克图”（蒙语，意为活佛、圣人、长寿者等，后清中央以此号授予蒙藏地区藏传佛教最高等级的活佛，并且规定道行至高的喇嘛才能获此称号，这是清王朝第一次给佛教高僧赐封号）。皇太极对伊拉古克三呼图一行的这些接待规格都是破例的，其原因在于充分认识到利用佛教笼络和争取蒙藏地区的归顺中所起的重要作用。皇太极去世后，在固始汗的奏请下，清朝多次派专使入藏，敦促五世达赖进京朝见。1652 年五世达赖和随从 3000 余人起程前往内地，1653 年 1 月顺治帝以打猎为名到北京城郊南苑猎场与五世达赖相见（见壁画 H 图 24）。1653 年 5 月五世达赖等随从人员在代噶的返藏途中，清朝承袭元明两朝对萨迦和帕竹首领的做法，派出以礼部尚书觉罗郎丘和理藩院侍郎席达礼为首的官员，携带着满、蒙、藏、汉四体文字的金册、金印，赐封达赖喇嘛。从此以后，历代达赖喇嘛的封号与其在西藏的宗教领袖的地位被正式确定下来，以后历辈达赖喇嘛都必须经过中央政府的册封，遂成为定制。清朝在册封五世达赖的当年，又派大臣携带金册、金印入藏，正式册封固始汗为“遵行文义敏慧固始汗”。在册文中，清朝对固始汗“能度势审时”、“归诚向化”、“倾心恭顺”大为嘉许，勉励他“益矢忠诚，广宣声教，作朕屏辅，辑乃封圻”，就是让固始汗当好皇帝在边疆上的助手，把皇帝赐封的领土治理的一种授权。这种掌握地方行政首脑的任命权的做法，经过几朝不断完善，也成为清王朝治理西藏的定制。清朝对五世达赖和固始汗的册封，说明了蒙藏统治者共同管理西藏的甘丹颇章政权，得到了清朝的承认，清朝继承了明朝对西藏的主权，正式确立了西藏地方与清朝中央之间的隶属关系，这是清朝初期对西藏地方施政的重要措施。

第二，积极参与调解和解决西藏地方一些重大政教纠纷，逐步建立直接经营西藏的机制。清朝初期设立的蒙藏政教首领共治西藏的政体，经过半个多世纪的运行，矛盾不断激化，特别是围绕达赖转世等重要问题上的矛盾更加尖锐。原因是谁控制达赖等宗教至高的转世活佛，谁就可以在广大信教民众中得到支持，维护自身的利益。五世达赖圆寂后第悉桑结嘉措因没有兵权，难于驾驭在西藏的蒙古汗王势力，因此匿丧五世达赖圆寂之事达十多年。当蒙藏统治阶级之间的斗争十分激烈并威胁到第悉地位时，第悉·桑结嘉措(见唐卡T图21) 采取了联合准噶尔噶尔丹的力量打击和削弱和硕特部，以五世达赖之名请求清朝中央“诚心乞请金印、乞封第巴”[1]，从而想巩固自己掌握的实权合法化和取得清中央王朝的支持。拉藏汗即位后，力图改变蒙古汗王在西藏处于无实权地位的局面，他指责第悉匿丧五世达赖圆寂之事，后来所立的六世达赖仓央嘉措行为放荡，攻击六世达赖是假达赖，其实把矛头指向第悉桑结嘉措。第悉的匿丧不报行为朝庭了解后，康熙帝严诏谴责桑结嘉措。到1705年拉藏汗和第悉桑结嘉措双方势力发生武装冲突，最后拉藏汗进攻拉萨，诱杀第悉桑结嘉措而告终。1706年康熙帝派护军统领席柱、学士舒兰进藏，封拉藏汗为“翊法恭顺汗”，赐金印，废黜第六世达赖喇嘛仓央嘉措，重新选定阿旺伊西嘉措为六世达赖并册封，以此稳定西藏局势。自此，拉藏汗重新夺回和硕特蒙古在西藏的权力，并接管了西藏地方政府。1709年清康熙四十八年，朝廷派遣侍郎赫寿前往拉萨，办埋西藏事务一段时间。此为清代派遣人臣驻藏办理政务之始，但仅为临时派员，未成定制。1713年，清朝政府正式授予五世班禅喇嘛金印、金册，确定班禅和达赖的同等地位，“互为师”，谁大谁为师。1716年准噶尔汗新可汗策妄阿拉布坦派大将策零顿多

[1] 伍昆明《西藏近三百年政治史》，鹭江出版社2006年6月第一版第26页。

（唐卡T图21第悉桑杰嘉措画像）为五世达赖至六世达赖时期西藏第悉政权的第五任第巴，是一名政治活动家，科学家，藏医学家、布达拉宫的重建者。1682年五世达赖喇嘛在布达拉宫圆寂，第悉桑结嘉措实行匿丧，自己以五世达赖喇嘛的名义处理政教事务。1686年第悉桑结嘉措派人秘密认定在门瑜出生的仓央嘉措为五世达赖喇嘛的转世，1690年第悉桑结嘉措主持建成布达拉宫红宫。康熙皇帝封第悉桑结嘉措为“掌瓦赤喇怛喇达赖喇嘛教弘宣佛法王”，并赐金印。1705年 第悉桑结嘉措与蒙古和硕特部汗王拉藏汗发生冲突，第悉桑结嘉措兵败被杀。

布率领一支由6000人组成的军队入侵西藏，1717年12月拉藏汗被准噶尔部兵杀死并且占领拉萨。清军多次被准军击败，最后于1720年由胤禵率军驱除成功，协助七世达赖入藏，以拉藏汗旧臣管理藏区，这是清朝经营青海、西藏地区之始。通过以上蒙藏政教首领相互干戈，达赖活佛转世问题的凸显以及蒙古准噶尔部侵扰西藏等事件，导致的结局是蒙藏共同治理西藏近80年的历史终结，由此西藏地方在中央任免和监督干预下基本上由当地人治理地方，蒙古人主力退至青海。

蒙藏政教首领共治政体最终导致相互干戈的情况下，清朝中央政府越来越认识到在西藏设立一个代表中央行使权力机构的重要性。为此清朝在打败准噶尔汗新可汗策妄阿拉布坦在西藏的发展后，及时结束了西藏第悉制，改设为噶厦噶伦制的政治体制。

二、清雍正到乾隆时期对西藏政治体制改革

清雍正到乾隆时期是对西藏政治体制全面调整和强化时期，具体改革措施为：

第一，废除第巴制度，建立噶伦制度。从1720年秋到1721年春，西藏地方的行政事务暂时由进藏的清军将领们管理。驱逐准噶尔部，迎请七世达赖喇嘛坐床以后，清军的将领们会同西藏地方的首领开始处理善后事宜，首先将曾为准噶尔部军卖力的达孜巴等人处死，接着将囚禁在药王山的意希嘉措奉旨押解到北京，然后开始着手调整西藏地方的管理体制。为了排除蒙古诸部在西藏的角逐和蒙藏统治阶级权力斗争的实际，清朝取消蒙古汗王在西藏掌政的做法，开始任用藏族上层人物来管理西藏，并通过他们来贯彻清中央政府对西藏的管理施政措施。1721年春，清朝决定废除西藏地方政府中总揽大权的第悉一职，建立僧俗贵族联合掌政的噶伦制，在西

藏地方政府中设几名噶伦共同负责西藏的行政事务，这是清朝对西藏施政的一个历史性的转折点。清朝起初委派康济鼐、阿尔布巴和隆布鼐三人为噶伦，共同处理日常政务。其中康济鼐封他为“贝子”，

（载自唐卡中的西藏史 K 图 8）乾隆皇帝佛装团像，乾隆皇帝（公元 1711—1799 年）是清朝第六位皇帝，入关之后的第四位，他在康熙、雍正两朝文治武功的基础上，进一步完成了我国多民族国家的统一，社会经济文化有了进一步发展。他统治时期进一步完善了治藏举措，西藏社会趋于稳定。他笃信藏传佛教，被蒙藏汉 3 地尊为文珠菩萨化身的大皇帝。

任命他为噶伦中的首席噶伦，阿尔布巴也封他为“贝子”，任命为噶伦，协助康济鼐，隆布鼐封为“辅国公”。1723 年 4 月雍正帝派鄂赖进藏负责监督西藏的工作，鄂赖进藏以后，秉承皇帝的旨意补授颇罗鼐和扎尔鼐为一等“台吉”，任命他们为噶伦，使西藏地方政权的噶伦从 3 名增至 5 名。

第二，派驻军队，防范蒙古等势力的侵扰。清朝雍正时期在调整西藏地方管理体制的同时，为了有效防范准噶尔，确保西藏的安全在军事方面也采取了一系列措施，据抚远大将军允禵上奏：“西藏虽已平定，驻防尤属紧要。见今留驻彼处者，扎萨克蒙古兵 500 名，额附阿宝兵 500 名，察哈尔兵 500 名，云南兵 300 名，四川兵 1200 名，以公策旺诺布，总统管辖……”[①]。这说明清朝当时留了 3000 官兵驻守西藏，由喀尔喀王公策旺诺布统辖，这是清代中央政府在西藏驻兵的开始。同时清朝又在理塘、昌都驻军以相呼应；在通往准噶尔部的各路要隘，严设卡伦，每年夏季藏军巡逻防范，成为定制；对于进藏必经之大路沿途，设置驻军粮台塘汛；增设驿站，加强驿站人员、马匹、物资的配备。

第三，设置驻藏大臣制度，加强对西藏地方政权的管理与监督。自从清朝在西藏废除了蒙藏共同掌政的第悉制度，改为由中央封授西藏地方首领进行行政管理的噶伦制以后，蒙藏统治阶级在西藏的争权夺利斗争结束了，但是在西藏统治集团内部又发生了前后藏新旧贵族之间争夺西藏最高统治权的斗争。在五位噶伦中分成两大派系，康济鼐和颇罗鼐作为新贵族成为一派，他们都是后藏贵族，又是拉藏汗的老部下与朋友。另外一派是前藏的旧贵族势力阿尔布巴、隆布鼐和扎尔鼐以及七世达赖的父亲结为一党。阿尔布巴以其贵族地位高于康济鼐而轻慢康济鼐，对他担任首席大臣而不满，康济鼐

[①]《清圣祖实录》卷 291，康熙六十年二月乙未。

又凭恃功高而轻视他们。因此五个噶伦分成两大派系，他们为了各自的利益勾心斗角，争权夺利，一场内乱随时可能发生。当时在西藏工作的清朝官员鄂齐发现这种情况后，曾对几位噶伦进行劝告，让他们团结协作。后来鄂齐返回北京后向皇帝奏报："臣至西藏，审视情形，首领办事之人，互相不睦，每每见于辞色。达赖喇嘛虽甚聪敏，但年纪尚幼，未免有偏向伊父索诺木达尔扎之处。康济鼐为人甚好，但恃伊勋绩，轻视众噶隆，为众所恨。阿尔布巴赋性阴险，行事异于康济鼐，而索诺木达尔扎，因娶隆布鼐二女，三人合为一堂，若调唆达赖喇嘛，与康济鼐不睦，必至争竞生事。……请降训旨，晓谕达赖喇嘛、康济鼐、阿尔布巴等，和衷办事……"[①]。雍正帝采纳了这一建议，于1727年2月20日下令派内阁学士僧格、副都统玛喇进藏了解情况。1727年春，两位大臣出发进藏，他们没有带军队，只带了一名副将随行。但是，僧格和玛喇还没有到达拉萨之前，拉萨就发生了阿尔布巴等人诱杀康济鼐的事件，终于导致了"卫藏战争"的爆发。卫藏战争终以阿尔布巴一派失败而告结束。卫藏战争发生后到达拉萨的僧格和玛喇，由于没有带军队，无法控制局面，仅能在布达拉宫"守护"达赖喇嘛。清廷接到颇罗鼐的奏报后，才知道事态的严重性，使清廷认识到派大臣进藏不可不带兵。随即作出派驻军队入藏的决定，派出左都御史查郎阿、副都统迈禄率部分军队进藏，后又派周瑛等率陕、川、滇等地的15400人的大军进藏。两个月后查郎阿等率军到达拉萨，颇罗鼐将阿尔布巴、隆布鼐、扎尔鼐等人犯交给钦差大臣，查郎阿和迈禄立即会同僧格和玛喇共同审理，结果将阿尔布巴、隆布鼐、扎尔鼐及其支持者处以极刑。另外，按照皇帝的旨意，留陕兵1000人，四川兵1000人，由迈禄、周瑛等大臣带领驻守，其余大军由查郎阿、玛喇等带领分

[①]《清世宗实录》卷52，雍正五年正月丁巳。

批撤回原驻地。为了保护达赖喇嘛的安全，清朝决定将其护送到理塘泰宁寺暂住。随后查郎阿、僧格等命颇罗鼐保选前藏贵族策凌旺扎尔、色朱特色布滕二人，授为噶伦，重组政府，同时命令颇罗鼐总管前后藏。1728 年，清朝在西藏正式成立了驻藏大臣衙门（见壁画图）。从 1727 年最初派驻僧格和玛喇开始，正式设置驻藏大臣，僧格和玛喇为第一任驻藏大臣。在驻藏大臣初设的几年里，驻藏大臣的人数有些变化，最初派的是僧格和玛喇，后因阿尔布巴等人挑起突发事件，于 1728 年特派查郎阿、迈禄、周瑛等带兵入藏“办理藏务”，此时驻藏的大臣一度增至 4、5 人之多。1729 年初，玛喇随同查郎阿护送达赖喇嘛到理塘时，留在西藏的驻藏大臣有僧格，迈

（壁画图）清朝驻藏大臣拉萨衙门实景画。清雍正五年（1727），西藏内部发生叛乱，藏王康济鼐被杀。清政府为安定西藏局势，决定从雍正六年起，设驻藏大臣。1728 年在西藏正式设立驻藏大臣衙门，据记载清朝在拉萨前后设有“朵森格”、“秀赤林卡”和“蔓珍”三处衙门。

禄和周瑛3人。同年6月皇帝降旨调西宁总兵包进忠进藏代理周瑛职务，并命令玛喇仍回西藏，藏内事务由玛喇、僧格总理，迈禄、包进忠协理。1731年，清廷又派青保、苗寿进藏替换玛喇、僧格，考虑新旧接替顺利，玛喇先回，僧格协同青保等再办事一年。由上面情况可知，清朝自1727年派遣僧格、玛喇驻藏以来，始有钦差大臣常驻藏班办，后因增派将领率兵入藏，同时驻藏的大臣达4、5人之多。到1733年雍正帝鉴于准噶尔部已经势衰，不再构成对西藏的威胁，乃将驻藏兵员由2000名减至500名，带兵大臣也撤回，驻藏大臣减至3人，后来定额为2人。乾隆帝（见唐卡中的西藏史图K图8）继位之初，由于颇罗鼐总理西藏事务卓有成效，藏内安定，驻藏大臣实际上已减为1人。后来考虑到需求加强对西藏的管理，1749年乾隆帝发布上谕说："从前藏地，常派大臣2员，驻留办事，后乃裁去1员。朕思藏地，关系甚要，彼处应办事件，有2人相商，较为有益。且换班先后更替有一旧人，尤觉妥当"[①]。至此，驻藏大臣设置历经22年后才最终确立了额设2员的制度。驻藏大臣的任期来讲，建立初期交接班时"易于办事起见"、"错综更换，新旧相参"，因此，其任期也没有固定模式和规定。如首任驻藏大臣僧格连续在藏履职六年，短者一年等不同。后雍正帝考虑到驻藏大臣错综更换必须派兵护送，移多劳费，所以谕令"嗣后驻藏大臣章京、笔帖式等皆酌量于绿营换班之期，三年一换。……旧驻大臣等带领原官兵同回内地，不必错综更换"[②]。从此驻藏大臣阁员2名、实行三年一换遂成定制，一直沿袭到清代末年。驻藏大臣的设置是清朝加强对西藏地方管理的一个重要步骤。驻藏大臣初期的任务一是防止准噶尔部的侵扰，自1730年起，僧格、青保等连续四年自春至秋

[①]《清高宗实录》卷351，乾隆十四年十月丙申。

[②]《清高宗实录》卷252，第31页。.

率兵出巡藏北腾格里海（纳木湖）一带，以防准噶尔部窜入。二是为护卫达赖喇嘛所设。蒙古各部首领始终都想挟持达赖喇嘛为己所用，每次倡乱都以劫持达赖为首要战略，所以护卫达赖喇嘛就成为驻藏大臣的一大重任。三是平定内讧，代表中央政府行使主权、监督地方政府。从而平辑藏内各种势力的增长，监督施政。清朝历三代皇帝，从他们 70、80 年的历史经验中认识到，不亲临其境了解西藏复杂的社会历史背景，也就无法妥善有效地去治理西藏，甚至无法使西北、西南边疆平服稳定。因此，几经反复才把钦差大员长期驻藏的制度最后确定下来，历时 180 多年，从未间断。

第四，建立噶厦制度，颁行策楞《西藏善后章程》十三条。1739 年乾隆四年，晋封噶伦颇罗鼐为多罗郡王。1747 年，颇罗鼐病故，其次子珠尔默特那木札勒袭封郡王。珠尔默特那木札勒“素不信奉达赖喇嘛，心怀仇隙”，表面上顺从驻藏大臣，暗中联络蒙古准噶尔部，伺机起兵反叛。1749 年，珠尔默特那木札勒攻杀其长兄“阿里公”珠尔默特策布登，控制了阿里。1750 年，驻藏大臣傅清、拉布敦迫于情势，诱杀珠尔默特那木札勒，随后为其党羽卓呢尔（官名）罗卜藏札什所杀。随后，清朝廷派四川总督策楞领兵入藏平叛后，不再册封噶伦为札萨克，防止权力集中于世俗贵族之手。1751 年，清朝颁行策楞所奏的《西藏善后章程》十三条。章程规定，噶伦员额为四人，且必须于公所（噶厦）办理政事。“查旧例噶隆会办事件，原有噶沙之公所衙门。自颇罗鼐后，各噶隆竟不赴公所，俱于私宅办事。……今噶隆业已照例补放，自应遵照旧例，遇有应办事件，俱赴公所会办。”章程扩大了驻藏大臣的职权，并首次正式规定了达赖喇嘛的世俗权力，形成了驻藏大臣、达赖与班禅的僧官系统、噶厦俗官系统三者制衡的状态；正式设立噶厦政府，驻地在拉萨大昭寺，长官为噶伦，秉承驻藏大臣、达赖喇嘛旨意办事。

（唐卡图“截自达赖喇嘛传”） 清高宗乾隆皇帝赐给六世班禅的本人画像。清高宗爱新觉罗·弘历是清朝第六位皇帝，年号“乾隆”，寓意“天道昌隆”。弘历在位期间清朝达到了康乾盛世以来的最高峰，他在康熙、雍正两朝文治武功的基础上，平定边疆地区叛乱，完善了对西藏的统治举措，把新疆重新纳入中国版图，为我国统一多民族国家的发展做出来重大贡献。

第五，设立摄政制度，掌握摄政的任免大权。摄政制度是西藏一项重要的政治制度，由于历史和宗教的原因，藏传佛教格鲁派采用活佛转世的传承方式，达赖喇嘛圆寂后，转世灵童的寻访、认定、坐床、学经、受戒需要一段时间，直到18岁才能亲政，这期间若无人主持西藏政教事务，就会形成权力真空。清朝政府为防止噶伦等人“擅权滋事”，遂命西藏地方当局从甘丹、哲蚌、色拉三大寺及四大林（丹结林、功德林、策门林、希德林）中推选学识渊博、声望卓越之大活佛为摄政候选人，由驻藏大臣奏请清廷任命，清廷视其出身及勋绩赏给呼图克图、诺门汗、禅师等名号，颁给金册、银印，在达赖新灵童未寻获及灵童坐床后尚未达到法定执政年龄（十八岁）之前，暂行代理达赖喇嘛主持西藏政教事务。清政府这一措施确立了西藏地方政权由执政佛摄政的制度。摄政就宗教地位而言，由于受到中央政权的册封，代理达赖喇嘛总理西藏政教事务，位高权重，一切重大问题皆决于摄政。从1757年七世达赖圆寂，乾隆帝任命第穆诺门汗担任摄政开始，到1951年最后一任摄政达扎下台为止，历时195年间共有十三位，摄政执政时间长达130年，而历代达赖喇嘛亲政的时间总计只有65年，由此可见摄政地位之重要。从摄政的任免程序来看，先由噶厦召集三大寺、上下密院代表及重要僧俗官员开会，提出摄政人选，再派人到驻藏大臣衙门向驻藏大臣报告并请驻藏大臣向清朝皇帝转奏，再由驻藏大臣奏报清朝皇帝，清廷视其出身及勋绩赏给呼图克图、诺门汗、禅师等名号，颁给金册、银印，在达赖灵童未达到法定执政年龄（十八岁）之前，暂行代理达赖喇嘛主持西藏政教事务。

第六，设立“金瓶掣签”制度，完善大活佛转世传承。1757年清高宗乾隆二十二年（藏历第十三饶迥火牛年）七世达赖喇嘛去世，乾隆皇帝任命第穆·德勒嘉措活佛出任摄政，1759年清高宗乾隆二十四年藏历第十三饶迥土兔年乾隆皇帝赐给第穆·德勒嘉措活佛封诰及银印。乾隆皇帝当政时期，六世班禅赴京觐见，为乾隆皇帝庆祝70大寿，由于六世班禅在内地感染天花在承德去世。六世班禅与乾隆在宗教上有师徒关系，乾隆赠送过班禅喇嘛及其兄弟姊妹很多金子等礼品。班禅喇嘛去世后他的驻锡地札什伦布寺却没有给六世班禅的兄弟噶举派第十世夏玛巴的那部分，对此夏玛巴很有怨言。1784年，夏玛巴离开西藏去邻国廓尔喀（今尼泊尔）。1791年，廓尔喀因贸易中与西藏盐税银钱问题产生纠纷，廓尔喀在夏玛巴的唆使下，派军队入侵西藏，意图抢掠后藏各地的寺庙中的财富。当时，西藏地方政府积极组织抵抗廓尔喀入侵的同时，请求清朝中央政府派兵支援。1792年，乾隆命清朝大将军福康安同参赞大臣海兰察率领清兵支援当地藏兵，将廓尔喀军队驱返喜马拉雅山南麓，甚至还反攻至廓尔喀首都－阳布外二十公里的热索桥，迫使廓尔喀向清朝五年朝贡一次。福康安驱逐廓尔喀军队班师回藏以后，按照乾隆皇帝的要求，着手对藏进行善后事宜。首先惩办祸首，废止沙玛尔巴转世，其金银、田庄、牛羊、百姓完全充公，每年收入为藏兵军饷，寺院房屋赏给摄政王济咙呼图克图，寺内原有的红帽系喇嘛103人，一律强迫改奉格鲁派，拨三大寺管制。其次对仲巴呼图克图因“不思率兵保护庙宇，辄收拾细软物件，先期逃遁，其罪甚重”，追责被解送北京治罪。三是鉴于西藏地方各项制度松弛，社会系统涣散无力，大小官吏贪污和政治腐败现象普遍，以致造成强敌压境无力抵抗，于是乾隆帝决定对西藏事务进行一次比较彻底的整顿，因此指示福康安等人“将来撤兵后，必当妥立章程，以期永远遵循”[①]。这样就产生了著名的“钦定藏内善后章程二十九条”。该条例中订立了治理西藏的多项制度，其中一条要求以“金瓶掣签”认定达赖喇

[①]《卫藏通志》卷13，第23页。

嘛、班禅喇嘛和其他呼图克图的转世。该制度设置的目的是为了清除活佛转世受世俗社会的影响和权势者的操控，1792 年，乾隆皇帝御制《喇嘛说》碑于雍和宫，正式制定和颁布金瓶掣签制定。用于执行该制度的两尊金瓶，一尊颁予雍和宫，用于掣定内外蒙古、青海、甘肃等地区大活佛转世灵童。另一尊颁予拉萨大昭寺释迦牟尼像前，用于西藏大活佛转世灵童掣选之用，规定大活佛灵童人选必须在两个以上，掣签时必须有中央代表监督，最后选上的由中央予以任命。金瓶掣签制度对藏传活佛转世管理上，形成中央政府直接管理的体制，突显了清中央政府管理蒙藏佛教事务方面的核心作用。同时《藏内善后章程》二十九条，大大加强了驻藏大臣的权力。1793 年，上述章程的部分条款汇编成“钦定藏内善后章程”，并翻译成藏文，详细规定西藏的宗教事务、外事、军事、行政和司法权力，达赖、班禅转世程序，地方政权的组织结构，并正式划分西藏和青海、四川、新疆等省份的边界。此章程对西藏的政务、大活佛传世灵童的选择等方面成为予以惯之的重要措施。《藏内善后章程》二十九条既是清朝治理西藏地方的一个施政方略，也是一项行动准则，标志着清王朝治藏政策的成熟和完善。

清朝中央政权于 1653 年册封达赖，1713 年册封班禅，1757 年确立了摄政制度，1792 年又建立了“金瓶掣签”制度，使西藏地方最高政教领袖———达赖、班禅及其代理者摄政的任免大权，完全集中到清朝中央政权手里，从而有力巩固了西藏地方和清朝中央政权的行政隶属关系。

三、清嘉庆至宣统时期西藏内外政治斗争与清朝的“整肃藏政”政策

由于明清两朝长期实行闭关锁国的政策，加之我国受千年封建

体制与思想的影响，使之我国在清朝没能走上资产阶级工业化道路，也未能及时借鉴到早期西方国家从事商业化、工业化成功的经验，致使清王朝“康乾盛世”的国力顶峰开始衰退。在这一阶段对西藏的治理主要特征是中央王朝虽掌握西藏地方政教首领的任免权，但针对西方列强对我国边疆地区的蚕食政策步步逼近时，中央王朝反侵略反殖民主义的斗争不断妥协弱化，表现出息事宁人的投降主义政策。在对藏治理上清廷驻藏大臣等官员衙门强硬推行“整顿藏政”政策，造成同西藏地方统治阶级矛盾不断尖锐化，即所谓“管小弟有方，御强敌无术”的局面。同时西藏上层统治阶级内部围绕摄政位的权力斗争更加复杂，造成从九世达赖喇嘛到十二世达赖喇嘛都英年早逝的结局，具体来讲：

第一，坚持对达赖、班禅和摄政的任免按历史定制执行。1805年12月2日，九世达赖喇嘛出生于西康邓柯地方的土司之家，经班禅大师、摄政达察诺门罕、两位驻藏大臣、第穆活佛等大小呼图克图和噶伦查验灵童，辨认无误后，驻藏大臣在全体喇嘛和官员的面缮写折子予以免签的上奏皇帝。1808年1月，皇帝颁旨另无须于金瓶掣签，令其作为达赖喇嘛呼毕勒罕。但不幸于1815年2月14日圆寂。1810年12月30日，摄政达察丹白贡波圆寂，皇帝颁旨由第穆呼图克图土丹晋美嘉措代理摄政。第穆呼图克图担任摄政期间，积极处理西藏地方政务，调整了私邸与政府之间的经济关系，完成了卫藏、康区和内蒙等地喇嘛活佛的登记造册。1816年3月29日，十世达赖喇嘛出生于西康理塘地方，1822年1月15日，按照皇帝的旨意，由班禅、驻藏大臣、上层喇嘛以及噶厦政府的官员，举行十世达赖喇嘛的金瓶掣签仪式，结果理塘出生的灵童中签，取法名为阿旺罗桑坚白楚臣嘉措。由于西藏僧俗大农奴主特权不断增长，逃避差赋、滥派乌拉的现象日益严重，致使广大差民不堪重负，时常逃亡，造成政府收入日渐减少，入不敷出，财政拮据，甚至防碍了政治、宗教活动的正常进行。1829 年，按照驻藏大臣传达的旨意噶厦派人清查西藏各地的差税负担，1830 年编写成《铁虎清册》核定了各类领地应当负担的差役乌拉份额，明确了各类土地应支、应免的差项。《铁虎清册》是继《钦定藏内善后章程二十九条》后在清朝授意下西藏地方政府制订的又一重要文件，该项政策法律条文在民主改革前的 129 年间，除了少数地区重新进行过清查造册外，政府、贵族和寺院三大领主，在土地和农奴的占有以及差税乌拉的支应和减免方面，都是以《铁虎清册》作为根本依据。1835 年波密头人抗拒交纳差税，噶厦派兵镇压。1837 年 7 月 20 日，十世达赖喇嘛身感不适，9 月 1 日在布达拉宫圆寂。1838 年 9 月 1 日，十一世达赖喇嘛出生于康区木雅泰宁寺附近，1841 年三名灵童被迎请到拉萨，七世班禅、摄政活佛、驻藏大臣、三大寺高僧以及噶伦等官员会见灵童，对灵童进行考察。1841 年 5 月 20 日，按照皇帝的旨意在布达拉宫举行金瓶掣签，结果木雅的灵童中签，成为第十一世达赖喇嘛，取法名为阿旺格桑丹白晋美克珠嘉措贝桑布。

为配合英国对我国发动的鸦片战争，1841 年在英国殖民地的教唆与支持下，森巴军分三路进犯阿里，西藏出兵反击，由于敌我力量悬殊太大，藏军屡遭失败，森巴人步步逼进，几乎占领整个阿里地区。时值寒冬，天降大雪，森巴人不耐严寒，行动困难，藏军乘机反攻，击毙敌军帅倭色尔，俘虏几百人。森巴人失去将领，大败而退。1842 年 9 月，西藏和森巴人进行谈判后签定条约，规定：西藏和拉达克仍维持旧有边界，各守本土，条约虽规定了拉达克仍按旧制向西藏进贡，西藏和拉达克之间贸易如旧，但从此我国的“藩属”拉达克逐渐脱离西藏，成为英属印度的殖民地。1844 年 7 月，道光皇帝下令免去策墨林活佛的摄政之职，由七世班禅暂时主持噶

（壁画 H 图 34）该图反映的是十一世达赖喇嘛一行入布达拉宫的情景。布达拉宫最初为吐蕃王朝赞普松赞干布为迎娶尺尊公主和文成公主而兴建。格鲁派掌握西藏地方政权后，遂成为历代达赖喇嘛冬宫居所以及重大宗教仪式和政治活动的举办地。布达拉宫主体建筑分为白宫和红宫两部分，白宫部分为旧的建筑群，红宫为 1690 年第巴桑结嘉措主持建成的部分。

厦事务，1845 年 4 月 26 日，热振活佛遵旨担任摄政。1853 年七世班禅丹白尼玛圆寂。1855 年 1 月 13 日，十一世达赖喇嘛亲政，承担起掌管西藏政教事业的重任。十一世达赖喇嘛亲政后不久，廓尔喀人违背了1792年的“永不侵藏”的誓约，1855年春，以西藏当局苛待廓尔喀商民为借口派兵入侵西藏，首先占领了吉隆、聂拉木、宗噶等地，而后又占据阿里的普兰和后藏的绒辖地方。此时我国沿海正处于第二次鸦片战争前夕，而国内的太平天国运动正在进行，清政府无暇顾及西藏，西藏地方唯有孤军奋战，英勇御敌。藏军在噶伦夏扎·汪秋杰布的率领下，曾一度收复聂拉木等地，但是清政府急于息事宁人，命令驻藏大臣与廓尔喀人议和。1856年，在驻藏大臣赫特贺的再三促意下，西藏地方与廓尔喀人订立了一个不平等条约，条约内容共十款，其主要内容为：西藏地方政府每年付给廓尔喀王室1万卢比；廓尔喀人可以在拉萨经商，西藏政府不得收贸易、过境等税；西藏政府不得处理寓居拉萨的廓尔喀人的案件；廓尔喀犯人逃至西藏，西藏政府应引渡给廓尔喀，西藏犯人逃至廓尔喀则由廓尔喀引渡给西藏。从此，拉萨多了一个被称为“格乌丹”的廓尔喀代表处，西藏地方政府也设立了“廓细列空”，处理廓尔喀的事务。这是一个完全不合理的条约，极大地损害了国家主权和西藏人民的利益。1855年藏历12月25日，十一世达赖喇嘛圆寂，26日起，由热振呼图克图担任摄政。

1856年12月初，十二世达赖喇嘛诞生于西藏山南的沃卡地方，当时出现桑日、沃卡、达布拉索三地的三个幼儿获得吉兆。经摄政，噶伦、基巧堪布等商议后，决定将3名幼儿迎请到拉萨进行金瓶掣签，并由驻藏大臣将此事奏报皇帝批准。1858年1月13日，通过金瓶掣签桑日沃卡的灵童被确定为达赖喇嘛的转世，由热振呼图克图为灵童剃度，取法名为阿旺洛桑丹白坚赞赤列嘉措。十二世达赖喇嘛幼年时期，摄政王热振呼图克图与噶伦夏扎·旺秋杰布之间发生权力之争，1862年摄政热振免去夏扎噶伦的职务并将其投入监狱。夏扎得到甘丹寺和哲蚌寺的支持，两寺僧人联合夏扎势力，营救出夏扎。夏扎在大昭寺召开集会，成立所谓的“甘哲仲基”，也叫“甘哲措乾”，派人攻打热振呼图克图的希德林拉章，热振被迫携印潜逃内地，向清朝政府控诉，朝廷派福济前往拉萨查办，但因西康瞻对地方发生纠纷，道路梗塞，未能进藏。后来热振在北京圆寂，此案不了了之[①]。夏扎·旺秋杰布被清廷任命为摄政，并经奏请赐予诺门汗的名号。瞻对（今四川新龙县）地处打箭炉西，是川藏交通南北两路的要冲。从嘉庆晚年开始，当地经常发生纠纷和战乱，后来愈演愈烈。1848 年，瞻对土司贡布朗结父子逐渐把势力扩大到德格、理塘、巴塘等土司的辖地，他们不但阻断了川藏交通，而且还把矛头指向西藏。当时四川省的主要兵力因受太平天国的牵制，几次出兵无果，清政府不得不征调西藏的军队协同作战，1863 年驻藏大臣派藏军前往征讨，盗匪拼死抵抗，没能取得什么进展。1865 年，驻藏大臣又派李玉圃率领藏军进行攻打，贡布朗结父子被火烧死，大战告捷。清政府为了酬补噶厦的军费开支，决定从此由西藏地方派官员征收瞻对的赋税，对参加平息瞻对之乱的汉藏官兵进行嘉奖。1864 年 8 月 25 日，摄政夏扎·旺秋杰布因病去世，十二世达赖喇嘛指示经师德珠钦绕旺秋掌管政教事务，得到皇帝批准并赐予诺门汗名号。1872 年 9 月 18 日，摄政德珠钦绕旺秋去世。1873 年 2 月 12 日，十二世达赖喇嘛亲政，但不幸于 3 月 20 日圆寂。1876 年 6 月 27 日十三世达赖喇嘛出生于塔布地区朗顿村。经噶厦政府派人寻访查询，后经八世班禅丹白旺秋、摄政通善呼图克图及三大寺高僧等一致请求，并通过驻藏大臣松桂奏报清朝皇帝，免予掣签 。1877 清光绪皇帝下谕：“贡嘎仁钦之子罗布藏塔布克甲木错，即作为达赖喇嘛之称毕勒罕，毋庸掣瓶”[②]。1895 年 8 月十三世达赖喇嘛亲政。达赖亲政后发生了第穆事件，卸任摄政第穆·阿旺罗桑赤来饶杰及

① 牙含章《达赖喇嘛传》，人民出版社，1984 年 9 月第一版第 85-86 页。

② 牙含章：《达赖喇嘛传》，人民出版社 1984 年 9 月第一版第 93 页。

其亲信企图谋害达赖，重新夺回摄政之位。案发后，噶厦召集三大寺及全体僧俗官员会议，会议决定对前任摄政等人的罪行绳之以法，经报请清朝中央政府后对摄政所属寺院丹吉林寺没收所有财产，撤消第穆呼图克图之名号、职务，不准其以后再担任摄政之职。从以上达赖、班禅、摄政的承袭我们可以看到西藏地方政教首领任免与管理

（壁画 H 图 36）该图反映的是十三世达赖喇嘛于 1908 年进京觐见光绪帝的情景。1903 年英军第二次入侵西藏，次年即向拉萨进发，十三世达赖在英军抵达拉萨的前夕，从布达拉宫出走前往外蒙古，驻藏大臣有泰奏请中央“革除”达赖名号，清朝政府“著即将达赖喇嘛名号暂行革去”，引起西藏僧俗群众强烈不满。1907 年，清朝政府“谕旨”十三世达赖从青海塔尔寺先到山西五台山朝佛，然后“赴京陛见”。次年 8 月 4 日到达北京，清德宗在中南海紫光

阁为十三世达赖喇嘛设宴洗尘，并“开复”“名号”。

上清朝中央政府是有最终的决定权。另一方面四位达赖早年逝世也说明在达赖未成年亲政时，西藏三大寺四大林的宗教首领中可以选择摄政的政治体制存在弊端，一些政教势力想利用摄政的机会，扩大自己的既得利益，采取不择手段加害即将亲政的达赖喇嘛，造成几代达赖喇嘛英年早逝的结局。

第二，清晚期在西藏推行政教分离的“改良”运动。十三世达赖喇嘛在外蒙和内地流亡期间看到了清王朝岌岌可危，已无暇顾及边陲西藏的事实。面对西藏所面临的内忧外患，一度来到外蒙的库伦，以期得到沙俄的援助和支持来抵抗英国的殖民统治。但恰在此时，沙俄在日俄战争中败北，自顾不暇。与此同时，由于英俄 1907 年签署有关涉及西藏的《英俄协定》，排除了俄国干涉西藏的内容，使他“联俄抗英”的幻想也随之破灭。1908 年 8 月，十三世达赖喇嘛应召前往北京，9 月 20 日，慈禧太后和光绪帝分别召见了十三世达赖喇嘛（见壁画 H 图 27、H 图 28 和 H 图 36）。达赖喇嘛面奏了西藏的形势，并希望清政府给予人力物力军事帮助西藏进行抵抗，保全藏地。尽管皇上和皇太后答应给予支持，但却拒绝了达赖喇嘛提出的为避免驻藏大臣误事，不通过驻藏大臣直接上奏皇上的请求，造成达赖喇嘛对清廷极度失望。英国人占领拉萨后，害怕达赖喇嘛返藏对其办理侵藏善后事宜不利，遂向清政府施加巨大压力，阻止达赖喇嘛返藏，达赖根据清廷的指示只能暂时滞留在青海。而驻藏大臣张荫棠、联豫等人则乘达赖喇嘛不在西藏，不顾西藏政治改革的主客观条件情况，强制推行“整肃藏事、推行新政”政策。这种以高压、震慑手段办理藏务的方略使得清政府与西藏上层统治阶级之间矛盾越来越深，改革也以失败告终。

清政府在 1906 年北京签订了《中英续订藏印条约》，把 1904

年的《拉萨条约》也作为附约保留下来，遭到国内外舆论的谴责。1906年清朝任命赵尔丰为川滇边务大臣，在康定、巴塘等地强行实行“改土归流”，遭到当地僧俗领主们的激烈反抗，都通过军事手段弹压。清政府同时把随同外务部右侍郎唐绍仪赴印度与英国进行关于《拉萨条约》的谈判的张荫棠任命为钦差大臣派到西藏作为“查办藏事”之大臣。1906年，张荫棠到拉萨后，认为整顿藏政，必先从整顿吏制着手。于是首先向朝廷参劾了驻藏大臣有泰等十余名前驻藏大臣官吏和地方官员。1907年正月，张荫棠不失时机地向外务部提出了《治藏刍议十九条》和《西藏善后问题二十四条》等具体施政方案，得到了清廷奏准。张荫棠改革的主要内容体现在西藏地方政权结构的重新设计和权力分配，特别是实行政教分离，削弱地方权力，扩大中央集权。主要内容为：

一是提出裁撤驻藏大臣和帮办大臣，改设行部大臣，统辖全藏，在行部大臣署内设立交涉、督练、财务、学务、巡警、裁判、工商、路矿、茶盐、农务等九局，作为新政的常设机构，职能为处理各种事务。同时，主张西藏的政教分离，要求对达赖、班禅优加封号，厚给岁俸，使其“专理黄红教事务”，恢复藏王体制，专管商上事务，从而有利于政令统一，有利于清政府对西藏地方的管理。

二是提出改革军事体制，采用募勇，成立督练局，具体负责训练新军工作。要求选派洋武学堂武备生进藏统带训练。督练局下设粮饷局、军械局、司法局和参谋局，具体负责新军的粮饷、军械、作战指挥等事宜。并根据西藏实际，要求多练骑兵，在拉萨建枪炮厂，用现代武器装备藏军等建议。

三是提出改革经济体制，成立农务局、工商局、路矿局等机构，作为具体负责西藏经济的执行机关。规定工商局主要负责采买机器，开办工厂事宜，重点发展民族手工业，抵制洋货。路矿局主要负责

筑路、采矿之事。农务局主管农牧业发展，提出凡荒山废坡“可召

（侵藏英军绘画图）该图反映的是张荫棠在藏同侵藏英军谈判有关西藏事宜的情景。

民领耕”，免头两年的租税，第三年起只收十分之一租。要求各庄

园主减低租税，只许收两成租，不得任意勒索等措施。

四是在发展西藏的文化教育卫生事业方面，提出建立学务局，具体负责“兴办教育”事业。他提出各个寺庙都要附设一学堂，对七岁以上儿童实行免费教育，以达到“人人能读书识字，开发民智”之目的。提出在西藏设立报馆，印发报纸、进行文化交流，了解国内外形势，以“激发其爱国之心，进以新知识”。同时，为发展西藏的卫生事业，要求成立卫生局，建立医院，设立医学堂，“教以西医诸法。”

五是大力提倡移风易俗，追求思想解放。张荫棠还为其“治藏政策”积极主动宣传，亲自编撰和颁发了通俗的《训俗浅言》、《藏俗改革》等小册子，并将它们译成藏文，广为散发。他甚至不顾“咯血气喘”，在大昭寺僧俗大会上“痛陈天演物竞，生存淘汰之理，怵以印哲亡国覆辙”[①]，可谓尽心尽力。

张荫棠是位在藏带来新启蒙思想的第一人，他的某些政治经济改革主张最初也使西藏僧俗民众感到了一线希望，为十三世达赖后来推行的新政奠定一定的思想基础。他在西藏的改革，是当时内地兴起的资产阶级维新运动在西藏的反映，他的治藏政策的出发点是巩固清中央对西藏地方的主权，加强国防建设，对外防止和反对帝国主义趁隙继续侵犯西藏，具有积极的进步意义。张荫棠初至西藏，一举弹劾有泰等贪官污吏，使他在西藏人民的心目中有着较高的威信。但是，他毕竟代表的是少数剥削阶级利益的，随着他的治藏政策实施，剥削阶级的民族歧视、民族压迫的内容逐步暴露无遗，藏族人民原来对他寄予的厚望逐渐消失了，为此他推行的新政改革最终未能达到目的。究其原因，主要有以下几点：一是在数百年一成不变的西藏农奴制社会里，由于广大僧俗群众长期受政教合一体制

[①]《张荫棠》卷三，见《清季筹藏奏牍》第三册。

下宗教神权思想的麻痹，在西藏还未出现资产阶级改良运动的思想基础和阶级基础，改革缺乏了群众基础和社会条件，因此这种有一定进步思想的改革脱离了西藏实际，在当地得不到群众支持，这是失败的主要原因。二是在改革中涉及到沿用了帝国主义的殖民政策和民族压迫思想不得人心。从张荫棠的治藏政策中，他认为藏族人“愚笨无识”，提出“拟达赖、班禅优加封号，厚给岁俸，如印度各藩王之制”。他还拟“特简亲贵，为西藏行部大臣，体制事例，一如印督用王礼，……每有番王之地，应设一汉官”等，可以看出他盲目借鉴英帝国主义的殖民政策的痕迹。三是他推行的以汉满官吏代替藏官统治西藏，实行政教分离、中央集权地方限权，革除差役、扩充民利，减轻刑罚等主张严重威胁西藏三大领主的既得利益，因此不可能得到三大农奴主统治阶级的积极支持，许多措施难以落实。四是大民族主义政策不得人心。张荫棠在其《训俗浅言》中，通篇浸透了大民族主义思想和封建的伦理道德，却还硬逼当地人接受。什么“君臣有义、夫妇有别……孝、忠、仁、信、礼、义、廉耻、合群、尚武、实业……等”思想，可谓是集孔孟思想之大成。他对藏民习俗横加指责，如“见客礼宜以合掌为常见礼，凡鞠躬吐舌、竖指头之礼，贻笑各国，皆不可行”、“楼下不宜养牛马”、“男子不宜戴耳环”等的看法，带有歧视思想。世界上每个民族都有自己区别于其他民族的独特道德规范和风俗习惯，这是数千年来形成而不易变更的。强行变革只能适得其反。张荫棠“启发民智”，兴办教育，是值得称道的。但他所说“兴办教育”，主要还是指发展汉民族的语言文字。他提出了“要广设汉文学堂”移风易俗等民族同化思想。宗教问题上，他提出“喇嘛白昼不必诵经，宜兼做农工商业，以生财，不可望人布施”，“喇嘛可分两种一种不娶妻，一种可以娶妻”，“当喇嘛娶妻生子的听便，并可充任农工商兵诸业”[1]等主张。这些主张一定程度上损害了藏族人民的自尊心，加深了民族矛盾。五是改革的重要目的是抵制外国侵略，因此遭到帝国主义的无理干涉和破坏，他们一方面向清廷抗议，施加外交压力。另一方面拉拢亲英分子挑拨民族关系，为改革设下层层障碍，而朝中嫉恨张荫棠改革的满族官员也乘机对其进行打击诽谤，诬告他在拉萨有“勒令喇嘛尽数还俗，改换洋装之事”。清政府听信谗言，于 1907 年 5 月，下令将其调离西藏，使他的改革半途而废。

清政府下令将张荫棠调离西藏，升任联豫为驻藏大臣，继续筹办“新政”。联豫在张荫棠改革方案的基础上推行了以下改革措施：

第一,改革政治体制，强化驻藏大臣权力。联豫主张驻藏大臣为首的中央驻藏官员将全藏政权收至驻藏大臣衙门系统，并按各省督抚衙门章程，设立幕职，分科办事。

第二,编练新军，建立近代化军队。联豫在拉萨设立第一所武备速成学堂，选拔了四十余名学员入堂学习，从四川武备学堂调拨十四名优秀毕业生进藏任教，学制一年。同时以 1910 年 2 月入藏的川军为基础编练成新军 3000 人，下辖步队、马队、炮队、军乐队等兵种。

第三,兴办学校、发展文化教育。从 1907 年开始到 1909 年，经过多方筹措，建立起初级小学堂 16 所。学堂除学习汉藏文外，还开设数学、天文、地理等课程。另外，联豫在拉萨还创办了藏文传习所和汉文传习所，选派汉族子弟学习藏文，藏族子弟学习汉文，以培养藏汉两通的双语人才。

第四,创办报刊出版局、宣传内外事实。1907 年，联豫在拉萨创办了西藏第一所白话报馆。出版的报纸全用藏文印刷，报纸既刊登中央和四川、西藏的公牍，各省官报与中外报刊文章摘要，也有政

[1] 喜饶尼玛《近代藏事研究》，西藏人民出版社 2000 年 7 月第一版第 53 至 54 页。

论文及中外新闻等，深受僧俗群众的欢迎，这是西藏有近代报纸的开始。1908 年 6 月，联豫又创办了西藏印书局，从印度购买了一套铅铸藏文字母印刷机，选派藏汉两族懂双语的人会同经营，出版的第一部书就是用藏汉两文印刷的《圣谕广训》。

第五,为改善医疗条件，提高当地民众的身体素质，建议在拉萨设立医馆，引进中西医技术，即看病又收徒学医，以此来促进中西医与藏医的结合，提高医疗技术。同时在发展经济，增强经济实力方面也提出了很多合理化建议，如鼓励开垦荒地、推行矿山开采技术、引进手工业新工艺新技术、发展交通运输和邮电通信事业等政策，有些政策还得到了落实，如选派藏族子弟 20 名到四川学习工艺制造，成功开通驻藏大臣衙门至西德钦约 30 里的电线，1911 年在拉萨成立邮政管理局等的建设。

联豫新政也同其前任张荫棠新政一样在当地没有社会基础，清王朝又处于革命风暴中风雨飘渺的境况，对新政改革无力支持。他所实行的政权机构和军事方面的改革，将权力收回中央及驻藏大臣掌握，严重触犯了西藏地方僧俗上层集团的根本利益，必然受到他们的抵制。1909 年 12 月 19 日，达赖喇嘛回到拉萨，在入城仪式上，当驻藏大臣联豫率领其属迎接达赖时，达赖喇嘛对他们视而不见，不予理睬，这使联豫极为愤怒。于是联豫声称达赖私运俄国军械，不仅亲自到布达拉宫检查，还派人去黑河检查达赖喇嘛的行李，联豫要体现驻藏大臣的权威性，处处对达赖藐视的做法，使得达赖与驻藏大臣之间的矛盾更趋白热化。联豫趾高气扬的新政措施得不到西藏上层的支持，致使诸多改革内容成为空话，在这种情况下，联豫想借用强制高压手段推行新政，1909 年，联豫和驻藏邦办大臣温宗尧为了平息和对付藏人对“新政”的抵制和反抗，奏请朝廷调派四川新军 2000 多人，由四川知府钟颖和赵尔丰率领入藏“弹压”，由于赵尔丰在川西藏区推行“改土归流”中对当地政教领主们的弹压政策以及风闻清朝中央政府将把西藏改设为行省，害怕遭到与川边土司和上层喇嘛同样的命运，引起了西藏地方上层的恐慌和竭力反对赵尔丰入藏。西藏地方政府一方面在川西藏区煽动叛乱，阻止赵尔丰入藏，调集藏军开往察木多（昌都）一带，用武力阻止川军入藏。另一方面请求英、俄等国政府借助外国势力向清政府施压，希图干涉川军入藏。1910 年 2 月，川军在击溃沿途阻击的藏军后，直逼拉萨。2 月 12 日，川军先头骑兵抵达拉萨。当天正是藏历正月十五，大昭寺正在举行传昭大法会，集聚了 2 万多名僧侣。据《西藏六十年大事记》载：“川军前队抵拉萨，联豫派卫队欢迎之，卫队归途开枪，击毙巡警一名，大昭寺之济仲大喇嘛，于琉璃桥畔饮弹而亡，卫队又向布达拉宫开枪乱击，僧众亦有带伤者，一时全城震动，人心不安……”①。川军进入拉萨后，秩序大乱，达赖喇嘛顾及自身安全，临时决定由甘丹寺池巴策美林呼图克图为摄政，代理政教事务，自己率领部分随从和卫队，连夜渡过雅鲁藏布江逃亡印度（见壁画 H 图 37 十三世达赖在印度的画图）。

十三世达赖逃亡印度后，清朝政府再次宣布革去十三世达赖喇嘛的名号，并要驻藏大臣寻找转世灵童代替。对跟随达赖逃亡的西藏官员，亦宣布革职，并予通缉。达赖喇嘛名号被革除，加剧了西藏地方与清政府之间的矛盾，也引起了国内舆论的广泛关注，西藏、蒙古等地信仰佛教之民众，一致要求恢复达赖喇嘛之职。鉴于西藏情势的严重，为了缓和矛盾，清政府将驻藏帮办大臣温宗尧调赴四川，将赵尔丰调任四川总督，停止进藏，西藏事宜一概责成联豫经理。同时，也不再访寻灵童，另选达赖，并派人到印度劝达赖回藏。“达赖疑惧清廷，终不能释，因提出恢复达赖名号，撤退驻藏陆军，

① 牙含章编著《达赖喇嘛传》，人民出版社 1984 年版，第 227 页。

（壁画 H 图 37）该图反映的是十三世达赖喇嘛逃往印度时的情景。十三世达赖土登嘉措回藏后，与驻藏大臣在改革和川军入藏等问题上发生了尖锐的矛盾，川军进藏以后的纪律松弛，开枪乱击、胡作非为，“达赖恐遭危险，即挈其左右逃往印度”后，清朝政府再次下令宣布革去十三世达赖名号。辛亥革命成功后，1912 年 10 月 28 日民国政府恢复十三世达赖名号。

罢免联豫三事，清廷以二、三事不能行，遂无结果，达赖不返藏”[①]。达赖离藏后，西藏地方遂由联豫一人大权独揽，联豫奏请清廷邀九

[①] 洪涤尘编著《西藏史地大纲》，正中书院 1936 年版。

世班禅额尔德尼前往拉萨，代替达赖。九世班禅应驻藏大臣联豫之邀来到拉萨，但为了照顾西藏内部的关系，顾全大局，没有接受“暂摄藏事”的请求，于1911年夏返回扎什布寺。但这却扩大了达赖、班禅间已出现的裂痕，也进一步加深了达赖喇嘛对清廷的怨恨。

张荫棠和联豫的藏事新政改革方案，尽管没有付诸实施，但在西藏近代历史上有着重要的历史意义。其一,通过这次政治制度改革的提出，给沉睡几百年的西藏政教合一制的封建农奴制社会带来一股新的气息，对旧的传统势力和传统观念是一次严重冲击，特别是处在民族危机的历史时刻，他们的改革思想起到了唤起民族觉醒的历史作用。其二,他们的政治改革措施主要针对的是维护国家主权的角度出发，在推行中虽没有得到西藏上下民众支持，但改革的思路触及到了西藏长期奉行的政治制度弊端，从放眼世界潮流来讲，提出的政权结构设计和民生改善等内容是符合历史发展规律的，他们的这种冲破西藏既得利益集团的胆量和气概，为以后十三世达赖喇嘛推行的新政奠定了思想基础。其三,在经济社会发展问题上，提出和采取的改善僧俗民众生产生活条件，兴办学校、新办医院、减轻税赋、改革陋习等很多有进步意义的主张，在一定程度上动摇了三大领主专制的政教基础，对于宣扬人本思想产生积极的作用。

张荫棠和联豫治藏政策中蕴含有进步、文明之思想，是难能可贵的。但限于他们所代表少数统治阶级利益以及他们本人思想认识，限于当时历史条件，提出的新政无的放矢，最终以失败而告终。

第四节　英国之外法权下的西藏地方半殖民地政治

一、英国殖民主义者对西藏的殖民侵略

西方殖民主义势力对西藏的入侵采取不同的策略，早期以葡萄

牙传教士的传教活动为起点，后来以英国的殖民侵略为重点，前后分几个阶段：

第一阶段，早期（1535 年至 1745 年）利用基督教这一特殊工具，打着传播宗教的旗号，渗透到西藏周边“藩属”各地，收集情报，为其侵略活动做准备。1535 年，罗马教皇在葡萄牙占领印度果阿后，即派驻耶稣会主教，将果阿作为在印度大陆及邻近地区传教活动的基地。开始进入西藏阿里地区，最早到达西藏西部的近代西方传教是果阿主教神父德·安夺德和马努埃尔·马科斯修士，1624 年 3 月 20 日，他化装成印度教徒，向阿里渗透。在古格王扎西查巴德的支持下，安夺德所宣传的基督教在当地王室家族为主的少数贵族内传开，古格王夫妇和王室一些成员也皈依了天主教。古格王支持基督教和传教士竭力打压藏传佛教宣传基督教的行为，引起寺院上层和古格信教群众的严重不满，形成了以寺院为首的僧俗一体的强大的反对力量。1630 年以寺院为首的僧俗大众发动暴动，并引来拉达克军队里应外合，推翻了古格王朝，摧毁了天主教堂，到 1635 年西方传教士被全部驱逐出阿里，西方传教士的这次传教彻底失败。阿里古格地区僧俗群众的暴动，不仅打击了罗马教会渗透的野心，同时也挫败了传教士后面妄图染指我国西藏的西方殖民主义势力的图谋。与安夺德在阿里传教的同时，印度的耶稣会为了在卫藏地区开辟新的教区，进一步扩大传教范围，卡塞拉与卡布拉尔两人先后于 1628 年抵达西藏的日喀则地区，卡塞拉等人照例以厚礼得到藏巴汗的许可在当地进行传教活动。由于引起当地僧俗群众的警惕与反对，使传教活动无法开展。一年后，卡布拉尔也被迫离开日喀则。1714 年罗马耶稣总会派多名传教人员从印度动身，经克什米尔、拉达克、噶大克，于 1716 年 3 月 18 日抵达拉萨。据说意大利人波利托·德西德里由于医好了拉藏汗的中毒症，而得到拉藏汗的信任和支持，留在拉萨、山南等地传教达五年之久。他在藏期间撰写了不少宣传基督教和批驳藏传佛教的书籍。1717 年准噶尔入侵西藏，拉藏汗被杀。德西德里失去支持，不得不于 1721 年从聂拉木经尼泊尔回到印度。此后，得到罗马教会支持的天主教卡普津派的修道士范罗来到拉萨，并于 1721 年在拉萨建立了天主教堂。卡普津派传教士断断续续在拉萨活动了 40 年之久。1742 年，由于礼仪之争，致使清廷下令严禁西方传教士在中国传教。1745 年，在拉萨的卡普津派传教士被全部驱逐出境。天主教在西藏的活动再一次遭到失败。

第二阶段，从十八世纪中叶到 1840 年，该阶段英国通过“挑拨与调解”两面手段把我国环喜马拉雅山脉以南广大清朝“藩属”国控制。英国经过工业革命之后，迅速超越了葡萄牙、西班牙和荷兰等国，成为西方资本主义头号强国。十八世纪后半叶，在殖民扩张中，英国东印度公司战胜法国、葡萄牙在印度的势力，独占了对全印度的殖民统治。英国以印度为大本营，急于想从中国西南部打开直通我国腹地的通道。英国主要以探险考察、通商为名，积极派遣间谍进入西藏收集情报，为侵略做准备。最早到西藏从事间谍活动的是乔治·波格尔，1774 年 10 月，他受哈斯汀士的派遣，乔治·波格尔从不丹出发到帕里，后经江孜、白朗等地，于 11 月到达日喀则札什伦布寺，拜见了六世班禅。波格尔在藏期间按哈斯汀士的要求对西藏的矿产和土特产品；外国在西藏的货物以及金、银、麝香、大黄的产量；孟加拉到拉萨的道路和拉萨至附近地区的道路情况；拉萨政府及其税收、风俗习惯等进行调查，并了解去西伯利亚、中国内陆和克什米尔的道路，沿途的气候、人情和建筑等。显然这些任务并不是全为了平等通商的目的。[1] 波格尔在日喀则期间诱使班禅喇嘛同东印度公司私立某种直接关系，然而班禅喇嘛在与波格尔

[1] 许广智《试论西方殖民主义者早期对西藏的渗透及其侵略活动》藏大学报 2004 年 3 期。

的谈话以及后来写给东印度公司的文件中，都明确指出西藏是中国皇帝主权管辖下的一个地方，西藏的一切涉外活动都听从于北京的朝廷，坚决拒绝自由通商和设馆之事。西藏地方政府也怀疑东印度公司对西藏抱有野心，不允许他进入拉萨。波格尔在日喀则呆了 4 个多月，毫无所获，只好于 1775 年 3 月返回了印度。 1780 年，六世班禅巴丹益西圆寂。1783 年，东印度公司哈斯汀士又以祝贺七世班禅坐床的名义，派遣其堂弟东印度公司的武官塞缪尔·忒涅率军医罗伯特·桑德斯等人进入西藏日喀则活动。他进藏携带的一整套地形测量仪器，初次测绘了他所经过的入藏路线，为英国人入侵西藏提供了重要的资料。托马斯·曼宁作为继波格尔等之后进入我国西藏地区的英国间谍，肩负着侦察西藏政治状况的使命。1811 年 9 月，曼宁带着他的汉族仆人赵金秀到了孟加拉的北部，经过不丹进入西藏，于 12 月初到达拉萨，他穿上一件西藏的长袍子，剃光了头发，伪装成一个来朝佛的印度僧人，在拉萨居留了近三个多月。他在藏期间，为英国侵略西藏收集了多方面的有利的资料与情报。特别是通过在拉萨等地看到的清朝驻藏官员的腐败情况和藏军实力的虚弱，向英国提议这是英国人进入西藏的有利条件，使英国人看到了清政府与西藏地方政府之间有隙可乘。

英国殖民主义者在运用“传教”、“游历”、“通商”等伎俩探视西藏情况的同时，认识到位于喜马拉雅山区的尼泊尔、锡金、不丹、拉达克等诸清朝“藩属”国，是阻碍通往西藏地方的天然屏障。由于这些地方在历史上同西藏无论政治经济、还是宗教文化有着密切联系。英国要占领西藏，就必须首先控制住喜马拉雅山山麓地区诸同西藏有密切联系的各“藩属”地，建立起一道钳制西藏的所谓“链锁边防”，然后利用这些地方作跳板，再把触角伸进西藏。为此英国殖民者首先将侵略矛头指向了反抗侵略最激烈的尼泊尔。

1814年，英国借口印度和尼泊尔边界领土争执，发动了武装进犯尼泊尔的战争。面对英国入侵，尼泊尔王室曾派人到西藏，要求清朝皇帝从物质上支援他们抗击入侵者。然而腐朽的清政府，对祖国西藏边境当时出现的危局并不在意，没有给尼泊尔必要的援助，致使英军将尼泊尔沦为其保护国，成为侵略的第一个基地。1835年，锡金和尼泊尔之间发生边界纠纷，英国又以锡尼之间以仲裁者的名义出面“调解”，还乘机出兵帮锡金夺回了被尼泊尔占去的一部分土地。以此为条件，英国强行租借锡金的大吉岭，作为东印度公司的避暑地。这样，英国人在喜马拉雅山区又扎下了另一个战略据点。英国征服了尼泊尔，控制锡金后，又向北侵占克什米尔地区，并唆使印度锡克王国的属部道格拉部落（西藏人称之为“森巴”）侵入清朝藩属拉达克。1834年和1840年森巴人入侵拉达克。森巴人两次入侵时，拉达克曾向当时的西藏地方政府求援，但驻藏大臣拒不发兵，终使拉达克被道格拉控制。随着中国鸦片战争的失败，英国更加大胆地遂于1864年出兵入侵不丹，不丹不敌英国，被迫签订《新曲条约》，英国取得了出入不丹的权力，西藏失去了最后一道天然屏障。由于清政府的消极防御政策，使得英国势力迅速从西藏南部延展到克什米尔，拉达克以及喜马拉雅山西段的山岳地区，完成了对中国西藏的包围圈，从此，西藏地方漫长的边防线完全暴露在英国人的面前。

第三阶段，鸦片战争后的1841年至1904年，该阶段采取明目张胆的侵略政策，签订不平等条约。1841年，森巴统治者为了配合英国主子发动的鸦片战争，派倭色尔率领森巴人和拉达克人组成的几千人的联军，分三路入侵阿里地区。在清政府及西藏地方政府毫无准备和阿里仅有土兵几百人的情况下，森巴侵略军长驱直入，一举占领达坝噶尔、杂仁、补仁等地，并向普兰深入。西藏地方政府接到报告后，派噶伦索康、热嘎夏和代本白席哇率军前往阿里战场。由于敌我力量悬殊太大，藏军屡遭失败，森巴人步步逼进，几乎占领整个阿里地区。时值寒冬，天降大雪，森巴人不耐严寒，行动困难，藏军乘机反攻，击毙敌军帅倭色尔，俘虏几百人。森巴人失去将领，大败而退。1842 年 9 月，西藏和森巴人进行谈判后签定条约，规定：西藏和拉达克仍维持旧有边界，各守本土；拉达克仍按旧制向西藏进贡；西藏和拉达克之间贸易如旧，可互派商队进行贸易活动，但从此拉达克完全被英属印度的森巴控制，西藏地方政府失去了该地的“藩属”关系。

对于英国殖民主义者对西藏地区的窥视，清政府和西藏地方官员有所觉察后，清政府的主要措施是要求西藏地方各关口竭力阻止外国人进入西藏，支持西藏地方的对边境实行自我封闭行为，在军事上对殖民侵略者妥协退让，采取媚外讨好、消极防御，以妥协赔银，签订不平等条约为主的投降政策，以期维护当地社会的安宁。

1876 年 9 月 13 日，英国利用“马嘉理事件”，逼迫清王朝签订了有损于中国主权的《烟台条约》。在这一条约中，英国还强迫清政府另立《入藏探路专条》，为使英帝国主义入侵西藏活动“合法”化创制条件。1879 年开始，英国根据《烟台条约》之另立专款，从成都行经打箭炉和从中印边界两个路线派人入藏。他们“明为查看通商事宜”，实则“查看道路地形，探明风土人情”，“沿途皆密绘地图”[①]。由于西藏僧俗群众的坚决反对，入藏的目的未能实现。英国占领锡金后，从各个方面加紧入侵西藏的准备。英国在锡金境内修路，架桥，修建驿站，开辟进藏公路，又招雇游民作向导，私自越过西藏边境隆吐山侦察，翻修与加宽捻纳至隆吐山口的道路等等。为了阻止英国人入藏的道路，1866 年，西藏地方政府派兵进驻

[①]《丁宝桢藏事奏牍》《清代藏事奏牍》转引自顾祖成编著《明清治藏史要》282 页。

藏锡边界的热纳宗隆吐山隘口，修筑了高大的堡垒炮台，并派人日夜守护。这一行动严重威胁和阻碍着英国人的侵略企图，1888 年 3 月初，英军悍然向驻守隆吐山的藏军发动进攻。清廷在听到藏兵和英军开仗并使隆吐山失守后，斥责积极提倡反侵略的文硕免去其驻藏大臣之职，任命升泰为驻藏帮办大臣执行撤兵，不许开仗。隆吐山失守后，噶厦召集全藏会议，决定从各地征兵，继续抗战。8 月底，各路援兵集结于亚东一带，构筑工事，决心与敌决一死战，夺回隆吐山。但升泰到任后，忠实执行清廷的妥协退让路线，抱定“严束藏兵，不准妄动”的宗旨，致使藏军抗英的锐气、部署受到影响。前线藏军虽然拼死抵抗，毕竟装备落后，又无后援，加之指挥失当，隆吐山之战最终失败。英军越过则列拉山口，深入亚东仁青岗、春丕等地。藏族人民轰轰烈烈的第一次抗英战争以失败而告终。1890 年升泰以全权大臣的身份在印度加尔各答与英印总督兰斯顿签订了《中英会议藏印条约》。1893 年又签订了《中英会议藏印续约》。《中英会议藏印条约》规定：中国承认哲孟雄（锡金）为英国保护国，哲孟雄的内政外交完全由英国办理；划定藏、哲边界，西藏亚东山谷以南包括隆吐山在内的热纳宗一带地方为英人占有。《中英会议藏印续约》规定：开放亚东为商埠，英人在亚东享有贸易特权和治外法权，英国货物五年免纳进出口税等。这两个不平等条约的签订，使中国主权蒙受了严重的损失，英国在中国西藏地方获得了种种特权，为英帝国主义进一步向西藏渗透打开了门户。

1902 年 6 月，英国以西藏不履行 1890 年《藏印条约》，“侵犯”了印度边境为借口，派英国驻锡金行政长官怀特率英兵二百人，侵入后藏岗巴宗所属的甲冈。拆毁定界石堆，驱逐守界藏兵，抢走了当地牧民的大量牛羊马匹。1903 年 7 月，英国又派出了三百名英军，再次侵入岗巴宗，要挟中国政府派员到他们指定的地点重新商谈通商划界问题。当中方派出四品边务委员何光燮，亚东海关巴尔，堪仲洛桑赤列，代本檫绒·旺曲结布等，赴英执定地点亚东“谈判”时，英国又突然宣布改“谈判”地点为岗巴宗。当何光燮等代表赶到岗巴宗时，英国又以所谓中方代表官阶太低为借口，拒不与之谈判。英军利用“谈判”不断玩弄花样，在岗巴宗以南盘踞了几个月的时间争取时间准备进一步扩大战争。就在西藏地方当局的注意力完全被吸引在岗巴宗时，1903 年 12 月 12 日，英国派出另一支总人数达 10000 人的侵略军，由荣赫鹏、麦克唐纳率领从大吉岭出发，越过则列拉山口，从疏于设防的亚东、帕里一线，直向西藏的腹心地区进逼，开始发起第二次侵藏战争。英军入侵后，驻藏大臣裕纲派谈判代表李福林赶到帕里，本着妥协求和的宗旨，请求英军立即返回亚东举行谈判，但遭到英方断然拒绝。裕纲害怕事态扩大，竟下达不许抵抗的命令，规定“藏人只能理阻，不准与英兵生事”[①]。1904 年 1 月底，西藏噶厦为了阻止英军推进，从各地召集藏军三千人，开赴拉莫湖畔的骨鲁地区进行布防。在曲米新谷，藏军代本莱丁色、朗色林拦截住英军，要求英军先撤回亚东，再行谈判。起初，英方鉴于滞留在春丕谷的部分军队未到，军需品亦未运来，便佯装同意谈判，但待援兵一到，态度立即强硬起来，断然拒绝了藏军的要求。3 月 31 日，英军突然进攻藏军阵地，藏军指挥官莱丁色代本从阵地走出来要求同荣赫鹏谈判，荣赫鹏一面假惺惺和莱丁色代本在双方阵前谈判；一方面又暗中命令英军悄悄从后面包围了藏军。在谈判中，荣赫鹏提出，既要谈判，就必须解除戒备，诱使藏军放弃武装。莱丁色代本不知是计，为表达谈判诚意，下令将火绳熄灭。可是背信弃义的英军随即用大炮和机枪猛烈扫射藏军，莱丁色代本当场被打死，待命的藏军在情急之下却无法打响火绳枪。在英军的

[①]《驻藏裕大臣致外务部请代奏电》1903 年。

（载自壁画H图33）十三世达赖喇嘛逃往内地时从蒙古到北京的进京途中满蒙官员朝拜的图像。

残酷大屠杀下，藏军官兵一千四百余人惨遭杀害。英军制造了骇人听闻的“曲米新谷惨案”。1904年4月11日，英国侵略军抵达江孜。西藏军民开始进行保卫江孜的殊死战斗。藏军经过两个多月的抵抗，到7月弹药库不幸爆炸，守卫藏军战斗至弹尽粮绝，只得突围。来不及突围的最后数百人全部跳崖牺牲，炮台沦陷。江孜宗山被英军攻陷后，英军旋即占领了整个江孜。江孜保卫战失败后，英军从江孜直逼拉萨。7月底十三世达赖喇嘛（见壁画H图33十三世达赖喇嘛逃亡蒙古地区画图）为了不受英国人摆布，便携同随员30余名，秘密离开拉萨，曾经一度来到外蒙的库伦，产生了“联俄抗英”思想，以期得到沙俄的援助和支持。但恰在此时，沙俄在日俄战争中败北，自顾不暇。而清廷驻藏大臣有泰等向朝廷诬告达赖对其采取革除名号的政策，对此达赖对清廷也极度失望。

二、西藏地方半殖民地政治形态

在英国人的武力威逼之下，昏庸的驻藏大臣有泰竟背着中央政府，擅自于9月7日签订了屈辱的《拉萨条约》。《拉萨条约》主要内容包括以下几个方面：（1）向英国赔偿50万英镑，折合印度货币750万卢比。每年赔偿10万卢比，75年付清；（2）按照英国要求划定藏锡边界，将甲岗一带地区划归锡金；（3）增开江孜、噶大克为商埠，由英国派商务官员和西藏专门人员共管商务；（4）英国军队驻扎春丕谷，作为西藏履行条约的担保，至赔款清缴或商埠妥立三年后最晚之日为止；（5）削平拉萨至边界的炮台和军事设施，并拆除一切妨碍交通之武备；（6）非得英国允许：①西藏土地不得租售给他国；②外国不得干涉西藏事务；③外国不得派人进入西藏；④外国不得在西藏取得铁路、公路、电线或矿产的租让权；⑤西藏各进款或货物或金银钱币不得向外国抵押拨兑。

不平等的《拉萨条约》签订后引起了中国人民的强烈愤慨。中央政府严正指出，所谓的《拉萨条约》既没有经中国中央政府代表签署，也没有经西藏地方政府主要领导人达赖的签署，它完全“不能视为国际上的确凭”，“当局者万无允许之理”[1]。与此同时，国

[1]《东方杂志》第1卷第9期，第135页。

际舆论也纷纷指责英国的侵略行径。清政府对有泰未经请示擅自签订条约认为有辱大清主权，电令有泰拒绝签字，并要求“务须将此条婉商妥改，才能照办，不可遽行画押，免滋口实。”[①]1905 年 1 月，清政府任命外务部侍郎唐绍仪为全权代表，率参赞张荫棠、梁

（壁画 H 图 35）该图反映的是十三世达赖喇嘛于 1908 年 9 月进京觐见晚清重要政治人物，清朝晚期的实际统治者慈禧太后，同太后观看京剧的情景。

---

① 吴丰培辑《清季筹藏奏牍》《有泰奏牍》卷 1，第 26 页。

士诒等赴印度加尔各答，同英方专使费利夏谈判，商谈改约之事。谈判中，英国施展阴谋，只承认中国对西藏拥有宗主权，而力图否认中国对西藏的主权，要唐绍仪在《拉萨条约》上签字，遭到唐绍仪的坚决拒绝，双方终止了谈判。1906 年 4 月，中英双方在北京恢复谈判，英方代表为驻华公使萨道义，中方代表仍为唐绍仪。经过多次商谈，最后于 4 月 27 日签订了《中英续订藏印条约》。条约规定：英国同意不占领西藏领土，不干涉西藏一切政治；中国同意不准其他国家干涉西藏事务；《拉萨条约》作为《中英续订藏印条约》之附约。通过该条约英国提出清朝中央政府与西藏的所谓宗主权，否认中国对西藏的主权，排斥他国染指西藏。从此英国在西藏上层统治阶级中积极培养其代理人，将西藏地方置于英国的国家战略服务范围之下加以干涉，直到抗日战争全面爆发后的 1942 年 10 月，美、英两国政府分别通知中国政府，声明愿即时放弃在华治外法权等殖民政策为止才结束。

第九章　民国时期西藏地方的政治制度

1911 年爆发的辛亥革命推翻了清王朝腐朽的封建社会制度，建立了民主共和制—中华民国。民国时期（公元 1911 年至 1949 年）我国仍然处于内忧外患的动荡时期，这时期尽管中央政府与西藏地方政治关系极为不正常，但历届民国政府对西藏地方的主权管辖权加以持续，西藏地方的爱国人士也坚持维护国家统一，西藏为中华民国一部分的性质没有改变。

第一节　民国初期西藏政治格局转型的阵痛

民国初年拉萨动乱的导火线是驻藏军队欠军饷引起，但深层次的原因是我国新旧体制更替中不同利益集团的较量以及帝国主义的干涉分不开。自元朝开始西藏地方正式纳入中央政府管辖以来，西藏地方一直处在中央政府的有效管理下，元明清三朝时期中央政府尽管采用的治藏策略不尽相同，但在维护国家主权这一点上却是一致的。

一、民国初期拉萨战乱与西藏地方割据势力的出现

19 世纪末，英国殖民主义者加紧了对我国西藏的侵略，通过签订一系列不平等条约，攫取不少权益，西藏人民对此进行了坚决的斗争。清朝晚期由于政权腐败、国力衰退，在英国殖民主义者的淫威下，签订了涉及西藏的一系列丧权辱国的不平等条约。到清末民

初，在全国民众的一片谴责下，清政府被迫为“挽回主权”在西藏地方进行改革。整顿西藏政务，推行新政的改革首先由张荫棠推行。由于改革涉及政教分离，中央集权等严重脱离西藏地方政权架构的内容，故得不到西藏上层人士的理解和僧俗民众的支持。加之张荫棠也受到联豫等一些满汉官员的嫉恨，在朝廷诬陷其为在藏“令喇嘛尽数还俗，改换洋装”等谗言，1907 年 5 月张荫棠被排挤出西藏，改由班办大臣联豫为驻藏大臣，继续奉行改革。联豫改革在政治架构上仍然执行张荫棠的改革思路，受到西藏地方上层的激励抵制。为了平息和对付藏人对“新政”的抵制和反抗，驻藏大臣联豫采用了强制高压手段推行新政，1909 年调遣四川新军 2000 多人，由四川知府钟颖和赵尔丰率领入藏“弹压”对新政的抵制。由于赵尔丰带领的川军在川西藏区推行“改土归流”过程中对当地藏区有过残酷弹压，变世袭土司管理制为流官制，强迫改变习俗等的经历，造成西藏上层统治阶级和僧俗民众的恐慌。十三世达赖喇嘛为首的西藏噶厦政府要求川军停止入藏的同时调动藏军沿途阻止，未能奏效。1910 年 2 月“十三世达赖喇嘛在川军抵拉萨前夕，邀请驻藏帮办大臣温宗尧到布达拉宫面允撤回阻击川兵的藏军；向朝廷咨请奏谢；重视联豫大臣地位，一切供应照常规复三项。温宗尧对十三世达赖喇嘛此举颇感欣慰，为安定藏局，也表示川兵入藏必将严明纪律，不至骚扰地方；诸事均和平办理；达赖固有教权不加侵损；决不杀害喇嘛，以昭信守”[①] 的承诺。但是，气量狭小的驻藏办事大臣联豫竟固执己见，认此“立约”，不肯会衔，并删掉温宗尧所允“诸事均和平办理”的内容。2 月 12 日，正值拉萨传召期间，川军前卫抵拉萨，联豫卫队前往迎接，入藏部队耀武扬威，随意向人群、向布达拉宫开枪，毙伤数人，大昭寺济仲大喇嘛也在琉璃桥畔饮弹身

[①] 喜饶尼玛《近代藏事研究》，西藏人民出版社 2000 年 7 月第一版第 65 至 66 页。

亡。一时全城震动，人心惶惶。达赖喇嘛见此以为凶兆，恐再逭留必不见容于联豫，当日，委策墨林呼图克图暂代其职后，星夜出走。十三世达赖喇嘛“初欲赴后藏，旋因为人唆使，中途变计，逃往印度”[①]。1911年，四川保路运动骤起，消息很快传到拉萨，军纪松弛的川军早就因欠饷怨气冲天，乍闻内地革命，即思回川。当时，川军中哥老会势力颇大，哥老会首领叶纶三、严步云等乘机起事，谓“川乱不得回家，若能劫钦差取库饷，以勤王为名，不但无罪，而且有功”，即策动兵变。他们公推兵备处书记官李治平、标部书记官范金为总参谋。乱军先是抢劫兵备处军饷粮饷及驻藏大臣官署库房，继而又向噶厦强索饷款，祸及街市商贾。9月25日夜兵围衙门，将驻藏办事大臣联豫劫往札什城。时任造币厂总办的钟颖，闻悉此事即率手下亲兵十余人从波密赶往拉萨，晓以厉害，恳求释放联豫，他的话使在场兵士颇受感动。乘众人犹豫之时，其部下杀毙叶纶三，后又处死范金、李治平等人。10月1日，联豫得归驻藏大臣衙门。几天后，江孜又传警报，驻防清军树起“革命”旗号，要来取联豫等人的首级。联豫成为众矢之的，即将驻藏大臣的印信交与钟颖，委其代理，自己则潜往拉萨哲蚌寺躲藏起来。联豫避居后，实权并非在钟颖之手，而是由新成立的公议局掌握。联豫的秘书何光燮被乱军推为副都督，他与郭元珍（联豫的卫队长）、汪文铭（马队营管带）串通一气，组成“公议局”，由汪文铭任议长。波密驻军得知拉萨乱事，也起而响应，杀掉左参赞罗长椅，回兵拉萨。江孜、日喀则等处驻军也公推代表前往“索饷”，12月26日，四川发来的饷银解到拉萨。翌日，联豫自哲蚌寺返回拉萨，重新主持藏事，给驻守各地的川军发放饷银。但这只是权宜之计，未能安定西藏。随着清王朝倒台，全国各地都在纷纷闹独立，川军起事不仅为饷银，

① 喜饶尼玛《近代藏事研究》，西藏人民出版社2000年7月第一版第66页。

更直接的目的是返回故地。于是，拉萨川军再次挑起事端，枪声迭起。联豫、钟颖实权旁落，空有个“大臣”、“协统”之名，自然难以管控，拉萨则统归“公议局”以及袍哥组织“大同保障总公口”的领导。“秩序紊乱，法纪荡然”[①]，藏、汉人民痛不聊生。清军内部的混乱，被英国人视为是其实现蓄谋已久的控制西藏的大好时机，1911 年底，印度总督明托勋爵特赴大吉岭与达赖喇嘛会晤，建议大力组织民兵反击驻藏军队，经过一段策划后，达赖喇嘛于 1912 年初，派遣达桑占东从印度潜回西藏，到各地和寺院串联，组织民军，开始包围和攻打拉萨、日喀则等地清朝驻藏军队，揭开了同驻藏大臣直接对抗的道路。1912 年 1 月 22 日，后藏江孜告急，驻防军受藏军围攻，粮弹不济，求援于拉萨。时任公议局议长的张谋调管带潘文华等前往救助。援兵到时，江孜守军已在英驻亚东商务委员麦克唐纳“调停”下被迫交出武器，先行出藏。潘文华部也由代理监督史悠明作主，卖枪与藏官作为路费出藏。在拉萨的乱军为筹措盘缠早就对色拉寺巨额财富虎视眈眈，苦于师出无名。此次潘部出发，色拉寺不肯支应伕马，即以此为由，于 2 月 5 日向色拉寺发起攻击。这是拉萨战事的开始。色拉寺为各鲁派三大寺之一，寺僧多时达 5500 人，且多有武器。川军围攻两昼夜，不能克之，反激起藏军及喇嘛的公愤。英人即挑动达赖喇嘛，由达桑占东组织民军从后藏前往拉萨，将驻拉萨川军及驻藏官员团团围住。战事骤起，形势陡变，拼凑的“公议局”、“大同保障总公口”根本无法支撑危局，众人只好再请驻藏大臣联豫和陆军协统钟颖出面维持。钟颖、联豫复出后，果断地解散了“公议局”、“大同保障总公口”，处死以汪文铭、郭元珍为首的骚乱分子。但因衅端已开，川军在藏不得人心，形势仍难缓和，只得率军勉力抵抗。札什城被围后，噶厦严禁藏民卖粮

[①] 喜饶尼玛《近代藏事研究》，西藏人民出版社 2000 年 7 月第一版第 67

与川军。被围军营“食物无出，牛马驴骡均食尽，遂至大困——总之最惨者，为百姓与守分之文武官员而已。汉、番百姓之在围中者，日往联、钟两处痛哭，祈早议和”[1]。钟颖、联豫率兵苦守，备尝艰辛，无心再战；藏方戮力攻城，久战不下，也有意调和。6 月 19 日，川、藏双方官员在英控下的廓尔喀（尼泊尔）驻藏官员噶卜典“调停”下，于鲁布草坝帐房相见，但因藏方提出要川军缴械离藏这个敏感要求，故未能达成协议。于是，又重新开战。7 月 6 日，藏军不愿继续拖延，集中优势兵力，向拉萨的川军发起总攻击。川军粮弹均缺，兵无斗志，但仍拼死抵抗至 30 日，在尼泊尔官员噶卜典的“调停”下，由原前藏裁缺游击吴乃成、前马队营管带强鸿升代表联豫、钟颖与藏军达成了停战条约四款，主要内容为：（一）川军枪弹交廓人手，封藏藏中，后无汉、廓、藏三面人齐，不得擅取；（二）陆军全行退伍，由印度回国，藏方提供乌拉等，钦差、粮台、夷情各官，仍照旧驻藏；（三）钦差准留枪 30 枝，统领准留枪 60 枝；（四）川军出藏后，所有前次兵变损失财产、房屋，须照实议赔[2]。从以上停战协定不难看出当时噶厦“仍复制营旧例”对待中央政府派驻的官员和士兵，而没有体现出分离、驱汉等行为。一方面由于清王朝已覆灭，驻藏清军（川军）全行以退伍的形式退出西藏。另一方面武器交由第三方（尼泊尔人）收存保管，任何一方不得擅取，武器重新启用时需汉、廓、藏三面人齐才行。同时更重要的是钦差、粮台、夷情各官，仍照旧驻藏，钦差准留枪 30 枝，统领准留枪 60 枝。8 月 4 日，原驻藏大臣联豫离开拉萨。噶厦按钦差大臣待遇支应乌拉。由于英帝国主义从中挑拨离间，西藏地方上层个别人在中央驻藏官员离藏的问题上耍了手腕，在联豫离开拉萨后，提出只承认

---

[1] 喜饶尼玛《近代藏事研究》，西藏人民出版社 2000 年 7 月第一版第 67 至 69 页。

[2]喜饶尼玛《近代藏事研究》，西藏人民出版社 2000 年 7 月第一版第 68 页

原清朝政府的办事大臣，不承认由民国政府新任命的西藏办事长官——原陆军统领钟颖。他们提出驻藏大臣已离藏，钟颖就没有理由再留在西藏。钟颖受任于民国政府，自应接受中央指令。当时北京政府迭电钟颖（也包括联豫，但联豫系忠于清朝的满族大臣，对新的“共和”并不承认），要求“该办事等万勿遽离藏境，致蹈自弃疆土之咎”。为了逼走钟颖，8 月 11 日藏军再次包围札什城，封锁通道。钟颖部前次被围后，元气尚未恢复，大部陆军也已离开拉萨，此刻陷于山穷水尽之境。但因无路可走，设计夺得西藏上层重要官员的家眷以为人质。到 9 月底，尼泊尔官员又一次出面调解。钟颖顾及被围汉、藏军民的身家性命，见局面已经非其所能挽回，遂同意拉萨尚存的川军官兵（即其卫队）交出武器弹药。11 月，钟颖等离开拉萨。

根据和谈条约，驻藏办事长官钟颖及一部分卫队仍有权继续留驻拉萨，但在英国的挑唆下，西藏地方政府便在中央驻藏官员问题上耍弄手段。在联豫离藏后，西藏地方政府提出只承认原清朝政府的办事大臣，不承认由民国政府所任命的西藏办事长官钟颖。1912 年 12 月，达赖喇嘛返回拉萨。达赖喇嘛回来后对他在流亡期间，支持驻藏大臣，支援驻藏清军的西藏僧俗上层及寺院进行严厉惩办。第穆呼图克图、堪布元典喇嘛，噶伦檫绒・汪久结布等都被杀害；丹吉林寺、哲蚌寺罗仓林扎仓等遭到查抄镇压。同时对在反对清军战役中有功人员及跟随其流亡印度的随员大力晋升。曾因保卫达赖逃亡印度和在驱逐清廷驻藏官兵事件中有功的达桑占东，被封为扎萨贵族，并把檫绒封号及庄园，农奴赐给他，使他由平民一跃成为西藏最有势力的檫绒扎萨，并掌握西藏的军政大权；另外贵族夏扎・边觉多吉，赤门・洛布汪杰，僧官降巴登达等均升迁要职，得到重用。十三世达赖喇嘛所采取的这一系列大规模的报复行动，无疑是针对清灭亡前夕对西藏地方所采取的失误的改革措施而导致双方矛盾发起的。然作为民国临时大总统的袁世凯在西藏问题上十分软弱，袁世凯与革命党人的矛盾正在加剧，俄国政府制造的外蒙危机也日益明显。袁世凯急需得到各列强对他复辟 “帝制”的承认，以及需要英美等国际财团的资助，尤其是正在酝酿的英国克利浦斯公司提供借款1000万英镑事，岂敢得罪英国。因而放弃西征入藏的军事手段，电尹昌衡等说明“惟现在时局孔棘，财政困难，正如病夫，元气已伤，百孔千疮，尚须调摄，岂可竟忘远虑，轻启衅端。望遵迭次前电，勿得再入藏境，致滋渔利。已饬外交部与英使严重交涉矣”[①]。从中我们可以看清，在英国人的挑动和直接插手下，经过驻藏官兵一场动乱，中央政府派驻西藏的机构及其官兵被迫离开。

自此西藏也同清末民初时期在祖国各地出现的脱离清王朝，实行独立或地方自治的14个地方政体一样，针对清王朝逐成为地方割据政权，所不同的是内地18个省中14个独立的省是由革命党人领导，随着国内政局的稳定下来，各地趋于统一。但西藏地方政权仍然掌握在政教合一政治制度下的三大领主手中。为了维护他们的既得利益，对于在内地出现的新的政治体制他们望而却步，加之英殖民主义者的干涉、阻扰以及挑拨离间，致使西藏地方与中央政府之间的关系进一步复杂化。民国初期虽然从国家结构层面讲西藏地方仍然在中央政府管辖范围内的范畴，中央政府专门设置有管理机构，但由于民国政府的脆弱、妥协，中央政府再未派大员或军队开进西藏达25年之久，酿成了中央政府与西藏地方不正常关系。

二、英国驻藏机构的设立及其职能

英国势力最早以“商务”为名以军事侵略为手段进入西藏地方，

[①] 喜饶尼玛《近代藏事研究》西藏人民出版社等2000年7月第一版，第71至73页。

他们通过不平等条约在西藏设立噶达克、江孜、亚东、拉萨等地的商务机构，通过这些机构的派驻官员执行西藏从中国分化的政策，如所谓“西藏通”的柏尔、贝莱、威尔、卡姆贝尔、古德、威廉逊、霍根森、热衣巴都（藏名罗卜登珠）等人都曾到西藏策划分化阴谋。他们在英国驻锡金行政官的指挥下表面上是作为商务人员存在，实际上干的是削弱西藏同中央政府关系的勾当。如曾任亚东商务委员、后又任驻拉萨代表热衣巴都（藏名罗卜登珠）就长于藏语文，甚至得到噶厦封给他的“札萨”爵位，可出席西藏地方的一些会议。他们竭力拉拢西藏僧俗上层，为求噶厦对其活动不加干涉，平时便采取宴会请客，拜访送礼，放映电影，发放传单、图片等手段诱惑地方官员。英驻拉萨代表黎吉生还谈到英人与噶厦“保持经常的密切接触，西藏与英国之间发生的每一类问题，都可以在比噶厦讨论不那么正式的气氛下，进行友好的个人讨论”。这里，我们可以清晰看到英国在藏设立的“商务”机构，实际上就是执行殖民政策的机构。

以威逼与诱惑两手拉拢政教首领，制造内部矛盾是英国实现侵略目的重要伎俩。十三世达赖喇嘛出走蒙古库伦后，英印政府为进一步控制西藏，把目光放在了九世班禅身上。他们通过驻江孜商务委员卧克纳（即鄂康诺），声称在印度有一大会，英国王太子均前往，想欲一见班禅。九世班禅看清了他们的用心当即回称，须呈报中央驻藏大臣及奏呈大皇帝照准方可起程。否则难以从命。英国驻江孜商务委员鄂康诺对九世班禅此举颇为恼怒，威胁带兵入藏以护卫之名想“强行劫持”。班禅大师考虑到英国以此为借口动兵挑衅侵藏，只得舍命前往印度。就在十三世达赖喇嘛对清廷推行的治藏新政极度失望之际，英国也加紧了对达赖喇嘛的拉拢活动。英国把熟悉中国国情的殖民老手庄思敦、印度负责西藏事务的鄂康纳、精通藏文的达斯和锡金王子等，都派去配合英国驻华公使朱尔典，诱使十三世达赖喇嘛及其亲随改变对英国的态度，并以此作为不再阻挠达赖喇嘛返回西藏的条件。民国初期，英殖民主义者为了阻止西藏方面与新取得政权的民国中央政府发生直接关系，一方面阻止十三世达赖喇嘛和北京派往西藏的办事长官陆兴祺等进入西藏。另一方面则挑拨汉藏关系，阻止汉藏直接进行谈判。达赖喇嘛返藏后于1911 年藏历新年期间，川军进驻拉萨时纪律松懈，打死打伤多人，而联豫拒绝和平解决问题。因达赖与联豫围绕新政矛盾突出。加之英国驻拉萨官员的唆使达赖仍感惶恐，遂于 2 月 12 日夜率夏札边觉多吉等人离开拉萨，直奔帕里。帕里英印政府官员即奉命把他们接入驿站，以保护达赖人生安全不受来自清军威胁为借口，不许当地清政府官员与之会面。随后，达赖一行转赴亚东，住进英国商务代理处。英驻亚东商务委员麦克唐纳早已得到英印政府的命令，遂将达赖安置在他的私人住宅，并以“保护”为名派士兵四处巡逻看管。控制住达赖后，由英国出面向民国政府提出举行中英藏三方会议，来解决一切悬案，并威胁说：“中国如不与会议，缔结关于西藏之新约，则英将与西藏政府直接商订矣。”在英国的逼迫和袁世凯称帝心切的情况下，民国政府最后做出妥协，同意参加所谓的中英藏三方面参加的“西姆拉会议”。为了控制会议，英国政府不断施展阴谋诡计，在出席会议的代表人选，代表名称和代表权限，谈判方式及会议地址等问题上，对中国政府的有关决定或建议，提出种种限制和反对。如代表问题，北京政府拟派了解藏事的张荫棠为首席代表，在一些问题上反对英国的胡汉民为助理参会。英国坚决反对，并指名要陈贻范和王海平来担当此职（陈贻范曾任过驻英领事）。袁世凯迫于英国压力便派王海平替换胡汉民为助理。1913 年 10 月，中、英、藏三方代表在印度北部城市西姆拉正式召开会议，英国的首席代表是英印政府外务大臣麦克马洪，副代表是英国驻华公使罗斯，顾问是英驻锡金政治专员柏尔。西藏地方首席代表是伦钦夏扎·边觉多吉，助手是藏军副司令赤门·诺布旺杰以及三大寺代表各一人。会议一开始，亲英分子伦钦夏扎·边觉多吉就按照事先与英方秘密商妥的方案，提出了西藏独立、划定中藏边界、达赖喇嘛为西藏之政教君主等 6 项无理要求。针对这些提案，中国政府代表陈贻范作了驳复，阐明西藏为中国领土之一部分。由于双方分歧较大，引起激烈争论。于是英国以调停人身份由麦克马洪出面按照事先预谋，抛出了一个所谓的“折衷”方案，方案把青海、西康、甘肃、四川、云南等地有藏族居住的地区划为内藏，把西藏划归为“外藏”两大块。建议“内藏”由中国政府管辖；“外藏”实行“自治”。

（壁画 H 图 38）该图反映的是十三世达赖喇嘛逃往印度时在锡金同英帝分子锡金行政长官贝尔在一起的情景。

这个“折衷”方案的目的，实质上是妄图先将“外藏”从中国分割出去，将其置于英国控制之下，以西藏“自治”为名，行西藏独立之实。之后要求参会代表在草药上签字，1914 年 4 月 27 日英国威逼陈贻范在条约上草签。签字的条约草案内容在报刊上披露后，引起了全国各族人民的坚决反对。袁世凯在全国人民的压力之下，也不敢批准该项条约，他电令陈贻范不得在正约上签字。1914 年 7 月 3 日陈贻范在最后一次三方会议上拒绝在所谓的“西姆拉条约”正式文本上签字。并且发表声明：“凡英国和西藏本日或他日所签订的条约或类似的文件，中国政府一概不能承认”[①]。

在西姆拉会议期间，麦克马洪还背着中国中央政府代表陈贻范同夏扎·边觉多吉私下达成秘密交易：英方以扶植西藏独立和收复西康为条件，以赠给西藏一部分军火为诱饵，换取了西藏方面对由英人划定的所谓的印藏分界线“麦克马洪线”的承认。这条私自划定的红线西自不丹边境，向东延伸到我国西藏的察隅，把历来属于中国的西藏门隅、洛隅、下察隅地方 9 万平方公里的领土划归了英属印度。西姆拉会议从未讨论过中印边界问题，更没有提出过“麦克马洪线”，它是一条背着中国中央政府，强加于中国的非法无效的边界线。

西姆拉会议经过英国的精心策划和多方施压，软弱的袁世凯为首的民国政府和西藏地方政府逐步走进了英国政府设下的分裂西藏阴谋的陷阱，给国家主权的维护、领土的完整带领了极大的损害。西姆拉条约不仅是英藏之间秘密交易的非法条约，而且是英帝国主义策划西藏脱离中国版图的有力罪证。这次会议是英帝国主义干涉中国内政，策划使西藏脱离中国的分裂阴谋的产物。

综上所述，清末到民国时期西藏政治格局转型中的阵痛，疆土

[①] 伍昆明《西藏近三百年政治史》，鹭江出版社 2006 年 6 月版第 378 页。

主权的丧失主因可以清晰地看到英国殖民统治的影响，这种影响还反映到十三世达赖与九世班禅的不合、热振事件、噶厦政府创立的所谓“外交局”、西藏地方参加的所谓“泛亚洲会议”以及噶厦派出赴欧美的“商务代表团”等事件上。从这些事件中我们不难看出在帝国主义的侵略政策下，近百年来西藏人民所遭受的蹂躏，我国主权和领土受到的侵犯。

第二节　民国中央政府在西藏维护主权与治藏举措

一、共和制下西藏政教合一制度的存续

1911 年辛亥革命爆发，中国最后一个封建帝制清王朝的统治被推翻。1912 年 1 月 1 日，中华民国南京临时政府正式成立，孙中山就任临时大总统。孙中山在总统宣言书中宣告：“国家之本，在于人民，合汉、满、蒙、回、藏诸地为一国，则合汉、满、蒙、回、藏诸族为一人，是曰民族之统一。”[①]宣言向世界昭告，在中华大地上，建立起了包括藏族在内的统一的多民族共和国。3 月 11 日，孙中山主持制订并公布了《中华民国临时约法》。这部具有宪法性质的《临时约法》明文规定：“中华民国领土，为二十二行省，内外蒙古、西藏、青海。”民国的第一部宪法，向世人宣誓了民国中央政府秉承历史继续拥有对西藏的主权。同时在《临时约法》中强调“中华民国人民，一律平等，无种族、阶级、宗教之区别。”《临时约法》还规定了民国政府参议院议员，由各省选派五名代表参加，西藏同其他各省一样，选派 5 人参加。1912 年 3 月 10 日，袁世凯在北京宣誓就任中华民国总统，重新组织内阁。3 月 25 日，袁世凯发

[①] 孙中山《临时大总统就职宣言书》，中国第二历史档案馆编《中华民国史档案资料汇编第二辑》。

布《劝谕蒙藏令》，告知达赖喇嘛、班禅额尔德尼等蒙藏地方黄教首领，现在国家政体改革，是为共和，五大民族均归平等。4 月 22 日，袁世凯再次发布命令，宣告："五族共和，凡蒙、藏、回、疆各地方，同为我中华民国领土。则蒙、藏、回、疆各民族，即同为我中华民国国民"[①]。1914 年 5 月国民政府正式颁布《中华民国约法》。在约法中的"第一章第三条规定，中华民国之领土，依从前帝国所有之疆域。第二章第四条规定，中华民国人民无种族、阶级、宗教之区别，法律上均为平等。第十章第六十五条规定，中华民国元年二月十二日所宣布之大清皇帝辞位后优待条件，清皇帝待遇条件，满蒙回藏各民族待遇条件，永不变更其效力"[②]。1927 年国民政府在南京建立。1929 年 9 月 23 日，蒋介石分别致电达赖和众噶伦，表明了中央政府对西藏的态度。在致噶伦书中指出："政府秉承遗教，一视同仁，藏卫虽遥，其地为中华民国之领土，其人为中华民国之国民，无不尽力扶植地方自治之基，以争存于世界"[③]。

1931 年 6 月 1 日，国民政府颁布了《中华民国训政时期约法》，其中规定："中华民国领土为各省及蒙古、西藏"，"蒙古、西藏之地方制度，就地方情形，另以法律定之"[④]。此外，1947 年公布的《中华民国宪法》规定："西藏自治制度，应予以保障。"关于国民大会也有明确表述，"西藏选出代表，其名额以法律定之。"并规定在全国立法委员、监察委员中也包括有西藏地区的名额。

上述史实表明，辛亥革命以后的共和制下，历届中央政府都从国家最高法律层面对西藏重新确立了主权法理依据，并采取了五族共和的政策地方自治，保留西藏原有制度的治藏方略，坚持了西藏

---

① 《东方杂志》第八卷，第十二号。

② 谢铁群《历代中央政府治藏方略》中国藏学出版社 2005 年 8 月第一版第 172 至 173 页。

③ 同上，第 173 页。

④ 同上，第 173 页。

是中国领土的一部分的原则和治理举措。

二、调整中央治藏机构、任命官员负责处理西藏事务

第一，调整中央治藏机构和任免该机构官员。民国政府1912年4月21日取消清朝管理边疆民族地区的政府机构理藩院，改由内务部内设蒙藏事务处予以管理。1912年5月，为了稳定西藏局势，民国政府任命清末驻藏陆军统领钟颖为西藏办事长官，负责处理西藏事务。钟颖离藏后，民国政府又任命陆兴祺为西藏办事长官。为加强对蒙藏事务的管理，1912年7月24日，设立蒙藏事务局，直接隶属国务院。1914年5月，民国中央政府鉴于蒙藏地方幅员辽阔，又地处边疆，战略地位十分重要，将蒙藏事务局改为蒙藏院（蒙藏委员会）下设总务处、蒙事处、藏事处、参事室、秘书室、编译室、调查室、蒙藏教育委员会等机构，直接隶属民国大总统。1934年11月热振活佛出任摄政期间，国民政府派黄慕松进藏致祭十三世达赖喇嘛，设立蒙藏委员会驻拉萨通信处。1940年4月蒙藏委员会委员长吴忠信主持十四世达赖坐床典礼后，在拉萨主持成立该会驻藏办事处。这些中央机构的设立为维护国家主权，加强中央政府与西藏地方政府关系，联络西藏民众同内地各民族感情起到了重要作用。

第二，根据有关法律，设定国家立法机关代表名额，选举和任免官吏。国民政府在南京成立后，国民会议、国民参政会、国民党全国代表大会以及其他一些重要会议，均要求西藏地方派代表出席。自1912年中华民国政府成立以后，国会中就有不少西藏人。依《待遇西藏条例大纲》第七条“藏人晓汉文者得任民国官吏”，他们多进入政府机构。尤其自1928年国民政府在南京宣告成立后，在中央任职者更是不胜枚举，九世班禅，国民政府委员、西陲宣抚使、青海省政府委员、蒙藏委员会委员；热振呼图克图，中央执行委员；

朗敦·贡嘎旺秋（司伦），中央监察委员；诺那呼图克图，候补中央执行委员、立法委员、蒙藏委员会委员、西康宣慰使；罗桑扎西（西藏驻京办事处处长）、国民参政会参政员等等，他们驻京日久，了解藏区情况，在藏区与内地的联系与交往中做出了积极贡献，国民政府也认为他们“办事均著有劳勋”提议参政议政，力求使西藏人民真正爱国意见得以直接尽量表现，以集中于全国意见之林。

第三，颁布有关涉藏法律条文，规范和理顺政教治理措施，稳定各方关系。中华民国成立后，颁布的一系列根本法和基本法中均含西藏地方的主权归属、基本权益、参政议政等内容。如《中华民国临时约法》、《中华民国训政时期约法》、《众议院议员选举法》、《中华民国国会组织法》、《中华民国宪法》等中涉及。同时中央政府还就西藏地方事务专门颁布了有关法律法规，如《劝谕蒙藏令》、《西藏待遇条法》、《西藏第一届国会议员选举法》、《边疆宗教领袖来京展觐办法》、《蒙、藏、回、疆各地长官及宗教领袖人员来京展觐赏赉办法》、《管理喇嘛寺庙条例》以及《喇嘛任用办法》、《喇嘛转世办法》、《边疆武职人员叙授官衔暂行条例》等，体现对西藏等边疆地区的重视。

第四，坚持承袭历史定制，彰显国家权力。中央政府对西藏政教领袖加封名号任免官职从元朝就开始，历史悠久，影响深远，这也成为行驶国家权力的重要措施。清朝统治结束后，民国中央政府力图维系了这一历史定制。1912 年 10 月 28 日，民国政府对清朝已革除的十三世达赖喇嘛发布恢复名号令：“现在共和成立，五族一家，前达赖喇嘛诚心内向，从前误解自应捐释，应即复封为‘诚顺赞化西天大善自在佛”。1932 年国民政府又又赐九世班禅“致忠阐化”名号。与此同时，还颁给达赖和班禅派驻内地的僧官如罗桑巴桑、江曲达吉、贡觉仲尼等人“诺门罕”、“绰尔济”、“札萨克”

等名号。1933 年 12 月 17 日，十三世达赖喇嘛土登嘉措圆寂，1934 年 1 月 26 日，噶厦将热振任摄政一事呈报中央，国民政府批准热振活佛摄理西藏地方政教事务，并决定特派黄慕松到藏致祭。1934 年 8 月黄慕松一行经过长途跋涉由西康抵达拉萨，西藏地方对中央代表的到来十分重视，噶厦按清代迎接驻藏大臣的礼仪举行了隆重的欢迎仪式。9 月 23 日，在布达拉宫举行了隆重的册封典礼，追封十三世达赖喇嘛土登嘉措为“护国弘化普慈圆觉大师”，并颁发玉册、

（壁画 H 图 39）该图反映的是 1939 年 7 月以摄政热振活佛为首的西藏各大小活佛、噶伦等地方僧俗官员和蒙藏委员会咨议张威白等在堆古塘迎帐内迎接从青海远到而来的新灵童十四世达赖喇嘛的情景。

玉印。10月1日又在布达拉宫设达赖喇嘛灵堂举行了庄严肃穆的致祭仪式。1938年12月28日，国民政府行政院院长发布命令："特派蒙藏委员会委员长吴忠信会同热振呼图克图主持第十四辈达赖喇嘛转世事宜"。西藏地方政府认为青海灵童灵异显著，勿需掣签，予以公布。吴忠信坚持亲往"看验"灵童，加以考察以行使中央的权力，并要求热振活佛必须正式具文呈中央，获准后方能免予掣签。一切就绪后，吴忠信始致电中央，按照西藏地方政府的请求要求中央准予灵童拉木登珠免予掣签。1940年2月5日，国民政府发布命令："青海灵童拉木登珠，慧性湛深，灵异特著，查系第十三辈达赖喇嘛转世，应即免予抽签，特准继任为第十四辈达赖喇嘛，此令"[①]。同时拨发40万元，以示优抚，该经费也是中央间接地弥补拉木登珠被选为灵童之一迎请西藏时，青海军阀马步芳榨取西藏地方40余万大洋的空缺。至此，灵童确定程序上完成必须的认定手续，真正成为十三世达赖的转世灵童。2月22日晨，达赖喇嘛坐床大典隆重举行。1937年12月1日，九世班禅圆寂。国民政府于1937年12月23日，特发追赠班禅封号令，追赠其"护国宣化广慧圆觉大师"封号。1938年8月5日，国民政府致祭专使戴传贤一行60人到达甘孜。同月，在甘孜寺大殿举行了隆重的致祭大典。在灵童转世选择上，西藏地方政府想避开中央政府，违规擅立自己找到的"班禅"，遭到中央政府和蒙藏各族人民的反对。另一方青海班禅徒属在寻访后，经多方验视，认定灵童官保慈丹灵异非常，遂具文呈请中央免予掣签。于是由代总统李宗仁于1949年6月3日颁发了免予掣签令："青海灵童官保慈丹，慧性澄圆，灵异夙著，查系第九世班禅额尔德尼转世，应即免于掣签，特准继任为第十世班禅额尔德尼"[②]。这样，

[①] 牙含章《达赖喇嘛传》，人民出版社1984年9月第一版，第330页。

[②] 牙含章编著《班禅额尔德尼传》西藏人民出版社1987年版，第285页。

官保慈丹经过国民政府批准之后，获得了继承九世班禅职权的合法地位，并取法名洛桑赤烈·伦珠·确吉坚赞。1949 年 8 月，国民政府特派蒙藏委员会委员长关吉玉为专使，前往青海塔尔寺主持第十世班禅坐床大典。中央政府除主持参加达赖、班禅祭奠、加封、主持坐床等外，西藏地方摄政的任命、封号等，也都坚持上报中央政府，由政府主管部门审核报政府领导批准。民国中央政府坚持这一做法沿袭了历史定制，体现对民国政府在西藏政教首领任免权上的主导性，有力地保持了中央与西藏地方两者的隶属关系。

第五，抵制英国殖民者为首的外部势力对西藏事务的干涉。中华民国政府在西藏问题上的严正立场写进宪法，并在不同的场合进行宣誓，使英帝国主义十分气恼。于是一方面挑动尚在印度的十三世达赖喇嘛派内侍达桑占东等组织万余民军向驻藏陆军发起攻击，进而挥兵东进，先后攻克江卡、盐井、理塘等地，川边一带的土司也借机取消“改土归流”，赶走中央政府委派的官吏；另一方面又通过外交途径频频向民国政府施加压力。川滇行政长官屡电中央“藏亡则边地不守，边失则全国皆危”，“坐视危疆，焦急万状，并请迅为筹处，以挽危机”。西藏问题成了民国政府面前的一项十分棘手的事。西藏是中国不可分割的一部分，祸起萧墙，中央政府自应果断地采取措施，及时处理。民国政府临时大总统在川、滇、青各省军政首脑的强烈要求下，在广大藏、汉人民的呼吁下，决定首先稳住西藏局势，挫败藏军在川边的攻势，允准四川正副都督尹昌衡、张培爵“请拨驻藏陆军饷粮”、“委钟颖为西藏行政使”的建议，于 5 月 9 日任命正在西藏的原陆军协统钟颖为西藏办事长官，不久，又任命四川都督尹昌衡为西征军总司令，令其速派兵赴藏，滇军蔡锷部也出兵配合。民国政府为了“避免误会”，还及时向英国驻华公使等说明，川军入藏纯为平乱，希望英国不要干涉中国内政，并提出修订有关西藏条约的四条原则：（一）西藏永为中国领土；（二）一切责任均由中国负担；（三）商务上的利益，中英两国共享有之，惟政治上，英国不得干预之；（四）英国不得在西藏驻兵，其他国家亦如此。这四条原则把当时民国政府既要维护领土完整，又怕开罪英国的心态反映得淋漓尽致。民国政府这种态度，使英国人更加嚣张。他们竟迫不及待地跳到了前台，其驻华公使朱尔典数次与袁世凯会谈，威胁中国不得派兵入藏，不得改西藏为行省，否则所有责任惟中国是问。这期间，钟颖部虽在拉萨被迫与藏军达成协议，驻藏陆军全部退伍，由海道回内地。但由川督尹昌衡所率征西军直指昌都，云南军队殷承瓛部也由阿墩子进发，占据乡城。8 月 17 日，英国政府为阻止川滇军队的西征，再令朱尔典撕破脸皮，完全无视国际法准则，向民国政府外交总长提出《备忘录》，其主要内容如下：（一）中国无权干涉西藏内政；（二）不承认民国临时大总统所颁“西藏与内地各省平等”一节；（三）不能容忍中国在藏无限制驻军；（四）上列各节必须订成条约，在条约未订立前，英国政府不承认中华民国政府；（五）印藏交通暂时断绝，待条约成立后，酌量开放。中华民国以就英驻华公使所提出的各项无理要求作出如下非常有理有节的答复：（一）中国不允许其他一切外国干涉西藏的领土权和内政；（二）中国在西藏各紧要之处派遣军队是正当的；（三）现在还没有缔结新条约的必要；（四）中国并未阻碍印藏交通；（五）英国是否承认中华民国和西藏问题不是一回事。

英国为了阻止西藏方面与北京民国中央政府发生直接关系，一方面不让北京派往西藏的办事长官陆兴祺等借道印度进入西藏。另一方面则挑拨汉藏关系，阻止汉藏直接进行谈判。提出由英国出面举行中英藏三方会议，来解决一切悬案，并威胁说：中国如不与会议，缔结关于西藏之新约，则英将与西藏政府直接商订矣。[①]在英国的压迫下，中国北京政府最后做出妥协，同意参加所谓的中英藏三方面会议。1913 年 10 月 13 日，中、英、藏三方代表在印度北部城市西姆拉正式召开会议。会议期间，噶厦亲英分子夏扎·边觉多吉就按照事先与英方秘密商妥的方案，提出所谓西藏独立；划定中藏边界； 中国不得派员驻藏；华商无西藏所发护照，不准入境等使西藏脱离祖国的无理要求。针对西藏地方代表提出的提案，中国政府代表陈贻范作了驳复，阐明西藏为中国领土之一部分。于是麦克马洪又按照事先预谋，抛出了一个所谓的“折衷”方案， 即所谓“内藏”、“外藏”两大块。“内藏”包括青海、甘肃、四川、云南等省的藏族居住区，由中国政府直接管辖；“外藏”包括西藏和西康西部地区，实行“自治”。这个“折衷”方案的目的，实质上是妄图先将“外藏”从中国分割出去，将其置于英国控制之下，以西藏“自治”为名，行西藏独立之实。这是明目张胆地让西藏脱离祖国的预谋。之后英国威逼陈贻范在草药上签字，陈贻范害怕与英方决裂，被迫于 1914 年 4 月 27 日在条约上草签，然而条约草案在报刊上披露后，引起了全国各族人民的坚决反对。袁世凯在全国人民的压力之下，也不敢批准该项条约，他电令陈贻范不得在正约上签字。1914 年 7 月 3 日陈贻范在最后一次三方会议上拒绝在所谓的“西姆拉条约”上签字。并且发表声明：“凡英国和西藏本日或他日所签订的条约或类似的文件，中国政府一概不能承认”[②]。由于中央政府代表没有签字，因此，这个条约的非法性是一目了然的。西姆拉条约不仅是英国与西藏亲英分子之间秘密交易的非法条约，而且是英国策划西藏脱离中国版图的有力罪证。这次会议是英帝国主义干涉

[①] 黄玉生等《西藏地方与中央政府关系史》，西藏人民出版社 1995 年 8 月第一版，第 307 页。

[②] 伍昆明《西藏近三百年政治史》，鹭江出版社 2006 年 6 月版第 378 页。

中国内政，策划西藏脱离中国的分裂阴谋的产物。

从以上这些宣誓、机构建制、法律颁布和活佛转世中的各种宗教仪轨、摄政即位等的加封名号以及西藏选出代表参加民国议会等说明，清政府被推翻后，民国政府建立伊始，就明确宣布了西藏地方是统一的中华民国一部分，藏族是中华五族之一部分，涉藏问题为中华民国主权问题。在操作上具体形式如何转变，决定权仍在中央，这是不容置疑、明确的。所谓“西藏独立”是帝国主义侵略中国的产物，围绕所谓“西藏高度自治”等脱离中国版图的内外阴谋在当时民国中央政府予以坚决的反对和斗争。

第三节　民国时期十三世达赖喇嘛推行的“新政”及其影响

一、十三世达赖喇嘛推行“新政”的政治社会背景

十三世达赖喇嘛土登嘉措在其亲政之初，内地和西藏正处多事之秋。1840 年鸦片战争以后，清政府日趋腐败，国力衰颓，逐步沦为帝国主义的殖民地和半殖民地，西藏也如同全国一样，成为帝国主义列强追逐的猎物。早年，十三世达赖喇嘛视英帝如寇仇，率领僧俗大众抗击英军入侵，为祖国的领土完整尽心尽责。后来，由于清政府驻藏大臣对外实行投降政策，对待十三世达赖喇嘛不仅不支持其反抗英帝入侵的战争，反而把因清政府驻藏大臣向英人推行投降政策而招致失败的责任推到达赖喇嘛的头上。为了讨回公道，十三世达赖喇嘛毅然率随从北上到祖国内地，向朝廷禀报（见壁画 H 图 31）战争的经过和驻藏大臣的问题，但昏庸的清廷终于使达赖喇嘛大失所望。由于中央政府一再坚持地褫夺达赖喇嘛封号，加上达赖喇嘛对清廷在西藏推行新政剥夺其世俗权力等不满，企图依靠过去之宿敌英国来对抗中央新政措施而出走印度。在印度期间，在英

（壁画 H 图 40）该图反映的是十三世达赖喇嘛在北京觐见光绪皇帝和慈禧太后的情景。1908 年 8 月 20 日，慈禧太后和光绪帝召见了十三世达赖喇嘛。达赖喇嘛面奏了西藏情形，并希望清政府“帮助西藏进行抵抗英国侵略，保全藏地”。尽管皇上和皇太后答应，但对抗击侵略的态度上不积极，同时拒绝了达赖喇嘛提出的为避免驻藏大臣误事，不通过驻藏大臣直接上奏皇上有关西藏事宜的请求，这使达赖喇嘛感到清廷对他不够信任，对清廷极度失望。

帝的拉拢与诱惑下，达赖对英帝的态度有了转变，由“仇英”转向“亲英”。返藏后，由于达赖喇嘛对英人政治态度的变化，使西藏的亲英分子由此而有恃无恐，给西藏内部的团结和西藏与中央的关系上造成负面影响。在中央政府坚持对西藏地方的主权地位的原则立场，西藏广大僧俗政教首领和大众坚持抗英爱国的斗争，英帝对西藏的所作所为等诸多因素的影响，使达赖喇嘛本人对帝国主义在西藏的野心逐步有了认清，特别是在其晚年，对英人的态度有了明显的转变，曾一再令属下向中央政府声明亲英非出本心，同意恢复与改善西藏地方同中央政府的关系。在他的主持下，派出高级官员到中央商谈解决西藏问题，在南京建立了西藏办事处，关系日趋正常化。正因为如此，英国殖民主义者策划和扶持的西藏地方上层中少数亲英分子搞的所谓“西藏独立”的阴谋始终未能得逞。历史已经证明，达赖喇嘛在主持西藏政教期间，有过严重过失，造成这些过失主要是其主观原因，但也有一些清朝晚期对藏政策失误等客观原因。到了晚年，他检查了在处理西藏与中央之间关系问题上的得失、教训，重新调整了政策，亲自做沟通西藏地方与中央政府关系的工作，产生了积极的意义。总之，十三世达赖喇嘛是西藏近现代史上的一个有功有过、功大于过的重要历史人物。

十三世达赖喇嘛作为西藏历代达赖喇嘛中执政最长的一位，对西藏地方近现代史有重要影响，其推行“新政”对西藏地方政治发展影响深刻，推行的“新政的时代背景从以下三个方面体现：

从政治方面来讲，在十九世纪上半叶，英国已用武力吞并喜马拉雅以南我国的各“藩属”国，并不断唆使不丹、拉达克等地方蚕食我国西藏边境领土，不断制造矛盾。1856 年唆使廓尔喀军队入侵西藏，签订了西藏历史上第一个不平等条约《议和条件十款》。随后英帝以解决边境领土纠纷、通商等借口加大了直接对我国西藏的军事侵略。迫使清王朝签订了《拉萨条约》等多个丧权辱国条约，大量攫取西藏资源，强占土地、派驻军队。英国殖民者的这种侵略行径，激起了西藏民众包括达赖、班禅等在内的全体僧俗坚决反对。

因此达赖亲政伊始，视英帝如寇仇，他就规定，凡是西藏官吏与英国人有联系的都判处刑。由于达赖坚决反对英国的侵略，而驻藏大臣对英帝采取息事宁人妥协退让政策，造成两者的矛盾。1904 年，英国侵略军大举进攻拉萨，驻藏大臣有泰等人执行投降主义的政策，西藏人民的抗英斗争遭到了惨痛失败的情况下，十三世达赖喇嘛被迫出走库伦、北京等地。而清廷根据驻藏大臣有泰等建议下对其则采取了革除名号的错误政策。1908 年 8 月致 9 月，慈禧太后和光绪帝分别召见了十三世达赖喇嘛。达赖喇嘛面奏了西藏情形，并希望清中央政府“帮助西藏进行抵抗，保全藏地”，慈禧太后和光绪帝虽答应，而且“开复”达赖“名号”，加封为“诚顺赞化西天大善自在佛”，决定给达赖每年“廪饩银”一万两，由四川藩库按时拨付。但清朝中央政府对反抗英国侵略的态度十分消极，这使达赖喇嘛对清廷极度失望。1908 年十三世达赖喇嘛返回拉萨时，联豫推行的“新政”都采取政教分离，削弱地方权力、扩大中央集权的政策内容，导致驻藏大臣同达赖为首的西藏上层统治阶级矛盾进一步白热化。为弹压对改革反对的西藏地方势力，刚愎自用的驻藏大臣联豫于 1910 年调入四川新军到藏，这又进一步激化了清朝驻藏官吏与达赖喇嘛集团间的矛盾，达赖喇嘛再度出走，而清朝在驻藏大臣的奏请下，再度轻易取消达赖封号，造成了达赖同清王朝更大成见。

从社会经济来讲，西藏本身处于生产力极度落后，生产资料和劳动成果又完全被极少数三大领主占用。社会发展处于奄奄一息的畸形状态，加之其他诸多方面的因素，使西藏社会经济长期处于停滞不前。这种现象在十三世达赖喇嘛执政时变得更加突出。另一方面随着英印商品在我国西藏地区大量倾销，西藏传统手工业等受到严重冲击。造成英印政府从西藏大量掠夺资源的同时，英印卢比大量流入。而清廷从乾隆年开始铸造的“宝藏”银币到 1837 年停铸，致使西藏市场上流通货币减少，英印控制经济以可乘之机。这就造成西藏固有的自然经济无法抵御外国倾销的廉价商品，使英国货物充斥西藏市场，卢比逐渐垄断了流通市场。

从思想方面来讲，十三世达赖通过两次经过出走库伦、北京、印度等地。他耳闻目睹了俄国、英国等外部世界的社会制度、军事组织与装备等情况，也接触和了解到清朝末期在内地盛行的革新派思潮和其他民族资产阶级的活动。同时，在西藏张荫棠入藏查办藏事推行“新政”的思想以及联豫的改革措施已给僵化的西藏意识形态领域打下一定的基础，给达赖喇嘛以较大的震动。使他意识到西藏要巩固政教合一的社会制度必须改良，不改革没有出路，只有采取果断措施，整顿政序，清除异己势力，力图振兴，改变其落后的面貌才能抵御外国的入侵和维护三大领主专制的政治制度。

二、十三世达赖喇嘛推行“新政”措施的内容及其影响

第一，政治方面，整顿吏治，完善行政制度。自七世达赖喇嘛以来，摄政长期把持西藏政教大权，驻藏大臣对英帝国主义实行妥协政策，早已引起西藏僧俗人民的不满。尤其是在隆吐山事件之后，英帝国主义迫使清政府签订不平等的中英会议《藏印条约》及其续约，而西藏僧俗大众，排英之心非常强烈，对驻藏大巨通商划界之事激起广大僧俗群众的愤怒。在《西藏政教史略》中称：1899 年“藏政府假借护法神之口，诬藏王第穆呼图克图阿旺罗桑称勒不轨，称其诅咒达赖，旋将第穆佛禁毙狱中，查抄阐宗寺财产。同时加罪丁结林（即丹结林）之臣僚罗布顿珠等，先后被杀，达赖于是威服全藏，莫敢有违”。十三世达赖喇嘛为进一步巩固统治、削弱噶伦的势力，设置了司伦一职，噶厦和各地方官员及其他的报告均需经司伦转呈达赖喇嘛，司伦可在有关报告上附自己的处理意见供其参考。

除此之外，又着意提拔一批中下层年轻官员。同时，针对许多地方官员不按要求到岗的情况，规定所有被任命到各宗豁任职者，必须亲自到任主持工作，不许派代理人。随着政权的稳固，他又注意借鉴张荫棠等人的新思想，并有选择地付诸实践。如在原有宗、豁两级基层组织的基础上新设立基巧（地区）机构，把西藏过去较为独立的阿里、昌都等地以及班禅管辖区域纳入基巧基础组织管理体系。并于 1923 年成立了拉萨警察局等机构，加强了噶厦政府对拉萨社会治安的管理。同时，他根据实际需要改变了噶厦办事没有固定时间的传统，规定政府工作人员的上下班时间，这是西藏行政制度史上的一个先例。

第二，整顿寺庙，实行宗教改革。首先为扩大宗教界在政府中的力量，恢复了旧有的喇嘛噶伦。同时，还多次发布各种训令改善寺院纪律和管理制度。针对寺院执事人员管教不严，僧侣戒律松懈等情况，发布训示，颁布了《关于西藏全体僧俗民众取舍条例》，对违犯戒律之人不仅严加戒规，同时实行连坐制，惩罚犯律之人及其保人，且要追究各级负责人，加以严惩。十三世达赖喇嘛还完善了拉萨僧官学校的校规，为激发僧侣宗教学习的热情，提高质量，建立奖惩制度，并亲自主持布达拉僧官学校的考试等工作。为杜绝寺庙在授予格西学位时徇私舞弊的情况，规定由精通五部大论的学者监考，逐个严格答辩，不及格者即取消其学位，此后历年的拉让巴格西考试均由十三世达赖喇嘛主持，成为定制。其次重视僧俗会议，改革吏税制度。随着政教地位的巩固，十三世达赖喇嘛在他晚年之际，也注意采纳包括下层僧侣在内的一些不同意见和建议，逐渐形成了具有一定权力的僧俗代议制度。

第三，经济方面，扩大税源，兴建产业，限制贵族和上层僧侣的高利贷。为了改变地方政府财政空虚的局面，十三世达赖触动西

（载自唐卡中的西藏史 K 图 9、十三世达赖画像）十三世达赖土登嘉措在世期间，是我国内忧外患的多事之秋，清朝中央政府两次宣布革去达赖名号。2011 年清帝宣布退位成立中华民国后，十三世达赖土登嘉措在中央和英国殖民主义者之间采取“骑墙政策”。从 1928 年开始他表达了同中央改善关系的意愿，派北京雍和宫堪布贡觉仲尼前往南京，陈述坚决拥护中央政府。后派僧俗官员参加在南京召开的蒙藏委员会会议，国大代表会议等，并委任楚臣丹增等人为常驻南京的代表。承认西藏是中国领土，康藏问题是中国内部问题。

藏数百年来形成的贵族庄园和寺院免税的旧制，规定所有贵族庄园包括班禅管辖的庄园等必须向政府缴纳赋税。在军费供给方面，达赖喇嘛也不囿旧习，规定新增藏军的薪饷由策墨林庄园、丹杰林拉章庄园、扎什伦布寺等支付，这些措施同包括九世班禅等西藏部分上层统治阶级种下了不和种子。为藏军提供饷粮的做法改变了过去藏军士兵一律自带粮饷之旧习。同时在经济方面进行了抵制外币，初创金融业，成立造币，引进技术设备，创立造币厂和印刷厂，修建水电站，成立扎康（邮政局）和电报局，发展采矿业，试种茶树，鼓励民众开荒种地等。“以上这些机构虽然规模小，但因使用新式机器，雇用了一些工人，大体以西方的机器工厂的组织形式进行生产，已不同于旧有的官营工场手工业，所以是带有资本主义性质的企业。但它的扩展和停滞取决于负责官方拨款的多少，与市场的需要、企业经营的好坏无关，因此当时这种官办工业在技术和生产资料方面极大地依赖外国”①。旧西藏，各级寺庙和上层僧侣及政府、贵族普遍乐于放债以谋取高额利息，盘削鱼肉百姓现象十分严重，十三世达赖喇嘛为了扩大西藏地方政府的收入，下令整顿西藏地方政府的税收和借贷制度，规定没有得到政府宗本许可，贵族世家和地方官员不准随意巧立名目，额外征收差税和发放高利贷，禁止随意征派乌拉等措施，在一定程度上起了暂时缓和阶级矛盾及其他社会矛盾的作用。

第四，兴办教育、重视文化事业的发展，启发民智。十三世达赖喇嘛通过亲身体验感到，西藏落后的一个重要原因就在于极度缺乏有现代科学知识的人才，要改变西藏地方的旧貌就必须发展教育。在教育发展上采取选派中小贵族子弟赴中原或外国求学，重点学习现代技术和汉英语言。在拉萨和江孜（因西藏三大寺的反对及经费

---

① 喜饶尼玛《近代藏事研究》西藏人民出版社等 2000 年 7 月第一次出版第 97 至 100 页。

原因三年后停办）分别成立贵族学校。1918 年拉萨成立了为政府各个分支机构培训俗官的仲科学校，学校由噶厦仔康（财政局）管理。1918 年前后，十三世达赖喇嘛又提出在西藏各宗兴办藏文小学，教员工资由地方政府供给。尽管通过多方努力，有的宗兴办了学校，但由于经费不足等原因，开办不久大都停办。十三世达赖喇嘛兴办教育主要依靠世俗力量的做法，打破了西藏教育长期被寺庙垄断的格局，也首次实行多语种教学，是有一定进步意义。在文化事业建设上，支持刻制、修补医典、宗教典籍数十部，同时积极保护和重视修缮文物古建筑。

第五，重视西藏医疗卫生事业的发展。一是成立藏医学院，普及藏医知识。1916 年 9 月，十三世达赖喇嘛下令在拉萨丹吉林寺附近新建了一所面向社会及各寺庙招收学员的藏医学校（藏语称作门孜康），以哲蚌寺司药钦饶罗布为大列参巴，并担任藏医学校的第一任院长。最初学生由各宗选派到门孜康，还规定全藏各谿滚（乡间小寺）也选派僧人到藏医学校学习，学成后回到原寺庙，为当地僧俗服务。学校的医务基金由达赖喇嘛提供。二是重视对妇女婴儿的保健工作。1916 年，十三世达赖喇嘛发布了西藏历史上第一份保护妇女婴儿的布告，强调婴幼儿的保健工作的重要性。令自己的侍医基巧堪布·强巴土旺根据藏医医典写了一本名叫《简明婴儿保健之珍宝》一书，并且根据医典精制了婴儿分期服用的八种药丸。同时，还要求各地方宗谿建立婴儿出生档案，政府父母各存一份。三是颁发戒烟令。十三世达赖喇嘛于 1918 年发布了戒烟令，在藏要求从 1918 年至 1923 年内完成戒烟。他组织一批著名高僧大德撰写烟的危害，为根除烟害进行宣传，严禁通过邮路寄递烟草，对发现的烟草予以收缴销毁。

第六，组建军队，效洋练兵。十三世达赖喇嘛有过反侵略战争

（载自唐卡中的西藏史 K10）该图为近代中国著名爱国主义者，藏传佛教领袖九世班禅额尔德尼土登曲吉尼玛，他曾和十三世达赖共同领导了抗击英军入侵的斗争。达赖两次出走期间，清廷令班禅代行达赖职权，班禅坚辞不就。1914 年，达赖实行新政后，噶厦强行接管扎什伦布寺所属庄园牧场，后又将军费的四分之一强迫九世班禅负担。九世班禅无奈，被迫于 1923 年离开西藏。他在内地期间积极弘扬佛法，投身抗日斗争等活动。1937 年 12 月 1 日，九世班禅因病在青海玉树圆寂。

的经历，痛感西藏军事的落后和“筹饷练洋操”的重要性。达赖喇嘛深受张荫棠“采用西法，改用洋操，则庶敌人不敢觊觎侵侮”思想的影响，注重加强和改善藏军素质。首先聘用日、英、俄三国教官来训练藏兵，并下令改进藏军的武器装备和训练方法。其次派遣部分官兵到江孜英军驻地和印度学习军事。同时还按藏文字母的顺序排列代本（团）的番号、制定军旗等，建立了一套新的军事体制。应当指出，十三世达赖喇嘛为首的西藏地方政府建立藏军后，由于西藏已被英国控制，而国内政局处于动荡、军阀混战的时候，新建的藏军主要布防在川藏边境上并用于内战，起了消极的历史作用。

综上所述，十三世达赖喇嘛作为一名政教首领，根据当时所处的内外环境，采取措施整顿宗教秩序，立志变革政治经济体制，推动社会事业发展，这对于长期封闭，经济落后，没有现代科技和教育基础，宗教势力畸形发展的西藏，产生了积极而深刻的影响，在当时体现了较为合理的行政体制设计、注重科技引进、注重教育、文化、卫生等公共事业发展以及规范和减轻领主对群众的种种剥削等措施上，对社会发展有着时代的进步性。但由于十三世达赖喇嘛所代表的阶级局限性，他所领导的改革运动本质上必然表现为维护政教合一的政治制度和三大领主的根本利益而进行的，体现在格鲁派对世俗政权的进一步控制和重视贵族子弟中培养及选拔人才，而对广大被剥削阶级参与政治生活的愿望和要求视而不见。再者由于西藏腐朽的政治制度和旧的传统观念影响，十三世达赖喇嘛的“新政”必将受到重重阻扰。体现在一些上层僧俗官员根本不理解何为“新政”，何为“改革”，不能望眼看世界，反视其为“异端”。如“1925 年留洋归来的门冲·钦热罗布主持的在多提布开采金矿时，采掘中发现有青蛙，被看作是不详之兆，寺院僧侣便坚决要求停止开采。门冲无奈到拉萨申诉，反而受到一些上层喇嘛的反对，达赖对此也束手无策，采矿遂告失败”[①]等这种事例不少，因此在当时时代背景下的改革也就必将是不顺利和不彻底的。

第四节　民国时期西藏地方政教合一政权组织形式

民国以后，由于英帝国主义的干扰破坏和国内军阀混战，国共争战加之后来日本对华侵略战争，使之中央政府无法放太多精力顾及西藏，导致中央政府与西藏地方关系处于不正常状态，这一点尤其在十三世达赖喇嘛执政的前期和达札摄政的10年里明显。如中央派驻的西藏办事长官滞留印度数年，西藏噶厦地方政府拒绝中央政府派遣官兵驻藏等。这时期西藏地方政权组织形式和官制在基本沿袭前朝的同时，也有一些调整，在噶伦之上新设司伦制（相当于世俗王），在地方治理上，新设基巧（相当于地区）。这时期由于达赖喇嘛违背清朝授予班禅对后藏部分区域管辖权的历史定制，干涉后藏行政，导致班禅于1923年11月被迫赴内地，使之1937年12月1日逝世时也未能实现返藏的愿望，导致了西藏噶厦地方政府对包括扎什伦布寺管辖区和萨迦法王辖区进行官吏、赋税等的直接管理。

一、噶厦地方政府的政权组织

西藏的噶厦地方政府是1751年，根据清王朝《善后章程十三条》规定，废除郡王制，建立西藏噶厦政府（地方政府）。噶厦地方政府为驻藏大臣与达赖喇嘛共同掌握西藏事务下的具体行政管理机关的体制设计。噶厦地方政府组成人员原先由达赖喇嘛（达赖未亲政时为摄政代行）、四位噶伦、四名译仓大堪布、三名孜本和五名秘

---

① 喜饶尼玛《近代藏事研究》西藏人民出版社等2000年7月第一次出版第107至108页。

书长组成，其中达赖喇嘛作为法王为最高政教首领，受驻藏大臣监控。公元1912年十三世达赖喇嘛设立噶伦之上的最高行政首脑“司伦”一职，设二名司伦。司伦由俗人担任，直接由达赖喇嘛任命。噶厦政府统一管理西藏地方政务，总揽行政、司法、财税、军事、文化等事务。

噶厦政府的主要办事机构为噶厦秘书处、译仓和孜康三大组织。噶厦秘书处设二正三副秘书长（仲宜谦摩）和若干个秘书（仲宜）。他们是政府中掌握实权的人物，噶厦的一切日常政务和公文均由秘书处办理。

译仓既是噶厦的政权组织，又是管理西藏地方宗教事务的最高机关。在达赖喇嘛与噶厦之间起承上启下作用。译仓由四名大堪布和若干个小堪布、秘书组成，译仓的最高首领为基巧堪布，他的职位与噶伦相等。其成员均为僧人。孜仲康是掌握噶厦政府收支、人事、审计等事务的机关。孜仲康设三名孜本和若干名孜巴。

达赖喇嘛、司伦、噶伦、译仓秘书长、噶厦秘书长、孜本连同三大寺、四大林堪布、基巧堪布等组成西藏地方僧俗官员会议，即“民众会议”，该会议对西藏地方一些重要事项提出意见建议，为决策起重要的咨询参谋作用。

噶厦政府在机构设置上借鉴清末张荫棠“新政”改革中建议建立交涉、督练、财政、盐柴、路矿、工商、学务、农务、巡警等九个局的设想，设立大小机构三十多个，其中主要机构有：喇恰勒空（大昭财库或财政局）、雪勒空或叫则恰列空（总管布达拉宫财务及拉萨郊区政法）、坡康（征粮局）、索南勒空，（征收田赋及管理移民或叫农务局）、报细列空(地粮调查局)、玛久康（军事司令部）、协尔邦勒空（管理刑事案件等）、阿波列空（建设局）、甲擦列空（盐茶税收局）、德细列空（社会调查局）、竹珠勒空（管理地方

（唐卡T画21）该图为近代中国著名政治活动家、爱国主义者、藏传佛教领袖九世班禅确吉尼玛像。

粮食贷放）、拉涅勒空（管理政府总务及神像等）、杂涅勒空（管理饲料）、朗昔勒空（管理调查各地写牌与乌拉）、搭尔康（电报电话部）、扎康（邮政局）、门孜康（医算局）、札曲勒空（管理印铸纸币和电厂等）、棋涅列空（外事局）、朗子夏列空（拉萨市政府）、糌谢勒空（拉萨传召时主管供给）等，上述这些机构均系噶厦政府的职能部门。

二、甘丹颇章政权基层组织

西藏噶厦地方政府在原有宗、谿两级基层组织的基础上新设立基巧，从而形成了基巧、宗、谿三级基层政权组织，基巧相当于专区一级，是噶厦政府的下属地方政权组织。它设有基巧总管 1–2 人。设立基巧时间比较晚，大约在清末民初以后逐步设立，西藏地方设立 8 个基巧，具体为：拉萨基巧，又叫雪列空。下辖拉萨市范围内 29 个宗谿；多麦基巧，即康区基巧，又称昌都噶厦，它是 8 个基巧中最大的一个，该地基巧总管由噶厦政府的噶伦兼任。多麦基巧设在昌都市，下辖 34 个宗谿。这个基巧公职人员的职权与噶厦相同；绛（北部）基巧，即今那曲地区，基巧府设在那曲镇，下辖 14 个宗谿；洛（南部）基巧，今山南市，基巧府设在泽当，下辖 30 个宗谿；塔工（达布、工布）基巧，基巧府设在则拉宗，下辖 11 个宗谿；昂日基巧（今阿里地区）或昂日噶本，基巧府设在噶县，下辖 14 个宗谿；卓木基巧，今亚东地区，基巧府在卓木，即今亚东县，下辖 4 个宗谿；日喀则基巧或基宗。基巧府设日喀则市，下辖 25 个宗谿，包括扎什伦布寺管辖和萨迦法王辖区。

宗的设置从公元 1350 年帕竹政权开始，帕竹政权把元朝在西藏设立的十三万户的基础上成立 13 宗，后来历届地方政府把这种基层行政设置沿袭下来。宗本（县官）职位较高，宗本设置初期实行任期制，一般为三年一任，后来又变回世袭制。发展到甘丹颇章政权时期，宗本直接由噶厦政府任命，恢复为任期制，一般为四年一任。宗本的职责是负责在本宗内的税收、执法、维持社会秩序、审问民事、刑事案件等。豁即庄园，豁设豁堆（庄园主）。庄园制度为西藏地方特色的基层组织，庄园实为西藏三大领主的封地，可以世代承袭。在西藏出现新的贵族，如达赖、班禅等大活佛转世家族，地方政府要赐予新庄园为该家族俸禄。豁卡基层单位由于带有私人领地性质，除纳税，招募兵源等听从地方政府外，内部管理完全由领主自己做主。但司法管辖权有所不同，寺院豁卡的司法管辖由寺院负责，各级贵族家庭和政府官员的豁卡司法管辖上，少数大贵族，边远一些传统土豪家族有独立的司法管辖权。其他豁卡司法管辖权统一于地方政府。噶厦政府把宗和豁分成三个等级。不同等级的宗和豁，分别配备不同品级的人员担任宗本和豁堆。

三、达赖喇嘛内侍组织与拉萨三大寺组织系统

第一，达赖喇嘛内侍组织译仓。译仓既是噶厦的办事机构，又是达赖喇嘛的办事机构。基巧堪布是达赖喇嘛内侍组织系统的总管。基巧堪布下设有分管达赖喇嘛的财务、文书、宗教、生活、学经、保卫等事务的专职堪布和工作人员。

第二，拉萨三大寺组织系统。三大寺组织系统主要指拉萨甘丹、色拉、哲蚌三大寺院，直接由达赖喇嘛领导。三大寺组织设有各寺池巴、堪布、扎仓、康参和四大林等高级组织。三大寺的池巴、堪布、堪苏（卸任堪布）、活佛可以列席噶厦重要会议，特别是三大寺中的甘丹池巴。他不仅是格鲁派中学识地位最高的喇嘛，而且又是达赖喇嘛代理候补人。甘丹池巴、三大寺的堪布、夏孜却杰、强孜却杰、活佛、达赖喇嘛的经师、侍读高僧，在藏族高级政教组织

中属于权威人士和核心人物，在噶厦政府中，这些僧人属于高级官员，也是民众会议的主要成员。

第五节　民国后期西藏政局的动荡

民国时期，是帝国主义插手西藏事务最为直接，利用少数西藏贵族官员中的亲帝分子，企图把西藏从中国分裂出去的严峻时期。尽管如此，中央政府仍坚持对西藏行使主权，在活佛转世主持坐床、赐封等历史定制问题上，坚持沿袭清朝以来的旧例，在管理上做到了有章可循，有力地维护了国家主权。

一、西藏地方几次权力斗争及其对政局的影响

1933 年 12 月 17 日，十三世达赖喇嘛土登嘉措圆寂，终年 58 岁。达赖去世后出现权力真空，引起西藏的政局波折，导致西藏改革派与保守派斗争，后续又出现热振摄政与噶厦、热振摄政与达札摄政等的权力斗争，对西藏近代政治生活产生了很大影响。

第一，十三世达赖去世后围绕继任者问题上的改革派与保守派的较量。十三世达赖去世后由噶厦牵头，“召开扩大的民众大会，讨论今后主持藏政的人选及形式问题，会上有主张让近侍土登贡培（又作贡培拉）担任类似摄政角色主政；有说给司伦朗敦配两名得力助手即可，不必设摄政；有说应按旧例，由一名活佛担任摄政。众说纷纭，莫衷一是”[①]。达赖主政时期推行“新政”中涉及向封建领主和寺院集团征税，规定他们对所属农奴减轻差役等措施极大冲击了领主们几百年享有的特权，损害了他们的既得利益，为此在达赖执政时期他们是敢怒不敢言。达赖去世后在围绕推选继任者问题

[①] 伍昆民《西藏近二百年政治史》鹭江出版社 2006 年 6 月第一版第 435 至 436 页。

上，对“新政”政策持支持的改革派与持反对的保守派两派展开了斗争。在斗争中由于改革派内部不团结，保守派势力遂占优势，他们首先打击的是改革派中的十三世达赖近侍人员，起因为保守派把藏军军营中的一些官兵纪律松懈为借口，伺机反击贡培拉为首的改革派官贯臣属，后又提出要追查达赖喇嘛病重不发布消息，并在短时间内去世的责任问题，使得改革派处于被动的地位，保守派随即对贡培拉进行审讯、逮捕。接着对达赖喇嘛亲近的人员扎西顿珠、德钦英色、医生强巴益西、乃琼护法神罗桑索朗以及病重期间参与护理、治疗等人进行了清除，解散了仲扎军营。噶厦完成了对改革派排挤后，他们决定从甘丹寺在位池巴木雅·阿弥益西旺丹、热振寺呼图克图土登江白益西丹巴坚赞和经师普觉土登强巴楚臣活佛三个较有保守色彩的高僧中推举一人为摄制。后经掣签，年轻的热振活佛中签选为摄政。“噶厦按以往的历史定制将热振任摄政事于1934年1月26日电告西藏驻南京办事处，并令该处转呈报中央政府，电称在达赖喇嘛未转世及转世后未坐床亲政前，推举热振活佛为摄政，总摄西藏政教大权。行政院接到呈报后，于1月31日复电噶厦，深信热振任摄政‘必能益闳智慧，敷施教化，巩固中央，以副翊教保民之至意’。热振执政还未站稳，保守派继续对持改革思想的龙夏孜本等进行清除，这就是‘龙夏事件’。龙夏1913年曾以四品官的身份率西藏第一批四名贵族子弟到英国留学，期间游览法国、意大利等地。返藏后任孜本，因工作出色，与贡培拉一样深受十三世达赖喇嘛器重，任藏军顾问。他在征集粮草时，曾向贵族世家、政府官员的庄园开刀，触犯了他们的利益，引起不满。他在位时成立了一个叫‘吉求贡吞’（意为“求幸福者同盟”）组织，该组织宣扬噶伦等西藏政府要员应实行民主选举，四年一任等主张。”[①]贡培拉

① 伍昆民《西藏近三百年政治史》鹭江出版社2006年6月第一版第436至437页。

倒台后，龙夏的个别密友将该组织的活动情况密报噶厦。噶厦以其从事非法组织活动逮捕了龙夏及其同党，并以谋杀噶伦喇嘛更登曲达和噶伦赤门和“亲苏”的罪名，对其施以挖出双眼的重刑。当“判决书”呈报热振时，热振以“我是活佛，这种判决是违犯比丘戒律的”为由，拒绝在判决书上签字，最后由噶厦的噶伦们合谋，让朗敦·贡噶旺秋签了字。同党也遭流放。于是西藏地方改革派与保守派的较量以保守派取胜而告终。

第二，摄政热振活佛巩固权力举措。十三世达赖喇嘛圆寂不久，他昔日的亲信已被保守派势力逐一清除。到热振活佛被推举为摄政后，错综复杂的内外政治形势和具有西藏特点的政教合一制度，使初步进入西藏地方统治领导高层的年轻摄政遇到了许多难题，其中最为明显的是地方权力移至噶厦的司伦和噶伦手中，摄政权力旁落。摄政为了在政教事务中贯彻自己的政令，为把权力逐步集中到自己的手里，首先批准噶伦中的实权人物赤门以年事已高为由提出的辞职请求。“赤门是噶厦中资历很深、能力很强而且很有自信的一名官员，他对任噶伦一职总感到有点不平，想获有司伦之职，故辞职的本意并不是年事问题，而是希望图谋更高一层职务……此后他一直未受到重用，抑或是已经洞察到热振要向他开刀。以激流勇退的谋略求得明哲保身也是可能的。”[1]赤门噶伦辞职后，热振虽然收回了一部分权力。但由于热振活佛摄政时间不长，加之处理政务的经验也尚不足，所以他的指令还是很难贯彻到位，他提出的一些为改善西藏地方与中央政府关系、班禅大师回藏等问题的意见，经常为噶厦所拒绝、或是阳奉阴违。为了清除障碍，他采取了以退为进的策略，于1936年3月第一次提出辞去摄政的要求，他对接近者言，“藏中当权不明大体，遇事任意妄为，彼如不批准则必反对，批准

[1]伍昆民《西藏近三百年政治史》鹭江出版社2006年6月第一版第473至474页。

则又屡滋事端。”3 月 25 日，南京驻藏通信官蒋致余前往热振处拜访，表达国民政府对他挽留之意，并询问有关详情。热振述称他原来只准备代理两年藏政，在代理期内将“中藏事和平解决及早迎回班禅，乃当权噶布伦不听其言，事与愿违。同时，热振并讲到以前几代摄政如第穆及热振（三世）都没有好结果。鉴于此，他也不想过长地担任摄政。”4 月 3 日，热振摄政致电蒋介石，对挽留他继续担任摄政表示感谢，同时也强调他提出辞职的理由是：初经司伦、噶厦及民众大会力恳，方同意暂任 2 年摄政，现在时期已满；二是本人又以身代政教要职，有碍为中央与西藏和睦效力，故不得不亟求引退。噶厦接到热振的辞职报告后，司伦、噶伦、近侍基巧堪布众人等，一再上书热振，提出藏中寻找、认定和迎请至尊怙主的转世等诸多重大工作尚未完成，而且还保证“忠诚勤奋供职，藏中要务，惟命是从”，请求他继任摄政。后来，热振就把自己辞职的原因明白地告诉民众大会的代表，“他在摄政的过程中遇到了困难，这些困难是政教方面诸多重要的问题都要和助手司伦商量，不能及时得到解决，十分难办。”为此民众大会再一次一致要求热振收回辞呈，并通过会议形式作出决定要求实权人物朗顿司伦提出辞呈。对此，朗顿虽然愤愤不平，但迫于形势，最终不得不接受这种结果。这样热振活佛以退为进的策略逐步把军事、政治诸事权力，从司伦、噶伦的手中移到自己的手里，到 1939 年初，热振基本上执掌了政教大权。

第三，摄政热振活佛改善同中央政府关系。热振活佛摄政以来，集中精力处理藏中各政教事务的同时，他顺应历史潮流，秉承十三世达赖喇嘛晚年所致力于改善西藏地方同中央政府关系的未竟事业得以维系并进一步加强。具体表现在：一是同意国民政府派黄慕松等到西藏参加十三世达赖祭奠，第一次实现了自 1912 年中华民国政府成立以来，由中央大员率领的正式代表团进藏，并按以往历史定制中央对十三世达赖和摄政热振的册封，重新确立了中央政府与西藏地方政府的关系。同时留驻国民政府通信处和若干官员，已资加强双方联系，这些成就得到了热振摄政和噶厦地方政府一些上层人士的积极配合是分不开的。留下驻藏的通信处和工作人员在热振摄政等的支持下工作大有起色，为改善中央同西藏地方的关系起到了积极作用。二是在十三世达赖喇嘛转世灵童的选择上，热振摄政力排众议，抵制从亲英势力家庭中选择灵童。西藏上层对十三世达赖喇嘛转世灵童诞生地持有不同的看法，西藏噶厦部分人硬指定亲英派司伦妹丈、时任警卫代本如妥之子为新达赖转世时；甘丹池巴卜卦谓达赖喇嘛的转世灵童生于达布；普觉活佛卜卦认为转生于卫之中央；热振力排众议，主张灵童降生于拉萨东北方向的安多地区，并得到哲蚌寺护法神指示与热振的卜卦方向一致。寻找活佛转世灵童，从宗教角度来讲，对信教民众是件重要的精神生活活动，它有一系列严格宗教仪轨来规范，对这一点我们不能置疑。但从唯物论与辩证法角度分析，热振活佛坚持十三世达赖转世诞生在靠近汉地的东北方向，致前各议无形打消，这点上热振摄政是否把灵童诞生地同密切西藏地方与中央政府的关系布局以及未来达赖不被英帝或亲帝分子所控制等的政治战略考虑结合起来，值得研究，毕竟在政教合一体制下的西藏有些时候关键性的政治活动与宗教活动可以紧密结合起来，达到互为所用，如同三世达赖喇嘛密切了同蒙古部众的关系，他的转世诞生在蒙古汗王家庭，两者的结合改变了西藏地方政治生态一样。三是在国民政府派大员参加十四世达赖坐床典礼问题上，表示服从并给予积极支持。为延续清朝时期定制的各转世呼毕勒罕之掣签、坐床等典礼应由中央政府大员主持的贯例制度作出了贡献。

（壁画 H 图 41）该图反映的是摄政热振活佛根据卜卦、观圣湖等佛教仪轨后，确定十三世达赖转世降生在东方，1935 年派侍读格仓活佛等到塔尔寺东下部达孜寻访前世达赖转世灵童并引请入藏的情景。

1937 年，西藏寻访人员在青海湟中选得聪颖灵童候选人，迎接至拉萨确定为达赖转世灵童时，国民政府认识到“中央欲图将来统驭西藏政治，必先把握宗教首领之产生权”[①]之重要性，按历史定制拟定派遣大员参加主持坐床典礼，西藏噶厦中亲英分子千方百计予以阻挠，因此西藏地方先前只强调按照宗教仪轨掣签征认后，当兼呈报中央。经蒙藏委员会积极同热振摄政在内的噶厦官员不断沟通，后来噶厦地方政府同意驻藏长官张威白咨议参加。由于十三世达赖

[①] 伍昆民《西藏近三百年政治史》第 482 页关于《蒙藏委员会为拟定达赖喇嘛转世掣签认证办法事致行政院呈》，1938 年 10 月 8 日。

转世被选灵童拉木顿珠在青海马步芳控制范围内，起初蒙藏委员会指令马步芳暂缓青海灵童入藏，以此作为与噶厦商讨中央派大员监视掣签的砝码，致使马步芳想在灵童上打起发财的主意，对灵童入藏不断提出苛刻的价码，造成灵童无法按期入藏，为此噶厦也希望重庆中央政府督促马步芳送行。1939 年 1 月 18 日，热振致电吴忠信，对国民政府的决议“业经与司伦、噶厦商定，敬谨接受”；如吴忠信有意派张威白就近参加掣签典礼，“即请明令张咨议代表参加为祷”。这样，中央派大员参加达赖喇嘛灵童掣签典礼一事也就有了初步的结果。热振摄政主政时期，中央先后派蒙藏委员会委员长黄慕松和吴忠信为首的入藏代表团，主持对十三世达赖喇嘛的圆寂致祭、册封以及参加十四世达赖坐床典礼，承袭了西藏政教首领任免由中央掌握的历史定制，彰显了中央政府对西藏地方主权的管辖，并在拉萨设立蒙藏委员会驻藏办事处，进一步加强中央政府与西藏地方政府的关系，热振摄政在这一关系进程中所起的作用十分明显。

第四，热振、达札围绕摄政位的斗争。在中央政府派吴忠信按历史定制监督十四世达赖坐床典礼，并纠正西藏地方不通过中央允许免于金瓶掣签就宣布灵童的做法，有力维护了民国中央政府对西藏的管辖权。热振摄政在中央政府的支持下，圆满地举行了十四世达赖喇嘛灵童坐床大典，受到广大僧俗信教群众的欢迎。同时热振活佛积极执行十三世达赖喇嘛晚年改善同中央关系的方针，加强同中央的关系。对这些措施，严重冲击了英国一直以来寻求的把西藏从中国分离，建立所谓英印、苏联和中国之间缓冲地的梦想，为此一些亲英分子从 1940 年前后，在拉萨等地制造流言蜚语，说“热振活佛破戒于异性，同其弟媳有染，无资格再担任达赖喇嘛的经师”、“下半年达赖喇嘛要受‘沙弥戒’，热振活佛若不提前辞职，那时可能有人借口闹事，给政教大业带来麻烦。”[1]等谣言。热振对这些社会上流传开来的谣言明知有人旨在迫其交权下台，但却有口难辩。他按传统的习惯向神灵求助，向同自己交往亲密的喇嘛请卦。结果预示，如果热振继续执政，对达赖喇嘛的健康和他本人都不利；若辞职回寺静修，则可消除凶兆。神示为热振提供了辞职的正当理由。热振迫于无奈只好选择暂时辞去摄政职务，以图来日东山再起。热振活佛同周围的亲信共商辞职及辞职后由谁接替摄政等有关事宜。亲信们提出三个意见，一种提出有凶兆可以祈祷消除，不必辞职；另一种提出由达札继任摄政，认为达札可以信赖，他既是热振的经师，又年事已高，执政两三年后再行收回不难；第三提出热振暂时离任回寺静修期间，只让达扎行代理摄政，主持达赖喇嘛受沙弥戒和日常政教事务。热振经再三考虑，认为代理摄政不宜主持达赖喇嘛受沙弥戒仪式，还是让达扎接任正式摄政。达扎与热振活佛面商时，达札表示在二至三年内尽心尽力主持政教事务，并发誓到期定将摄政王位奉还与热振活佛。[2]达扎接任摄政位后，一方面料理应办的日常事务，准备正式就职典礼。为此，达扎将此事特向国民政府电告，呈明就职事宜及日期：“蒙藏委员会吴委员长（远密）迩者西藏摄政热振呼图克图已辞职，其接替之人，业经达赖喇嘛明令暨西藏大会会议决定，一致推举微末为西藏摄政，再再敦请，无法推卸，特诹吉于藏历一月一日宣布就职。特此奉闻，并烦转呈蒋委员长俯赐存查为荷”[3]。达扎的急电经吴忠信呈报行政院，准予备案。达扎上台后，一是在处理西藏地方与中央政府的关系上，便一改前任的政见，采取不冷不热的手段，在有些事情上听命于英国人的政策意见，如以美国为首的国际援华物资唯一交通运输线中缅公路被

① 伍昆民《西藏近三百年政治史》，鹭江出版社 2006 年 6 月第一版第 482 页。
② 同上，第 499 页。
③伍昆民《西藏近三百年政治史》鹭江出版社 2006 年 6 月第一版第 501 页。

日本切断后，中国政府会同美国等盟国开辟一条从西康至印度萨地亚的铁路和公路问题上，达扎在英人的唆使下，采取种种措施予以阻止，同时成立所谓西藏“外交局”企图绕过中央政府同他国建立关系，这些行为都使得中央与西藏地方的关系出现了不正常的现象。二是逐步消除热振势力，调整噶厦班子内亲热振摄政派，如撤换朗琼，由索康·旺清格勒取代等。因此达札与热振的矛盾也日渐恶化，由师徒关系演变成仇敌。

1944 年，热振和达扎私下订立的三年还政的君子协定期满。但达扎根本就无还政的意思，后来热振以色拉寺邀请参加切扎仓大经堂维修竣工开光典礼为由到了拉萨。“热振对达札存有幻想，以为师傅不会食言，前去拜访达扎，并说：‘我已结束了为消除凶兆、静坐修经的功德，并考虑到您年事已高，继续主持政教事务有困难，故特地来到拉萨’。可达扎装聋作哑，对还政不作回答。这样，热振想平安地讨回摄政位的天真想法破灭了。而在拉萨政教上层中支持热振复出的力量也不占上风”[1]。达札看出热振想复位的愿望，为了消除热振在拉萨的残余势力，巩固自己的地位，及时把矛头对准支持热振的色拉寺。噶厦配合达札，以“彭波宗案”事件为契机，撤换了色拉寺切扎仓的堪布，收缴其枪支弹药，沉重地打击了热振在该寺的势力。

达札和热振矛盾尖锐化后，亲热振的雍乃喇嘛等计划向中央国民政府求援恢复摄政位。同时又策划了一起爆炸谋杀达札事件。1947年 2 月，英帝为分裂西藏，特派政治手腕老到的黎吉生（英国驻拉萨商务代表）直接插手热振与达札之间的政治斗争，更进一步激化他们之间的矛盾。黎吉生通过各种手段，直接拜会达札，宣称他得到可靠消息，热振派往南京的亲信已向国民政府提派军队入藏，支持热振重新出任摄政的要求，获得南京政府的同意等。达札方面得

[1] 伍昆民《西藏近三百年政治史》鹭江出版社 2006 年 6 月第一版第 515 页。

知这一消息后，立即召集四大噶伦密商对策，西藏驻南京办事处电告噶厦称查悉顿珠朗杰等人在南京活动的事情。噶厦认为南京办事处来电的内容证实了黎吉生反映的情况属实，为此，立即派索康和拉鲁两噶伦带军队包围热振寺，把热振押到拉萨。在拉萨同时查封热振拉让、卡多拉让、雍乃喇嘛家、彭康家和三都仓，并逮捕其成员。调回驻防丁青的第六代本贵香巴·贡噶朗杰所部官兵前往日喀则，以防扎什伦布寺叛变。热振一到拉萨，立即被投入布达拉宫夏钦角监狱，并派他的夙敌龙夏·吾金多吉（即龙夏·伍金郎珠，为龙夏·多吉次杰之子）等人看守，做到万无一失。[①]热振活佛及其亲信关到监狱后，噶厦在组织军队准备攻打支持热振活佛的色拉寺，期间考虑到热振同中央政府的关系，有疑虑怕中央直接干预，为此派人向黎吉生求教，询问这次军事行动是否会引起“汉藏边境”事件。“黎吉生表示支持噶厦对色拉寺的军事行动，并提出要速战速决，而且他还承诺如果汉藏边境发生战争，英国政府不仅在军火方面给予全力援助，并在一切事务中为你们作后盾”。这样在英帝分子的壮胆和策划下藏军向色拉寺发起总攻，并全部占领该寺。热振活佛作阶下囚后，以莫须有的罪进行审讯，谋害冤死狱中。热振活佛逝世后，达札为首的亲帝分子宣布所谓热振活佛及有关人员罪状的布告，对与热振有牵连的人进行彻底清除，以此了结这一震惊中外的历史事件。噶厦处理完热振事件后，立即指示驻南京代表向国民政府汇报事件始末，以备中央日后追究，蒋介石致电达札和噶厦，对“热振佛圆寂，良深悼念”。要求噶厦“对于热振佛身后事宜妥为办理，所有遗产切实保全，并对损毁寺院迅筹修复，波及僧民善加抚慰”。蒙藏委员会委员长许世英，政府文官长吴鼎昌代表蒋本人接见西藏驻南京代表时，以事先蒋定的调子敷衍西藏驻南京代表[②]。

---

① 伍昆民《西藏近三百年政治史》鹭江出版社2006年6月第一版第517至518页。

② 伍昆民《西藏近三百年政治史》鹭江出版社2006年6月第一版第517至520页。

（截自唐卡中的西藏史 K 图 11）该图为十世班禅洛桑赤烈伦珠确吉坚赞（1938 年–1989 年），他是中国现代著名爱国主义者、国务活动家、藏传佛教领袖。1956 年 4 月西藏自治区筹备委员会成立，相继担任第一副主任委员、代主任委员。中国佛教协会名誉会长，全国人民代表大会常务委员会副委员长等职。

这样，达扎一手制造的迫害热振活佛的政治事件大体结束了。从国民政府处理热振事件的全过程来看，中央对处理藏中的突发性政治事变是软弱无力的。

第五，国民政府按历史定制派员主持十世班禅坐床典礼。九世班禅圆寂后，国民政府同意蒙藏委员会提出的由班禅行辕堪布会议厅扎萨喇嘛洛桑坚赞办理转世灵童寻访事宜的报告，并拨给经费。1941年5月，班禅行辕堪布会议厅派出人员分十余路分赴青海、西康各地寻访，共访得灵童十多名。1944年，堪布会议厅将所寻灵童接到塔尔寺进行筛选，认定青海循化县温都乡一农户之子官保慈丹为九世班禅转世灵童，并迎到塔尔寺供养。1947年，噶厦也宣称找到了两名转世灵童，要求堪布会议厅将青海灵童官保慈丹送至拉萨，进行“金瓶掣签”。堪布会议厅认为官保慈丹经过各种宗教手续的审查，确系九世班禅的转世灵童，不需要再进行“金瓶掣签”。于是堪布会议厅致电蒙藏委员会并呈中央政府，请求认定官保慈丹为转世灵童，并举行坐床仪式。青海高僧、蒙古各盟旗王公贵族等也纷纷要求中央批准官保慈丹为九世班禅转世灵童。国民政府由于当时忙于内战，加之考虑到西藏地方的政治环境经过较长时间慎重考虑之后，由代总统李宗仁于1949年6月3日颁发了免予掣签令：“青海灵童官保慈丹，慧性澄圆，灵异夙著，查系第九世班禅额尔德尼转世（见唐卡中的西藏史K图11），应即免于掣签，特准继任为第十世班禅额尔德尼”[①]。这样，官保慈丹经过国民政府批准之后，获得了继承九世班禅职权的合法地位，并取法名洛桑赤烈伦珠确吉坚赞。1949年8月，国民政府特派蒙藏委员会委员长关吉玉为专使，前往青海塔尔寺主持第十世班禅坐床大典。并颁发金印和礼物。至此，十世班禅额尔德尼确吉坚赞完成了政治上和宗教上继承九世班

[①] 牙含章编著《班禅额尔德尼传》西藏人民出版社1987年版，第285页。

禅曲吉尼玛的地位和职权的一切合法手续。

二、西藏独立分子企图改变国家结构的几次事件及其失败

在国外反华势力的支持下，和平解放西藏前，西藏少数上层分裂分子发动的企图改变国家结构的事件主要有以下几次事件：

第一，亲帝分子成立所谓“外交局”事件。热振活佛是一位具有反帝爱国思想的上层喇嘛，而热振活佛维护祖国统一的立场，引起了英国殖民主义者和亲英分子的不满和仇恨，他们制造各种谣传，威逼热振活佛下台。由于形势所迫，热振活佛采取暂时辞职回避的错误作法，于 1941 年 1 月推荐其经师达札·阿旺松绕活佛继任摄政，议定三年还政。“热振活佛为清除不祥之兆，暂时辞职回热振寺静修，由达扎·阿旺松绕活佛接任摄政二至三年，期满后仍由热振活佛继任摄政，直至达赖喇嘛亲政为止”[①]。但事与愿违，达札接替了热振的职权之后，迅速被亲英分子包围和拉拢。达札上台后，清理了各主要机关中的热振派官员，任命亲英分子索康·旺钦格勒为噶伦，夏格巴·汪秋德丹为孜本，以及其他亲英官员。从此，西藏地方大权逐渐为亲英分子所掌握，而与此相反，同中央政府的关系渐行渐远。

1942 年 7 月 6 日，西藏地方当局在英帝国主义的唆使下，突然宣布成立所谓“外交局”，并通知蒙藏委员会驻藏办事处，“自本日起一切事件请处长向该局接洽，勿直接与噶厦提说”。他们把国民政府的代表同英、尼等国代表同样划为外国的代表机关，以此来表明西藏的“独立”。西藏当局的这一活动首先得到了英美的响应和配合，并争相与其建立联系，他们企图迫使国民政府接受既成事实。国民政府考虑到事关中国对西藏的主权问题，因此国民政府电

[①] 噶厦·曲吉尼玛《回忆热振事件》《西藏史实资料选集》第六辑第 7 页。

令驻藏办事处“仍照旧例接洽，不得与外交局发生任何关系，西藏新设此局，以图无形中转变中藏间旧有关系，自必坚持到底，虽陷僵局，亦之不顾”[①]。1942年8月5日，国民政府蒙藏委员会致电噶厦，转达国民政府训令，“藏方为处理地方涉外事务而有设置机构之必要，则应遵守下列两事：（甲）有关国家利益，即政治问题，必须秉承中央意见处理；（乙）中央与西藏一切往还接洽方式，仍应照旧，不得经由上述外务机构”[②]。西藏地方政府成立“外交局”的消息传出，立即引起了全国人民的愤慨，舆论纷纷揭露英帝国主义和西藏当局相互勾结的行经。在全国人民的谴责抗议下，西藏地方政府不得不向中国中央政府报告自动撤消原议，蒙藏委员会驻藏办事处可以不经过外交局而直接与噶厦政府联系，从而西藏“外交局”只能作为一个地方上的机构存在。这样，由英帝国主义所唆使的西藏脱离中央，并把中央在藏机构当作外国在藏机构来对待，以表示西藏独立的阴谋也就彻底失败了。

第二，所谓参加“泛亚洲会议”事件。1946年底，英国驻拉萨的商务代办处负责人黎吉生按照英国政府的旨意，唆使西藏作为一个“独立国家”参加在印度新德里召开的泛亚洲会议。黎吉生曾挑唆噶厦“外交局”总管索康·旺清次登说：“如果西藏政府这次派代表出席会议，就能体现出西藏是一个独立的国家，从目前的世界形势来看，如今正是搞西藏独立的大好时机，务必要派出代表出席会议，英国政府已经表示要为西藏独立从各个方面给予支持”[③]。当国民中央政府获悉噶厦要派人参加“泛亚洲会议”一事后，立即就此事向印度有关政府部门提出抗议，并严正声明：“西藏非独立国

[①] 引自祝启源、喜饶尼玛《中华民国时期中央政府与西藏地方的关系》中国藏学出版社，1991年版。

[②]《西藏地方是中国不可分割的一部分》西藏人民出版社1986年版。第532页。

[③]《西藏文史资料选辑》第2集，第12–14页。

家，未得中国政府同意，何能派代表参加？”[①]。但英、印方面根本不顾国民中国政府的声明，黎吉生还再次建议西藏地方代表团要在中国中央代表团之前赶到新德里，造成既成事实。在黎吉生的挑唆下，噶厦政府组成了由桑颇·才旺仁增和洛桑旺杰为正副团长，桑颇·单增顿珠、孜仲·贡噶坚赞、噶雪·顿珠、吉普·旺堆诺布（翻译）、格西·仁增丹巴、格西·阿旺班登六人为团员的“西藏代表团”。1947 年 3 月“代表团”带着十四世达赖喇嘛和摄政达札·阿旺松绕的照片、信函，给会议主席尼赫鲁以及英国驻印度总督、印度外交部长、锡金总督等人的礼物，故意打扮成远行经商的摸样，从拉萨出发前往印度。“代表团”出发后，黎吉生又向达札·阿旺松绕建议，作为出席这次会议的一个国家来说，西藏代表团应该带上一面国旗备用。于是，噶厦又匆忙赶制了一面藏军军旗——“雪山狮子旗”，临时作为“西藏国国旗”，派人赶到亚东交送给“代表团”[②]。1947 年 3 月 23 日，“泛亚洲会议”正式开幕。在开幕式上，会议组织方将藏军的“雪山狮子旗”当作西藏国旗与亚洲各国的旗子并排悬挂，还在主席台墙壁上有目的地悬挂了一张将西藏置于中国领土之外的巨幅亚洲地图。英印政府这样精心布置，就是想把西藏已是“独立国家”的假象强加给中国政府，并以此企图得到出席会议的其他亚洲国家代表的默认。针对这一情形，中国代表团向会议组织者提出严正抗议，最后在中国代表团的强烈谴责下，英印方面被迫作出了更正，撤下了雪山狮子旗，对亚洲地图也进行了修正。由此，英帝国主义一手策划的所谓“西藏代表团”出席泛亚洲会议，以体现西藏是一个“独立国家”的又一阴谋未能得逞。

第三，以“热振事件”为契机，打压和削弱爱国力量。“泛亚洲会议”之后不久，在英帝国主义教唆下，西藏亲英分子在西藏又

---

① 《中央日报》1947 年 3 月 24 日。

② [美]戈尔茨坦著《西藏近代史》，加利福尼亚大学出版，第 561–562 页。

制造了迫害爱国人士的“热振事件”，该事件已在前面阐述，“热振事件”导致的直接结果是在西藏以热振为首的维护国家主权与领土完整的爱国势力受到削弱，以达札为首的亲帝分子势力获得壮大，由于亲帝分子掌握地方政府，他们宣扬英帝等抛出的中央与地方是所谓“宗主国”关系的谬论，极端打击爱国人士，为“藏独”势力的出现赢得时间和空间，直接的影响和后果表现在1959年的叛乱。另一方面，“热振事件”出现后，国民党政府体现出的软弱应对，造就帝国主义更加大胆插手我国内政，干涉西藏事务的嚣张气焰与日俱增，而这种干涉从此成为常态化，有时在国与国之间为某种利益发生矛盾与冲突时，干涉愈加明显。

热振事件完全是在英帝分子黎吉生出谋和参与下，由西藏亲英势力对西藏爱国势力的一次极其野蛮、残忍的血腥镇压，这场斗争的实质是英国支持下的西藏亲英势力与爱国势力之间分裂与反分裂的斗争。此事件后，西藏地方政权完全由亲英分子所控制，他们大搞西藏“独立”的气焰越来越嚣张。

第四，驱内地人员事件或叫（驱汉事件）。热振事件后，亲英势力完全控制了西藏地方政权，他们在英美帝国主义的策动下，加紧了分裂祖国的活动。1949年，在国民党政权即将垮台，人民解放军既将解放全中国时，美国继承英国的衣钵成为主要干涉中国西藏事务的新殖民主义者，在美英帝国主义的授意之下，西藏地方政府又制造了企图阻止人民解放军进藏的“驱汉事件”。

1949年初，中国人民解放军先后完成了辽沈、淮海、平津三大战役，国民党的垮台只是时间问题，消息传到西藏，引起了西藏上层的不安，他们意识到国民党失败后，人民解放军迟早会进入西藏，于是，西藏噶厦政府匆忙与印度驻拉萨使团团长黎吉生会商，请求印度政府尽快向噶厦提供武器弹药，用于扩编藏军，在提供武器弹药方面，美国成为主要供应国。同时，噶厦还请求印度政府派遣军事教官帮助训练藏军，企图用武力阻止中国人民解放军进军西藏。1949年6月，英帝国主义分子黎吉生把当时任噶厦“外交局”局长的扎萨柳夏·土登塔巴和扎萨索康·旺钦次登叫去，对他们说：“拉萨有许多共产党的人，留他们在这里，将来就会充当内应，把解放军引进来”。达札·阿旺松绕听信了黎吉生的谣言，立即召集全体噶伦和其他重要官员举行秘密会议，研究驱逐国民政府蒙藏委员会驻藏办事处的问题。经过几天的商议，与会人员一致认为国民政府失败已成定局，共产党必然取而代之，为了阻止共产党进藏，必须尽快驱逐目前在藏的所有内地人员，包括部分从安多、康区来的藏族，称为“驱汉事件”。

1949年7月8日，噶厦地方政府将国民政府蒙藏委员会驻藏办事处处长陈锡璋召去，由首席噶伦索康·旺钦格勒向其申明说，“共产党和国民党内战甚烈，国民党的军队或官员达到哪里，共产党就追到哪里，藏政府对贵处人员的安全，实在不敢负此重责。……请你并转告其他机关准备于两星期之内启程赴印，噶厦已派出一名乃兴（引导员）和一名代本（军官），带领军队妥为照料和护送至印度边境”[①]。陈锡璋听后，表示需要电告请示国民政府后再答复。但索康·旺钦格勒则告知现在所有电报邮件均已封锁，无法通信。陈锡璋只得返回办事处，此时藏军已经包围、看管了驻藏办事处，封闭了电台。其后办事处下属的小学，测候所等单位也被看管起来。7月9日噶厦地方政府通过印度噶伦堡电台，向国民政府代总统李宗仁发去电报，告知驱逐驻藏办事处及有关人员的决定。国民党政府致电噶厦，要求撤消其决定，但噶厦地方政府没有理睬。噶厦地方政府将国民政府蒙藏委员会驻藏的全部官员眷属，以及在藏经商的汉族等商人、手工业者等二百余人，以武力将其分成三批押解至印度边界，迫使他们返回内地。此外，噶厦地方政府还电令昌都总管

[①]《西藏文史资料选辑》第79集，陈锡璋《西藏从政纪略》。

署，务必驱逐国民党的工作人员。昌都总管依照噶厦的指令，派藏军将他们强行“护送”到川藏边境后离藏。这就是1949年7月，在美、英帝国主义的授意下，西藏地方政府制造的“驱汉事件”。

美英帝国主义者策动西藏亲英分裂势力所制造的“驱汉事件”，是想借反共的名义，阻止中国人民解放军进军西藏，使西藏地方与祖国之间断绝任何政治联系，从而将西藏置于帝国主义的羽翼下，从根本上改变中央与西藏地方国家结构的图谋，但适得其反，美英等国阴谋在中国新旧政权更迭之时把西藏从祖国分裂出去的行为，更加快了中共领导层“驱逐帝国主义势力于西藏，解放西藏宜早不宜迟”的战略决策。1949年9月2日中国共产党通过新华社发表了题为《决不容许外国侵略者吞并中国的领土——西藏》的社论，彻底揭露“驱汉事件”的真相和罪恶目的。社论指出：“七月八日（1949年）西藏地方当权者驱逐汉族人民和国民党驻藏人员的事件，是在英美帝国主义及其追随者印度尼赫鲁政府的策划下发动的，美、英、印度反动派勾结西藏地方当局举行这个反共事变的目的，就是企图在人民解放军即将解放全国的时候，使西藏人民不但不能得到解放，而且进一步的丧失独立自由，变为外国帝国主义的殖民奴隶”。社论最后指出：“西藏是中国的领土，决不容许任何外国侵略，西藏人民是中国人民的一个不可分割的组成部分，决不容许任何外国分割，这是中国人民，中国共产党和中国人民解放军的坚定不移的方针”，“中国人民解放军必须解放包括西藏、新疆、海南、台湾在内的中国全部领土，不容有一寸土地被留在中华人民共和国的统治以外”[①]。社论号召西藏人民团结起来，揭穿帝国主义阴谋、摆脱帝国主义束缚，迎接西藏解放。

[①]《人民日报》1949年9月3日。

第十章　西藏的和平解放与社会主义政治制度的建立

1949 年共产党在全国取得政权后，依据西藏的实际情况，以和平方式解放了西藏，维护了国家主权。根据中央政府与西藏地方政府签订的《十七条协议》，对于西藏现行的政治制度不予变更，实行中国人民政治协商会议通过的“共同纲领”中对宗教信仰自由政策。同时在西藏大力发展教育、医疗卫生、农牧工商业等这些举措，改善了人民生活，深受广大群众欢迎。旧的统治阶级迫于群众觉悟的提高和国内外形势的误判，1959 年 3 月发动武装叛乱，这为中央政府彻底改革旧制度，实现被压迫群众当家作主的契机，西藏社会制度从此进入波澜壮阔的新政治制度建设时代。

第一节　西藏的和平解放与统一国家结构下的不同政治制度

一、中央关于和平解放西藏的战略决策

中国共产党领导的解放战争在全国大部分取得胜利后，中国共产党考虑到西藏当时的区情，特别是内有复杂的民族和宗教问题，外有帝国主义和反动派插手，加之环境闭塞，道路艰险，而且解放前中国共产党在西藏没有工作基础，对情况了解很少，缺乏工作经验。因此，党中央和毛主席在解决西藏问题的过程中就显得特别慎重。早在 1949 年 2 月 4 日，毛泽东在河北省平山县西柏坡村与来访

的苏联共产党中央政治局委员米高扬谈话时就指出：中国“大陆的事情比较好办，把军队开去就行了”。“西藏问题也并不难解决，只是不能太快，不能过于鲁莽，因为：(一)交通困难，大军不便行动，给养供应麻烦也较多；(二)民族问题，尤其是受宗教控制的地区，解决它更需要时间，须要稳步前进，不应操之过急”[①]。随着美英等帝国主义支持的西藏地方政府加紧从事分裂活动，特别是发动“驱汉事件”，派“亲善使团”赴英美等问题出现后，中共中央对解决西藏问题的考虑和筹划也逐渐明晰具体。8 月 6 日，毛泽东在给彭德怀的电报中指出：“班禅现到兰州，你们攻兰州时请十分注意保护并尊重班禅及甘青境内的西藏人，以为解决西藏问题的准备”[②]。1949 年 9 月 2 日，中国共产党授权新华社发表题为《决不容许外国侵略者吞并中国的领土—西藏》的社论，指出“西藏是中国的领土，绝不容许任何外国侵略；西藏人民是中国人民的一个不可分离的组成部分，绝不容许任何外国分割。这是中国人民、中国共产党和中国人民解放军的坚定不移的方针”[③]。社论发表后，西藏各界纷纷响应和拥护，盼望解放军早日进藏。1949 年 10 月 1 日，十世班禅致电中央政府“速发义师，解放西藏，驱逐帝国主义势力”。11 月 23 日，毛泽东、朱德复电十世班禅说：“中央人民政府和中国人民解放军必能满足西藏人民的这个愿望”。12 月 2 日，原西藏摄政五世热振活佛的近侍热振·益西楚臣到青海西宁，向人民解放军控诉帝国主义者破坏西藏内部团结的罪行，要求迅速解放西藏。1950 年初，藏族农牧民、青年、妇女和民主人士代表百余人在刚刚解放的兰州集会，要求解放西藏。西康省甘孜白利寺五世格达活佛、康北玉隆地区头人夏格刀登和康南巨商邦达多吉派出的代表到达北京，向中央

---

①《解放西藏史》，中共党史出版社 2008 年 3 月第一版第 51 页。

②《毛泽东西藏工作文选》，中央文献出版社、中国藏学出版社 2001 年 5 月版，第一页。

③《毛泽东西藏工作文选》，中央文献出版社、中国藏学出版社 2001 年 5 月版。

人民政府毛泽东主席致敬，倾诉藏族同胞迫切要求解放的热望。

为了应对国际形势的复杂变化和西藏地方的严峻局势，1949 年 12 月，毛泽东主席在前往苏联访问、途经满洲里时，写信给中共中央，作出了“进军西藏宜早不宜迟”的战略决策。并就解放方式上确定了军事与和平两手准备，以政治（和平）手段为先的战略部署。10 月 1 日，中华人民共和国成立。10 月 13 日，毛泽东关于西南、西北作战部署的电报中，正式明确“经营云、贵、川、康及西藏的总兵力为二野全军及十八兵团,共约六十万人。西南局的分工是邓(小平)刘(伯承)贺(龙)分任第一第二第三书记，贺为(西南)军区司令员，邓为政治委员，刘为西南军政委员会主任”[①]。1949 年 3 月，毛泽东主席根据人民解放战争即将全面胜利的形势指出，待解放的地方按照“北平方式”和平解放的可能性在增加。之后，湖南、宁夏以及与西藏相邻的新疆、云南、西康等省相继以和平方式解放，为和平解放西藏提供了借鉴。1950 年 1 月 20 日，针对西藏地方政府派出所谓“亲善使团”一事，毛泽东主席授权中央人民政府外交部发言人发表谈话指出：西藏人民的要求是在中央人民政府统一领导下实行适当的区域自治，“如果拉萨当局在这个原则下派出代表到北京谈判西藏的和平解放的问题，那么，这样的代表自将受到接待”[②]。

为争取和平解放西藏，中央人民政府组织开展了大量的政治争取工作。1950 年间，西南局和西北局先后四次派出代表或代表团赴西藏进行劝和，以争取十四世达赖和西藏地方政府派出代表与中央人民政府谈判和平解放西藏的办法。2 月 1 日，西北局派出藏族干部张竞成携带青海省人民政府副主席廖汉生致十四世达赖和摄政达札·阿旺松饶的书信等赴藏联络。3 月底，在中共中央批准和西南局

[①]《毛泽东军事文选》第六卷，军事科学出版社、中央文献出版社 1993 年 12 月版第 24 页。
[②]《毛泽东西藏工作文选》，中央文献出版社、中国藏学出版社 2001 年 5 月版。

组织下，与西藏政教界有着良好关系的汉族高僧志清法师由成都启程赴藏。7月间，以塔尔寺当才活佛为团长的青海寺院赴藏劝和团从西宁出发。青海省人民政府副主席、著名藏族学者喜饶嘉措向达赖喇嘛和藏族同胞发表广播讲话，呼吁西藏地方政府“迅速派遣全权代表赴京进行和平协商”。7月10日，西康省甘孜白利寺五世格达活佛一行十人从白利寺出发，踏上赴藏劝和征程。然而，这一系列劝和促谈活动，却受到帝国主义侵略势力和西藏亲帝分裂分子的重重阻挠，劝和人员被驱赶或软禁，有的代表团被分解，格达活佛在昌都被投毒致死。

二、西藏获得和平解放

同中央争取和平态度相反，西藏地方当局执迷不悟，在外国势力的支持下，坚持所谓西藏独立，以各种政治、军事手段相对抗，拒绝中央关于通过谈判来解决西藏问题。在政治上，对外派出所谓“亲善使团”，妄图谋求英、美、印等国的支持，并宣称“西藏是独立国家”，中国人民解放军解放西藏是“侵略行为”；对内则造谣污蔑共产党“不信神，要毁灭宗教”等来煽动欺骗群众；还派出由孜本夏格巴率领的西藏代表团，以“谈判”为幌子同中央人民政府周旋，迟迟不到北京与中央人民政府谈判。在军事上，将藏军10个代本（团级单位约一万兵部署在从邓柯到宁静近千里的金沙江沿线主要渡口，要塞，修筑工事，妄图阻挡人民解放军进军西藏。

面对西藏上层分裂势力百般拖延，拒不接受和谈的情况，为了打破西藏上层亲帝分子的幻想，“促使西藏代表团来京谈判”，打开通向和平谈判的大门，中央决定发起昌都战役。按照中央指示的“昌都战役既是一场军事仗，同时也是一场政治仗，其目的是为和平解放西藏创造条件”的战略部署，10月6日发起昌都战役，10月

（截自《吉祥宝藏》中国藏学出版社出版）1954 年，十四世达赖到北京出席第一届全国人民代表大会时敬献给毛泽东主席。此唐卡画面上的毛泽东主席身着中山装，神采奕奕地站在天安门城楼上向群众招手致意，背景是一面飘扬的五星红旗。在毛泽东主席像的两侧绘有八幅反映西藏和平解放后，进藏的人民解放军驱逐帝国主义势力和工作人员为西藏人民做各项好事的彩色连环画。

19日，昌都城解放，24日昌都战役结束。昌都战役共进行了大小战斗20次，解放军伤亡100余人，歼灭了藏军主力，缴获大量武器和军需物资，并俘获福特等英印特务4人，促使藏军第九代本德格·格桑旺堆率部340余人起义，西藏地方政府噶伦，昌都总管阿沛·阿旺晋美率部撤离昌都，并下令停止抵抗，放下武器。

昌都战役的胜利，粉碎了西藏亲帝分裂势力妄想以武力顽抗的梦想，扩大人民解放军的政治影响，震动了西藏当局，促使了西藏上层内部的政治分化，为进一步开展政治争取工作创造了有利条件，也为和平解放西藏打下了坚实基础。

三、和平解放西藏办法协议的签订与旧制度的保留

藏军主力的被歼以及昌都地区的解放，对西藏地方当局和僧俗群众震动极大，是响应中央号召立即派代表进京和谈，还是继续依靠帝国主义进行“西藏独立”的无为抵抗，成了摆在西藏地方当局面前的一个紧迫问题。西藏各阶层人士，特别是官员们对此议论纷纷，人心惶惶。自10月25日起，达札摄政连续在罗布林卡召开有噶伦、机巧堪布、仲译钦波、孜本和三大寺堪布参加的官员会议，讨论对策。结果集团内部发生了分化，孜本鲁康娃·泽旺绕登坚持“要同共产党血战到底”，而噶伦土登滚钦和三大寺的堪布则提出和为上策，主张另派代表去昌都同解放军进行和谈，并要求追究滞留印度的西藏代表团未赴北京的责任。随着西藏上层统治集团内部斗争的发展，越来越多的人对亲帝分子达札表示不满，在万般无奈的情况下，达札被迫宣布辞去摄政之职，不久便病死。1950年11月17日，年仅16岁的十四世达赖丹增嘉措提前亲政。

十四世达赖亲政后，大权仍掌握在西藏地方亲英派手中，在亲帝分子的教唆下离开拉萨，出走亚东，伺机逃亡国外，继续寻求外

国支持。这时世界形势已发生变化，印度政府摄于国际舆论的压力和中国政府的警告，收回了允许达赖到印度的承诺。当噶厦请求印度政府迎接达赖时，印度政府复电说：“按照国际公法，达赖喇嘛为了求得生命安危，印度准备许其去印度避难，但只能作为难民对待”[①]。英美等国对西藏当前局势的基本态度也发生改变，认为西藏通过和平途径进行谈判是上策，如果争取战争的办法，那么现有的内部权力必将失去。印度也表示如果发生武装冲突，印度政府无法进行任何援助。这些外部国际局势的变化是达赖及其官员始料未及的，西藏地方当局想寻求英美等国势力支持，实现“西藏独立”的企图已经成为泡影。面对现实，逃往在亚东的临时噶厦不得不权衡利弊，做出实际的选择，即回到同中央谈判的正确轨道上来。1951年1月18日，十四世达赖通过中国驻印大使袁仲坚致信中央，报告了他亲政的经过，并表达谋求和平的愿望。1月29日，中央复信袁仲坚转十四世达赖，祝贺他亲政，欢迎他派代表赴京和谈。2月27日，十四世达赖致电中央，表示除派阿沛等代表由昌都前往北京外，另派凯墨·索安旺堆（藏军总司令）和土丹旦达（秘书长）二位代表经印度前往北京谈判，并期望达成好的协议。

西藏和谈代表团到达北京后，周恩来总理，朱德副主席和中央各部委负责人以及首都群众数千人到车站热烈欢迎。周总理、刘少奇、朱德还先后接见代表团，对他们的到来表示欢迎，并强调要把团结搞好。1951年4月29日，中央人民政府和西藏地方具有历史意义的关于和平解放西藏的谈判在北京举行，5月21日谈判圆满结束。

1951年5月23日，具有划时代意义的《中央人民政府和西藏地方政府关于和平解放西藏办法的协议》在北京中南海勤政殿隆重举

[①] 《和平解放西藏50周年纪念文集》（土丹旦达，关于和平解放西藏办法的协议签订前后），第313页。

行签字仪式。签字仪式由中央人民政府副主席朱德、李济深和政务院副总理陈云主持，中央人民政府全权代表李维汉、张经武、张国华、孙志远；西藏地方政府全权代表阿沛·阿旺晋美，凯墨·索安旺堆、土丹旦达、土登列门、桑颇·登增顿珠分别在协议上用汉藏文签字盖章。

和平解放西藏办法协议共17条，因此简称为《十七条协议》。其最主要涉及到国家主权归属、地方政治制度、宗教制度、各级官吏制度以及军队与国防建设等内容，体现在：（一）驱逐帝国主义侵略势力出西藏，西藏人民回到中华人民共和国祖国大家庭中来。（二）西藏地方政府积极协助人民解放军进入西藏，巩固国防。（三）在中央人民政府统一领导之下，西藏人民有实行民族区域自治的权利。（四）对于西藏的现行政治制度，中央不予变更。达赖的固有地位及职权，中央亦不予变更。班禅额尔德尼的固有地位及职位，应予维持。各级官员照常供职。（五）有关西藏的各项改革事宜，中央不加强迫。西藏地方政府应自动进行改革，人民提出改革要求时，得采取与西藏领导人员协商的方法解决之。（六）实行宗教信仰自由的政策，尊重西藏人民的宗教信仰和风俗习惯，保护喇嘛寺庙。（七）依据西藏的实际情况，逐步发展西藏农牧工商业和文化教育，改善人民生活。（八）成立军政委员会和军区司令部，西藏军队逐步改编为人民解放军，成为中华人民共和国国防武装的一部分。

1951年8月17日，达赖回到拉萨后，亲自听取了阿沛·阿旺晋美的汇报。这段时间，西藏地方僧俗官员不时就协议展开讨论，爱国的支持，亲帝国主义的反对，两种意见都很激烈。而中央代表张经武，则积极做上层人士工作，逐一拜访四品以上官员，赠送协议

（截自《吉祥宝藏》中国藏学出版社）1953 年，十世班禅额尔德尼敬献给中央人民政府的礼品。此幅唐卡画芯为毛泽东主席头像，身着中山装，面庞慈祥自然。下方中间桌上摆放鲜花，两侧站满穿着不同的官员、百姓和解放军干部，还有少数外国人士。画图描绘和平解放后西藏各族人民拥护“十七条协议”的签署和对毛泽东主席的拥戴和热爱。

的藏文文本， 耐心讲解协议内容。10月20日，噶厦在布达拉宫召开了300多人参加的西藏僧俗官员大会，参加和谈的代表们在会上详细介绍了每个条款从协商到签字的整个经过，最后噶厦决定接受“十七条协议”，并由达赖批准噶厦和三大寺代表签字并盖有四个大印的这个决定。10月24日，达赖向毛主席发出拥护“十七条协议”的电报：“双方代表在友好基础上，已于一九五一年五月二十三日签订了关于和平解放西藏办法的协议。西藏地方政府及藏族僧俗人民一致拥护，并在毛主席及中央人民政府领导下积极协助人民解放军进藏部队巩固国防，驱逐帝国主义势力出西藏，保护祖国领土主权的统一，谨电奉闻。”① 毛泽东在给达赖的回复信中说：“西藏地方政府在你亲政以后，改变了以往的态度，……你的这项举措是完全正确的。……我希望你和你领导的西藏地方政府认真地实行关于和平解放西藏办法的协议，尽力协助人民解放军和平开进西藏地区”②。

西藏的和平解放，粉碎了西藏分裂主义分子与帝国主义相勾结、企图把西藏从中国版图上分裂出去的阴谋，完成了统一祖国大陆的事业。我们从阶级分析的观点看，中国共产党在西藏实现和平解放，但没有打碎西藏旧的社会制度，而是把黑暗的旧制度保留了下来。西藏上层的僧俗官员、贵族都是农奴主，是剥削阶级。而下层的群众是农奴和奴隶，两者是对立的阶级，共产党应消灭剥削阶级，即三大领主为核心的统治阶级。但是在当时，西藏的上层还统治着西藏人民，从某种意义上说，上层还代表着“西藏人民”。因此，做好西藏上层统战工作，首先要争取达赖和班禅及其上层集团的大多数。采取了“和平解放，暂维现状”的政策思路，即是以和平的方

① 黄玉生等《西藏地方与中央政府关系史》，西藏人民出版社1995年8月第一版第337页。
②《毛泽东西藏工作文选》，中央文献出版社、中国藏学出版社 2008 年版，第45页。

式解放西藏，在维护中国主权和治权统一的前提下对西藏的社会制度暂时维持现状不变。“暂维现状”最终赢得了“和平解放”的实现。“和平解放，暂维现状”的统战策略在实践中获得了成功，从而丰富了马克思主义民族与统战理论，这也成为我国解放初期在维护国家主权与领土完整上的早期“一国两制”政治体制设计，毛泽东为首的党的第一代领导集体的该理论与实践，为邓小平同志后来形成的关于“一国两制”思想奠定了基础。

第二节　西藏地方人民民主政权政治制度建设

一、1959年西藏亲帝分子的叛乱

改革西藏旧社会制度是贯彻执行《十七条协议》的应有之义务，因为和平解放后西藏仍然保留了三大领主专政的封建农奴制。《十七条协议》第十一条明确规定：“有关西藏的各项改革事宜，中央不加强迫；西藏地方政府应自动进行改革，人民提出改革要求时，得采取与西藏领导人员协商的方法解决之”。西藏和平解放后，西藏广大人民放眼世界，了解到内地等发生的变革，懂得了平等、自由的真理。1954年7月，十四世达赖和十世班禅喇嘛到北京出席第一届全国人民代表大会，9月11日毛泽东主席同达赖、班禅进行了亲切友好的谈话（见壁画H图33），体现了中央对达赖、班禅的高度重视。9月16日达赖和班禅作为人民代表大会代表在大会上分别发言，阐释了西藏获得新生和在祖国大家庭中的美好愿景。在此次会议上达赖被选为全国人民代表大会常务委员会副委员长，班禅被选为全国政协副主席。随着西藏各族群众同祖国交往的增多，要求改革的呼声日益高涨。西藏许多中上层的开明人士也认识到，如不改革西藏旧制度，本民族断无繁荣昌盛的可能，也积极要求改

（壁画 H 图 42）该图反映的是 1954 年 10 月 9 日国家主席毛泽东在北京会见出席首届全国人民代表大会的十四世达赖和十世班禅大师的情景。

革。但是，考虑到西藏历史和现实的特殊情况，中央人民政府对西藏社会制度的改革采取了十分慎重的态度和极为宽容的政策，耐心劝说和等待西藏地方上层统治集团主动进行改革，并给他们以充分的时间。1956 年，中央人民政府根据西藏实际，又作出“六年不改”的决定，等待西藏上层的觉悟。

1957 年 1 月，国务院总理周恩来访问印度期间向达赖、班禅及随行的西藏地方政府主要官员转交了毛泽东主席的信，传达了中央的决定，强调六年不改，六年之后是否改革，仍然由西藏根据那时的情况和条件决定。1957 年 2 月 27 日，毛泽东在《关于正确处理人民内部矛盾的问题》中进一步明确指出："按照中央和西藏地方政府的十七条协议，社会制度的改革必须实行，但是何时实行，要待西藏大多数人民群众和领袖人物认为可行的时候，才能作出决定，不能性急。现在已决定在第二个五年计划(1958–1962 年)期间不进行改革。在第三个五年计划(1963–1967 年)期内是否进行改革要到那时看情况才能决定"[①]。可见，中央人民政府对西藏上层统治集团仁至义尽，作出了最大让步。但是，西藏上层统治集团中的一些人为维护农奴主阶级的既得利益和特权，根本反对改革，企图永远保持封建农奴制。他们蓄意违背和破坏《十七条协议》，变本加厉地策划了一系列分裂祖国的活动，直至发动武装叛乱。1952 年三四月间，西藏地方政府的司曹鲁康娃和洛桑扎西暗中支持非法组织"人民会议"在拉萨骚乱闹事，公开反对《十七条协议》。1955 年 5 月，十四世达赖由内地返藏时随行官员噶伦索康、达赖副经师赤江借口佛事活动，在川西沿途会见当地土司和寺院住持，策动武力对抗当地的民主改革。1957 年洛桑三旦(达赖的三哥)授意昌都江达宗头人齐美贡布按"达赖的指令"，纠合叛乱武装发动局部叛乱。到 5 月在西藏地方政府噶伦柳霞·土登塔巴等支持下，从安多、西康等地流窜到西藏的人员成立了"四水六岗"叛乱组织，稍后又成立号称"卫教军"的叛乱武装，公开打出"西藏独立"和反对改革的口号，叛乱活动愈演愈烈。西藏上层反动集团错误判断形势，他们在国外反

[①] 黄玉生等《西藏地方与中央政府关系史》，西藏人民出版社 1995 年 8 月第一版第 360 至 361 页。

华势力的支持下，1959 年 3 月 10 日在拉萨经过精心策划，挑起了全面武装叛乱。随后，叛乱头目连续召开所谓“人民代表会议”、“西藏独立国人民议”，公开撕毁《十七条协议》，宣布“西藏独立”，全面发动武装叛乱。3 月 17 日夜，达赖喇嘛与亲帝的噶伦索康、柳霞、夏苏等叛乱头目一起逃离拉萨，前往叛乱武装的“根据地”山南。叛乱失败后，又逃往印度。正如毛泽东主席指出的：“达赖要叛乱的阴谋从 1955 年由北京回去后就开始了。1957 年初他从印度回来，到 1958 年布置了两年”[①]。十四世达赖 1959 年逃亡国外后，其政治集团更是公然成立所谓“西藏流亡政府”，公开宣布“西藏独立”，重新组建叛乱武装，在中国边境进行多年的军事袭扰，在国际上长期从事反华活动，在西藏和其他藏区策动多起骚乱事件，在分裂祖国的道路上越走越远。

西藏的武装叛乱，从一开始就得到国外反华势力的支持。据西方某媒体 1971 年 1 月 26 日报道，1957 年 2 月，美国情报机构在太平洋某岛训练了“四水六岗”叛乱分子。从 1956 年开始受训的人员达 2000 余名西藏人游击队。接受训练后的数百名武装人员被空投回西藏，随身配备了手提机枪等物质。1958 年 7 月开始到叛乱发生时，该情报机构向“四水六岗”叛乱武装组织等进行了多次武器、弹药、印度卢比等空投，同时通过印占藏南地区和尼泊尔边境的陆路通道运入大量武器装备等物资。据另一西方媒体 1999 年 8 月 16 日的文章说：

1957 年至 1960 年，美国给西藏游击队空投了 400 多吨物资。该国“每年在西藏行动中共花费资金高达 170 万美元”[②]。

鉴于西藏上层反动统治集团已经完全走上叛国的道路，1959 年

[①]《西藏民主改革 50 年白皮书》，中华人民共和国国务院新闻办公室 2009 年 3 月 2 日。
[②] 同上。

3 月 28 日，周恩来总理发布国务院命令，决定解散西藏地方政府，由西藏自治区筹备委员会行使地方政府职权，由十世班禅额尔德尼代理主任委员职务。与此同时，中央人民政府提出“边平叛边改革”的方针，领导西藏人民掀起了波澜壮阔的民主改革运动，彻底摧毁了政教合一的封建农奴制度，实现了百万农奴和奴隶梦寐以求的当家作主的权利。

二、西藏地方人民民主政权政治制度的建立

1959 年 3 月，西藏地方政府和上层反动集团在拉萨制造武装叛乱，十四世达赖逃离拉萨。中央政府下令平息西藏叛乱并及时提出“边平叛边改革”的方针。3 月 28 日国务院发布命令，解散原西藏地方政府，由西藏自治区筹备委员会行使西藏地方政府职权，由班禅额尔德尼·确吉坚赞代理筹备委员会主任委员，任命帕巴拉·格列朗杰为副主任委员，阿沛·阿旺晋美为副主任委员兼秘书长。至此在党的领导下西藏人民掀起了波澜壮阔的民主改革运动，建立起新的人民民主政权。具体表现在：

第一，废除政教合一的封建农奴制度，彻底打碎阶级压迫，解散了压迫西藏人民数百年的噶厦政权及其所属的军队、法庭和监狱，废止了旧西藏法典。紧接着有计划、有步骤地在农区开展了反对叛乱、反对乌拉差役制度、反对奴役和进行减租减息的“三反双减”运动，在牧区开展了反叛乱、反乌拉、反奴役和牧工牧主两利的“三反两利”运动，在寺庙开展了反叛乱、反封建特权、反封建剥削和算政治迫害账、算等级压迫账、算经济剥削账的“三反三算”运动，在城镇开展了反叛乱、反封建制度、反封建剥削、反封建特权和减租减息的“四反双减”运动，彻底废除了政教合一的封建制度，西

藏从此一跃进入社会主义社会制度。西藏百万农奴和奴隶从此获得翻身解放，成为国家的主人和西藏的主人。

第二，实行土地改革，废除封建农奴主的土地所有制，使农奴和奴隶成为土地的主人。1959年9月21日，西藏自治区筹备委员会通过《关于废除封建农奴主土地所有制实行农民的土地所有制的决议》，决定对参加叛乱的农奴主的土地和其他生产资料一律没收，分配给农奴和奴隶；对未参加叛乱的农奴主的土地和其他生产资料由国家出钱赎买后，分配给农奴和奴隶。西藏百万农奴和奴隶第一次成为土地和其他生产资料的主人，焕发出了空前的生产和生活热情，迅速改变了西藏的社会面貌和生活条件。

第三，实行政教分离和宗教信仰自由政策。一方面保护宗教信仰自由和爱国守法的寺庙，保护人民有当僧尼的自由和僧尼还俗的自由，保护正常的宗教活动不受干涉。另一方面实行“政治统一，信教自由，政教分离”的方针，废除寺庙在政治上和经济上的特权，废除寺庙组织对人财物的封建管理和等级制度，保障各教派在政治上一律平等；通过民主选举，各寺选出了寺院管理委员会，实行民主管理。有效保障了西藏人民宗教信仰的自由，也为西藏实行人民民主的政治制度奠定了基础。

第四，建立人民民主政权，保障人民行使当家作主的权利。废除封建农奴制度后，翻身解放的西藏各族人民建立起人民民主政权。到1960年底，西藏成立了1009个乡级政权、283个区级政权，78个县(包括县级区)和8个专区(市)建立了人民政权。大批翻身农奴和奴隶走上管理岗位，成为建设社会主义新西藏的生力军。1961年，西藏各地开始实行普选，选举产生了基层各级权力机关和政府。1965年8月，西藏各乡县选举工作完成，各县召开了第一届人民代表会议，选出了正副县长，建立了县人民委员会。1965年9月，西藏自治区第一届人民代表大会成功召开，西藏自治区正式宣告成立。人民民主政权的建立为西藏人民行使当家作主提供了有力的政治保障。

通过波澜壮阔的民主改革，仅用了短短几年的时间，就消灭了在西藏延续数个世纪的封建农奴制度，使百万农奴和奴隶在政治、经济和社会生活各方面获得了解放，使西藏社会的面貌焕然一新，开创了西藏地方向社会主义制度迈进的新历史纪元。

后　记

作为在学校长期从事思想政治教育理论工作的一名学者，根据教学需要，本人在工作之余常看一些中国政治制度、西藏地方史学有关书籍，从我国西藏地方历史变革和社会治理方面了解和思考一些问题，逐渐也积累了部分资料这对自己在教育教学中大有裨益。在学习中也萌生了尝试完成一本介绍西藏地方政治制度发展方面书籍。经几次调整书名，最终确定了《西藏传统绘画中的政治人物与政治制度变迁》作为本书的书名。本书的内容是本人在学习西藏地方史中提炼有关政治制度方面仍不成熟的研究成果，目的是力图在两个方面有所创新和突破：一是在题材设计上，以西藏地方政治发展为脉络，按历史顺序把西藏传统佛教绘画中的一些历史人物、历史事件的壁画、唐卡画以插图的方式，用图文并茂的形式阐释西藏地方政治制度变迁，给人以直观的历史感受，目的是通过本研究体现藏传佛教绘画中不仅有神秘而浓郁的宗教思想和艺术审美内容，也有反映西藏地方政治发展史、重要历史事件、政治人物以及西藏地方同中央王朝之间关系的丰富内容，这有利于人们正面了解藏传佛教传统绘画中也有非宗教的特性。二是借助藏学学者们对西藏地方发展史等研究成果，分析西藏地方不同时代各政治实体的产生、发展、变化、沿革及其发展规律，各政治实体政权组织形式、治理形式、以及政治结构变化来阐释西藏地方政治制度的变迁同历代中央政府治藏方略的关系问题，从政治学的角度分析历史上西藏地方政治发展问题，可以为该学科在西藏地方政治制度发展研究方面补充材料。

本研究成果作为国家社科基金项目“历史唯物主义社会形态理论视域下的西藏社会形态发展研究”项目15XKS040号阶段性成果，该书在研究写作过程中得到了自治区教育厅普布次仁教授、自治区党委宣传部理论处罗布教授、西藏社会科学院班觉博士、西藏大学次旦扎西教授、旺多教授、达瓦教授、西藏藏医学院魏冬博士等在繁忙的工作中抽出宝贵时间，认真审读本书，并给予悉心指导，为提升本书的理论意义和实用价值提出了宝贵的意见建议，对以上专家、学者在此致以真诚的感谢。本书写作过程中，还参考、借鉴和采用了陈庆英、恰白·次旦平措、罗广武、赵云田、谢铁群、任昆名、祝启源、喜饶尼玛等我国诸多藏学专家学者的研究成果，鉴于编写体例，未能一一指明出处，在此表示诚挚的谢意！还要感谢获得西藏大学藏学所的出版资助。

由于本人理论、史学等水平有限，书中难免有不足之处，敬请批评指正。

扎西

2016年6月18日

参考文献：

1. 马学良、恰白·次旦平措等著《藏族文学史》，四川民族出版社，1994版

2. 《西藏唐卡》，文物出版社2007年11月第六版

3. 《藏族通史》，西藏人民出版社2001年版

4. 巴俄·祖拉陈瓦《贤者喜宴》，民族出版社1980年版

5. 恰白·次旦平措等著，陈庆英译《西藏通史—松石宝串》，西藏藏文古籍出版社2004年第2版

6. 罗广武、何宗英等著《西藏地方史通述》，西藏人民出版社2007年第一版

7. 大司徒绛求坚赞《朗氏家族史》，赞拉·阿旺、佘万治译，西藏人民出版社2002年第二版

8. 《罗布林卡斯喜堆古殿壁画》，中国藏学出版社2012年版

9. 索南坚赞著，刘立千译《西藏王统记》，民族出版社2000年第一版

10. 萨迦派喇嘛索南坚赞著，刘立千译《西藏王统记》，民族出版社2000年第一版

11. 格勒《藏学、人类学论文集·汉文集上册》，中国藏学出版

12. 尕藏才旦《史前社会与格萨尔时代》，甘肃民族出版社2001年第一版

13. 董恩正《西藏考古综述（藏族史论文集）》，四川人民出版社，1988年版

14. 噶尔美著，陈庆英等译《藏族研究译文集（苯教历史及教义概述）》第一集，中央民族学院藏文研究所，1983年

15. 乌力吉巴雅尔《蒙藏文明交往论稿》，中国藏学出版社2012年版

16. 洲塔等著《甘肃藏族通史》，青海人民出版社2004年12月第一版

17. 达仓宗巴·班觉桑布著，陈庆英译《汉藏史集》，西藏人民出版社1986年版

18. 第吴贤者著《第吴宗教源流》，西藏人民出版社，1987年版

19. 蔡巴·贡噶多吉著，陈庆英、周润年译《红史》，西藏人民出版社2002年版

20. 陈庆英著《藏族部落制度研究》，中国藏学出版社2002年12月第二版

21. 琼那·诺布旺典著《唐卡中的西藏史》，陕西师范大学出版社2007年6月版

22. 释迦仁钦德著、汤池安译，《雅隆尊者教法史》西藏人民出版社2002年版

23. 王森《西藏佛教发展史略》，中国藏学出版社2002年第1版

24. 陈庆英、高淑芬《西藏通史》，中州古籍出版社2003年版

25. 王尧《吐蕃金石录》，文物出版社1982年版

26. 曾国庆等《历代藏族名人传》，西藏人民出版社 1996 年 9 月第一版

27. 张云《唐代吐蕃史与西北民族史研究》，中国藏学出版社 2004 年 12 月版

28. 次旦扎西、杨永红《西藏古近代军事史研究》，西藏人民出版社 2012 年版

29. 王尧、陈践《吐蕃简牍》，文物出版社，1986 年版

30. 巴俄祖拉称瓦著《贤者喜宴》，民族出版社，1985 年版

31. 陈庆英著《西藏历史》，五洲传播出版社 2006 年 6 月第二版

32. 阿旺贡噶索南著 陈庆英等译《萨迦世系史》，西藏人民出版社出 1989 年版

33. 赵云田《中国治边机构史》，中国藏学出版社 2002 年 12 月第一版

34. 谢铁群《历代中央政府治藏方略》，中国藏学出版社 2005 年第一版

35. 黄玉生等编著《西藏地方与中央政府关系史》，西藏人民出版社 1995 年版

36. 王森著《西藏佛教发展史略》，中国社会科学出版社 1997 第一版

37. 伍昆明《西藏近三百年政治史》鹭江出版社 2006 年 6 月第一版

38. 丹珠昂奔主编《历辈达赖喇嘛与班禅额尔德尼年谱》，中央民族大学出版社出版

39. 牙含章《达赖喇嘛传》，人民出版社 1984 年第一版

40. 喜饶尼玛《近代藏事研究》，西藏人民出版社 2000 年 7 月第一版

41. 祝启源、喜饶尼玛《中华民国时期中央政府与西藏地方的关系》中国藏学出版社 1991 年版

42. 《马克思恩格斯选集》第四卷，人民出版社 1995 年版

43. 《毛泽东西藏工作文选》，中央文献出版社、中国藏学出版社 2001 年 5 月版

44. 《解放西藏史》，中共党史出版社 2008 年 3 月第一版

45. 《西藏民主改革 50 年白皮书》，中华人民共和国国务院新闻办公室 2009 年 3 月 2 日稿

46. [巴]穆罕默德·尤素夫·侯赛因阿巴迪著，陆水林译《巴尔蒂斯坦（小西藏）的历史与文化》，中国藏学出版社 2011 年版

47. [意]G·杜齐著，向红笳译《西藏考古》，西藏人民出版社 1987 年第一版

48. [美]戈尔茨坦著《西藏近代史》，加利福尼亚大学出版

49. [意]L·伯戴克著，周秋有译《十八世纪前的中原和西藏》，西藏人民出版社 1987 年版等